나라를 위해서
일한다는 거짓말

나라를 위해서
일한다는 거짓말

한국 공직사회는
왜 그토록 무능해졌는가

노한동 지음

SIDEWAYS

차례

3부
실패의 이유

4부
새로운
항로를 찾아

공적 냉소와 사적 정열이
지배하는 사회

10년 만에 첫 승진이었다. 행정고시에 붙은 5급 사무관이 4급 서기관이 되기 위해선 강산이 한 번, 정권이 두 번 바뀌는 세월이 필요했다. 중앙부처에서 4급 서기관의 의미는 상당했다. 서기관은 직원을 약 10명 정도 거느린 본부의 '과장' 보직을 받았고, 유학이나 주재원 등 해외로 나갈 기회도 많았다. 사무관 시절이 본부에서 실무자로 구르며 씨를 뿌리는 시간이라면, 서기관 이상은 본격적으로 과실을 따는 시간이었다. 승진 소식이 전해지자 동료들의 축하가 이어졌다. 발 빠른 사람들은 해외 문화원장으로 나갈 준비부터 하라고 조언했다. 요즘은 자기 돈을 써야 하는 유학보다 현지의 사택이 지원되고 월급이 고스란히 내 통장에 쌓이는 문화원이 낫다면서 말이다.

하지만 나는 유학도 문화원도 아닌 퇴직(의원면직)을 신청했다. 동료들은 의아한 눈빛으로 '로또 맞았느냐'며 속을 떠보았지만, 진짜 이유에 대해서는 아무도 궁금해하지 않았다. 심지어는 인사과(운영지원과)조차 말이다. 재직 3년 미만의 저연차 직원처럼 조직 입장에서 특별히 관리해야 할 이유가 없어서일까? 누군가는 '4급 한 명이 제 발로 나가면 5급 이하 승진 인원(TO)은 얼마나 늘어나는지 아느냐'며 대놓고 시시덕거렸다. 공직사회에서 30대 젊은 공무원의 퇴직은 '믿을 구석이 있을 것'이란 가십(gossip)이나 '아직 세상을 모른다'라는 조롱거리로 소비되었다.

퇴직을 결심하게 된 특별한 사건은 없다. 드라마나 영화에서, 혹은 언론에서 보듯 정권 차원에서 시킨 위법 부당한 일에 환멸을 느끼거나, 나를 죽일 듯이 괴롭혔던 상사가 있어서가 아니라는 의미이다. 고시 공부 3년, 사무관 10년 등 도합 13년의 세월을 매몰 비용으로 지불하고 제 발로 여기를 나가겠다고 생각한 건, 오랜 시간 동안 공직사회의 다양한 헛짓거리를 경험하며 가랑비에 옷이 젖듯 습득한 무기력 때문이다. 여기에 더 있다가는 나 역시 바틀비의 신세를 면치 못할 것만 같은 불안감 말이다.

바틀비는 허먼 멜빌의 단편 소설 『필경사 바틀비(Bartleby, the Scrivener)』에 등장하는 인물로, 조용히 자기 할 일을 잘하는 변호사 사무실의 서기이다. 하지만 그는 어느 날부턴가 업무 지시에 대해 "그러지 않는 편이 낫겠어요(I would prefer not to)."라는 말을 반복하며 일을 거부한다. 마침내 어떤 의욕도 상실한 그는 연명을 거부하고 굶어 죽는다. 바틀비에 대해 다양한 해석이 있지만, 대체로는 규율 사회의 무의미한 업무 안에서 아무런 의욕도 찾을 수 없는 사무직의 수동적인 저항을 의미하는 인물이라고 본다.

공직사회는 역설로 가득 찬 곳이다. 복잡한 현실을 5분 만에 읽을 수 있는 한 장의 보고서로 이해하려 하고, 현장과 갈수록 멀어지면서도 술자리에서는 '우문현답'(우리의 문제는 현장에 답이 있다)을 외친다. 입만 열면 '적극 행정'을 해야 한다고 말하면서 그저 '존버'를 잘한 순서대로 승진시키고, 국민의 공복을 자처하지만 그 누구보다 권력자에게 약하고 국민에게 강하다. 1급 공무원은 '관료 사회의 꽃'으로 불리지만 정작 별 역할은 없는 '파킨슨의 법칙'의 산물이고, 공무원은 헌법에 의해 신분과 정치적 중립성이 보장되지만 그 어느 조직보다 정권과 여론에 휩쓸린 채 중심을 잡지 못한다. 정부세종청사의 외형은 수평과 연결의 이상을 담고 있지만 정작 내부의 구조는 직원 간의 토론과 소통에 무감한 큐비클(cubicle, 한 사람씩 들어가는 칸막이가 있는 작은 사무 공간)로 가득하고, 예산은 '국민의 혈세'라 떠받들면서도 예산 규모를 전년도보다 늘리기만 하면 사업의 성과와 관계없이 칭찬받는다. 관료는 진짜 문제를 해결할 의지를 기르기보다는 공직사회의 역설에 적응한 '영리한 무능'을 익히는 데 탁월하다. 요컨대, 공직사회는 실제로는 아무것도 하지 않으면서 항상 바쁘기만 하다.

청운의 꿈을 안고 사회의 문제를 내 손으로 해결하겠다는 포부로 빛나던 젊은 공무원들도 처음에는 현실에 실망하지만, 조금만 시간이 지나면 조직 논리에 길든다. 공직사회의 수많은 헛짓거리 때문에 진짜 필요한 일이 무엇인지 고민하고 실행할 여유가 없어서기도 하지만, 실상은 아무런 문제를 해결하지 않고도 그저 세월을 버티

나라를 위해서 일한다는 거짓말

기만 하면 정해진 승진과 적당한 명예가 뒤따라온다는 사실을 얼마 지나지 않아 깨닫기 때문이다.

그 결과 관료는 두 얼굴을 갖는다. 평소에는 공익의 수호자를 자처하며 법과 제도가 준 권한과 직위로 어떤 일이든 할 수 있다는 '갑'의 얼굴을 한다. 그러나 진짜 일해야 하는 때가 오면 정권, 국회, 여론의 뒤에 숨어 아무런 판단도 하지 않는 '을'의 얼굴을 한다. 게다가 관료는 갑과 을의 얼굴을 오가며 1~2년만 버티면, 아무런 문제를 해결하지 않아도 절로 자리를 옮기고 승진할 수 있다. 과장 이상의 관리자는 1년, 사무관 이하의 실무자는 2년꼴로 자리를 옮기는 순환보직의 은혜 덕분이다.

대통령은 5년이면 바뀌고 정무직 장·차관은 1~2년이면 바뀌지만, 일반직 공무원은 30년 이상 한 분야에서 근무한다. 나라 운영의 큰 방향은 민주주의 원리에 의해 임명되는 정무직에 따라 바뀌어도, 이를 보좌하고 수행하며 장기적인 시각을 갖춰 세밀한 정책을 다루는 주체는 전문성을 갖춘 기술관료(Technocrat)라는 의미이다.

하지만 지금의 공직사회에 진정한 의미의 기술관료가 있는가? 관료들은 때론 억울함을 호소한다. 공직사회의 무능과 무기력은 때로는 불법을 넘나드는 지시를 서슴없이 하는 집권 세력의 리더십 때문이라고 말이다. 일리가 없는 말은 아니다. 정치 세력의 무능함과 뻔뻔함은 온 국민이 알고, 정권의 지시를 직접 받는 공무원 입장에선 '이래도 되나?' 싶은 경험이 한두 번이 아니다. 하지만 실제로 사무관이 하는 일을 기준으로 정권에서 관심을 기울이는 사안이 대체 얼마나 된단 말인가? 따지고 보면, 실무의 측면에서 정권의 영향력은 구체적 업무 열 개 중 하나에도 미치지 못한다. 공직사회의 다양한 헛짓거리와 거대한 무능을 온전히 정치의 탓으로 돌리는 건 비겁할 뿐 아니라 현실과도 맞지 않는 이야기다.

내가 공직사회와 관료에 대해 너무 엄격하게 평가하고 있다고 생각할 수도 있다. 대민 공공 서비스라든지 팬데믹과 같은 위기 상황에 대한 정부의 대응은 국제적으로 인정받는 부분이 있고, 어쨌거나 연 600조 원이 넘는 나라 예산이 사회 곳곳에 사용되면서 세계 14위권의 경제 대국인 대한민국은 그럭저럭 돌아가고 있는 것도 사실이다. 그러나 공직사회를 면밀히 들여다보면, 정치적 외풍과 관료제적 관성 속에서 조직의 기민함과 유능함을 심각할 만큼 잃어버린 현실을 마주할 수 있을 것이다. 눈이 찌푸려질 정도로 추잡한 정치권의 행태에 가려 관료제의 근본적인 무능이 덜 부각되는 덕분에, 반사이익처럼 행정의 영역이 오히려 좋게 평가받는 부분도 무시할 수 없다. 겉으로는 공익을 위한 체계를 자처하면서도 대다수의 관료가 자신의 출세를 위해 영리하게 움직이며, 정작 본질적인 일은 그만큼 치열하게 외면하는 기형적인 세계가 바로 공직사회다.

한국의 주택에 대한 연구로 유명한 박철수 교수의 『아파트』에서는 우리나라의 단지식 아파트를 '공적 냉소와 사적 정열이 지배하는 사회'라고 표현한다.[1] 단지 외부로는 높은 담을 치고 철저히 외

---

1   박철수, 『아파트: 공적 냉소와 사적 정열이 지배하는 사회』, 마티, 2013, p.17

부와 단절되어 도시 공간에 무신경하지만, 단지 내엔 모든 생활 편의시설 등을 갖추어 놓고 경제적 효율성을 추구하는 한국식 대단지 아파트를 한 문장으로 요약한 것이다. (나도 단지식 아파트에 산다. 단지 형태의 공동주택을 냉소적으로 비판하고 싶은 마음은 전혀 없다.) 나는 "공적 냉소와 사적 정열이 지배하는"이란 표현을 볼 때마다 이보다 공직사회를 잘 묘사하는 문장은 없다고 생각한다. 공직사회는 바깥의 현장과 현실에는 무감하면서, 그 안에서는 온갖 종류의 헛짓거리와 승진, 유학, 주요 보직을 둔 이전투구가 벌어진다. 자신이 맡은 공적인 일에는 냉소적이고 무관심하지만, 사적인 이익과 생존을 위한 정열은 뜨겁게 타오르는 이 모순이, 바로 공직사회가 입만 열면 이야기하는 '나라를 위해서 일한다'라는 거짓말에 가려진 진실이다. 이 책은 정권 차원의 비리를 고발하는 글도 아니고, 사무직의 괴로움이나 관료제의 따분함을 논하는 글도 아니다. 그저 내가 지난 10년간 경험하고 관찰한 공직사회의 무능한 일상과 좌절을 보여주는 일종의 에세이이자 르포에 가깝다.

자, 이제 당신을 내가 살던 공직사회라는 대단지 아파트로 초대한다.

1부

공직사회라는
이상한 세계

1장

차원이 다른 삶

나는 문화체육관광부(이하 '문체부')에서 10년간 일했다. 문체부에서 일하는 동안에는 출판, 체육, 저작권을 담당했고, 퇴직하기 전에는 승진도 했다. 행정고시 출신 공무원의 세계에서 10년을 근무하고 30대의 나이에 서기관으로 퇴직하는 경우는 흔치 않다. 공직이 맞지 않는 사람들은 1~2년 근무하다 로스쿨 등 다른 진로를 찾아 일찍 떠나고, 대부분은 30년 이상 재직하다 고위공무원으로 정년을 맞기 때문이다.

내가 공직사회에 대해 과도한 분칠도, 마타도어식 비난도 없는 정확한 비판의 글을 쓸 수 있다면, 그건 나의 어정쩡한 경력 때문이다. 공직에 잠깐 있다 떠난 친구들은 어차피 이 사회를 잘 모르기에 정확한 비판을 하지 못한다. 반면, 상당한 경력을 갖고 퇴직한 선배들은 공직사회를 누구보다 잘 알면서도 이 사회를 아름답게 포장하고 자신의 업적을 자랑하는 데 열중한다. **친정**으로부터 받은 게 많아서인지도 모를 일이다. 어쨌든 공직사회를 좀 알기는 하되, 친정에서 별로 받은 것이 없는 나는 공직에 대한 정확한 이야기를 쓰기에 제격인 사람이다.

나는 개인주의적인 성향을 갖고 있고 수평적인 관계를 좋아한다. 반면 공직사회는 집단주의적이고 수직적인 계급사회이다. 문체부가 공직사회에서 좀 말랑말랑한 문화를 자랑한다고 해도, 어차피 공직의 문화는 어느 부처나 비슷하다. 마치 공군이 군대에서 문화가 좋다고 자랑해도 군대는 군대인 것처럼 말이다. 또한 공직사회엔 그 안에서 일하는 사람이라면 누구나 싫어할 만한 특유의 요소들이 있다. 예를 들어 근무 시간 이후에도 무의미하게 대기해야 하는 경우가 많고, 보고서에 지나치게 집착해서 토씨 하나에 목숨을 거는 사람이 많다. 이건 모두 내가 뒤에서 자세히 이야기할 내용들이다.

하지만 내 성격이 공직사회와 맞지 않는다거나, 공직사회가 사람을 좀 피곤하게 만드는 지점이 있다는 사실로 내가 젊은 나이에 퇴직한 이유를 다 설명할 순 없다. 공직사회는 상후하박(上厚下薄) 구조이기 때문에 경력이 오래되고 계급이 올라가면 많은 단점이 **자연스럽게** 해소된다. 시간을 버티면 해결될 일을 참지 못하고 퇴직할 만큼 나는 어리석거나 참을성이 부족한 사람은 아니다.

그렇다면 나는 왜 공직을 그만두었을까? 질문에 답하기 위해선 어쩔 수 없이 먼저 엄마 이야기부터 시작해야겠다. 엄마는 내가 세

나라를 위해서 일한다는 거짓말

상을 바라보고 생각하는 방식의 근본적인 조건을 설정한 사람이기 때문이다.

세 남매의 막내인 내가 초등학교에 입학하자마자, 엄마는 동네의 목이 좋은 곳을 골라 빵집을 열었다. 빵을 만들어 파는 일은 고된 노동이었다. 엄마는 새벽같이 일어나 손이 부르트도록 밀가루를 치댔고, 만든 다음 날만 되면 여지없이 쉬어버리는 빵을 하나라도 더 팔려고 자정에 가까운 시간까지 가게 문을 열었다. 회사에서 퇴근한 아빠와 자리를 교대하는 날이 아니면 엄마는 하루 중 대부분을 홀로 가게를 지켰다. 식사는 집에서 가져온 반찬으로 대충 해결했고, 가게를 마음대로 비울 수 없어 화장실도 자주 참아야 했다.

아빠의 월급으로도 그럭저럭 먹고는 살만했던 우리 집 상황에서 엄마가 고생을 자처한 이유는 엄마의 오랜 꿈 때문이었다. 빌라를 벗어나 목동의 아파트로 이사하고, 아이들을 목동의 학원가로 보내 세 남매 모두 그럴듯한 대학에 보내는 꿈. 지금 보면 아이들을 대학에 보내는 게 무슨 대단한 꿈인가 싶지만, 우리 집은 큰누나가 대학에 입학할 때까지 친가, 외가를 통틀어 4년제 대학에 입학한 사람이 아무도 없을 정도로 고등 교육과는 거리가 먼 집안이었다. 엄마는 1970년대의 흔한 집안이 그랬듯, 가난 때문에 대학에 가지 못한 걸 평생의 아쉬움으로 생각했다. 그래서일까, 엄마는 자식 교육에 정말 진심이었다. 사실 교육을 위해 목동의 아파트로 이사하는 건 아빠의 월급으로는 턱없는 소리였지만, 엄마는 현실의 한계를 핑계 삼아 안주하는 사람이 아니었다. 오히려 누구에게도 기대지 않고 한계를 극복하며, 꿈을 쟁취하기 위해 노력하는 사람이었다.

엄마는 세 남매 중에서도 막내아들인 내게 가장 기대가 컸다. 세 남매 중 유일한 아들이어서 그렇기도 했겠지만(당시는 시대가 그랬다), 내가 어릴 때부터 누나들에 비해 공부에 꽤 소질을 보였기 때문이다. 그래서 엄마는 공부를 잘해서 서울대를 가면 뭘 해도 제대로 된 사람 대접을 받을 수 있다고, 게다가 고시까지 붙으면 남은 인생은 걱정할 것이 없다고 입버릇처럼 강조하며 어린 아들에게 벅찬 꿈을 주입했다. 초등학생을 키우는 학부모가 된 지금 생각해 보면 '공부를 잘해야 사람 대접받는다'라는 엄마의 말이 교육적으로 바람직한지는 잘 모르겠지만, 하여간 어린 시절의 나는 그런 말을 들을 때마다 공부를 잘해서 돈을 많이 벌면 엄마도, 아빠도, 할머니들도 다 천만 원씩 드리겠다고 신나서 아무 말이나 조잘거렸다. 엄마는 저혈압으로 눈에 실핏줄이 터지고, 차고 뜨거운 반죽을 번갈아 만지느라 손끝이 갈라진 상태에서도 세상을 다 가진 사람처럼 기분 좋게 웃었고, 어린 아들은 엄마의 웃음소리가 좋아 더 신나게 떠들었다.

1990년대 동네 빵집 시장은 프랜차이즈가 골목 구석구석에 상륙하기 전이었고, 성실한 엄마의 빵은 꽤 잘 팔렸다. 크리스마스와 같은 대목에 엄마는 케이크를 팔아 하루 만에 아빠 월급만큼 벌었다며 기뻐했는데, 그건 사실 가족의 시간을 희생한 대가와 다름없었다. 소년 시절 나의 크리스마스는 케이크를 진열한 쇼케이스 뒤 한 평 남짓한 노란색 낡은 평상 위에서, 밤늦은 시간까지 오고 가는 손

나라를 위해서 일한다는 거짓말

님들을 멍하니 구경한 기억이 전부일 정도였다.

고생 끝에 엄마는 자신의 꿈을 이뤘다. IMF 외환 위기로 집값이 빠진 틈을 타 곧 재건축이 될 아파트를 샀고, 낡은 5층짜리 오래된 아파트는 몇 년 만에 지하 주차장을 갖춘 12층짜리 아파트가 되었다. 아무리 집값이 빠지는 시절을 잘 골랐다고 해도 빵집을 하며 모아둔 목돈이 없었다면 불가능한 일이었다. 우리 집은 비록 사람들이 '목동 아파트'로 생각하는 목동 신시가지 아파트도 아니고 사실은 강서구에 더 가까운 위치이기는 했지만, 어쨌든 행정구역상 주소가 '목동'인 신축 아파트가 우리 집이라는 사실은 엄마에겐 큰 자부심이었다. 또한, 학원이 몰려 있기로 유명한 동네인 목동의 학원가에서 공부한 덕분인지 결과적으로 세 남매 모두 무사히 서울에 있는 4년제 대학에 진학했다. 우리 집안에서 세 남매는 비로소 고등교육을 받는 첫 번째 세대가 되었다.

나는 세 남매 중 가장 성실하게 엄마의 꿈을 이뤘다. 학창 시절 열심히 공부하여 서울대에 진학했고, 재학 중에 행정고시를 붙었다. 엄마의 꿈을 이루기 위해 의식적으로 내 인생의 경로를 모두 정했다는 뜻은 아니다. 그럼에도 결과적으로 엄마의 꿈을 성실하게 따른 건, 그저 내가 무언가에 엄청난 재능을 보인다거나 특정한 진로를 강력하게 희망하는 사람이 아니었기 때문이다. 어릴 때부터 어른 말씀 잘 듣고, 어디 가서 사고도 칠 줄 모르는 '범생이'는 자신이 갖고 있는 능력 안에서 부모님의 기대를 따르게 되어 있었다. 그건 내가 엄마의 생각에 모두 동의해서가 아니라, 범생이가 삶의 방향을 정하는 관성과 비슷한 그 무엇의 영향에 더 가까웠다.

자신이 인생에서 성공했다고 믿는 부모는 크게 두 종류로 나뉜다. 자식이 본인보다 더 나은 삶을 살기를 원하는 부류와, 또 한편에는 자식이 자기만큼만 살기를 원하는 부류. 엄마는 전자에 속하는 사람이었다. 그랬기에 아들이 목동 아파트가 꿈이었던 자신보다 **높은 수준의 가치**를 추구하며 살기를 원했다. 엄마는 종종 그걸 배운 사람들만이 누릴 수 있는 '차원이 다른 삶'이라고 표현했다. 그러한 삶은 생계나 돈의 문제에 매몰되지 않고 사회에 이바지하며 자신의 이름도 높일 수 있는 삶이었다. 현실에선 억척스럽게 돈을 모으면서도 자식에겐 돈보단 사회에 이바지하는 사람이 되어야 한다고 말했던 엄마의 마음을 지금도 나는 정확하게 알지 못한다. 그러나 그때만 해도 부모는 아이들에게 돈보다는 명예, 사사로운 이익보다는 공공의 선을 추구하라고 가르치는 게 우리 사회의 보편적인 정서였다. 보통의 부모들이 생각하는 그런 삶의 대명사는 판·검사나 고위 공무원이었는데, 지금에 와서 생각하면 '차원이 다른 삶'이란 아이들에게 조금이라도 더 공부를 시키기 위해 어른들이 만들어 낸 일종의 **환상** 아니었나 싶다.

사실 정의는 조금씩 달랐어도 서울대에 온 모두는 '차원이 다른 삶'을 꿈꿨다. 부모의 재력과 관계없이 서울대에 올 정도로 공부를 잘하면 어떤 의미로든 인생이 달라질 거란 순진한 착각이 아직 통용되던 시절이었다. 그런 꿈은 서울대생 특유의 성실함과 맞물려 일종의 조급함으로 나타났는데, 대부분은 신입생 시절이 지나자마

나라를 위해서 일한다는 거짓말

자 남들이 좋다는 진로 중 하나를 선택하여 별 고민 없이 질주했다.

그런 측면에서 문과생들은 전공과는 무관하게 이른 나이부터 쉽게 고시를 선택했다. 오랜 기간 고시 중의 맏형은 사법시험이 맡고 있었지만, 내가 대학에 다니던 2000년대 후반엔 사법시험이 법학전문대학원(로스쿨) 체제로 전환을 시작하던 때라 행정고시의 인기가 좋았다. 초기의 로스쿨은 높은 등록금과 3년이라는 학업 기간 때문에 서울대생들도 과감하게 선택하기를 주저하는 경향이 있었다. 나 역시 그러한 분위기에서 벗어나 있지 않았다. 서울대를 진학했으니 고시를 보는 건 기정사실처럼 느껴졌고, 군대에 가기 전에 한 방의 시험으로 진로를 해결할 수 있는 행정고시는 로스쿨에 비해 무척 매력적으로 느껴졌다. 고시 공부에 돈이 좀 든다 해도 로스쿨과 같이 높은 학비가 정해져 있지 않기 때문에 빨리 붙기만 하면 그리 큰 경제적 지원이 필요치 않다는 점도 선택에 영향을 미쳤다.

게다가 공직은 기본적으로 나라를 위해 일한다는 측면에서, 그리고 사회적인 명예가 뒤따라온다는 측면에서 엄마가 항상 강조했던 '차원이 다른 삶'에 가까워 보였다. 성인이 되었지만 나는 주체적인 인생을 설계하기보다는 관습에 가까운 몇 가지 현실적인 조건에 따라 진로를 선택한 셈이다. 지금 와서 생각하면 내 삶에 평생 영향을 미칠 직업을 왜 그토록 고민 없이 선택했는지 경솔하게 느껴질 정도이지만, 어쨌든 20대 초반의 나는 사무관이 정확히 무슨 일을 하는지도 모르는 채, 행정고시라는 세계로 무작정 돌진했다.

시작은 좋았다. 군대에 가기 전에 고시도 붙었고, 덕분에 남들보다 일찍 사회생활을 시작할 수 있었다. 사회적인 대접도 상당했다. 중앙 부처 '사무관'이라는 직위는 정부 내에서 중간 관리자에 해당하는 높은 직책이었고, 정부 밖에선 나이에 비해 과분한 대우를 받았다. 협회, 공공기관 등 업무 유관 단체, 정부 용역을 주로 하는 교수, 보조사업을 노리는 지자체 공무원 등 수많은 관계의 사람들이 이제 겨우 대학을 졸업한 청년인 내게 기꺼이 먼저 명함과 인사를 건넸다.

하지만 현실에서의 대접과는 별개로 나는 차원이 다른 삶을 사는데 실패했다. 공직은 그 직업이 마땅히 추구해야 할 공공의 선과는 거리가 먼 직업이었다. 차차 자세히 설명하겠지만, 나 같이 공부 잘하고 우리 사회의 관습에 기댄 사고구조를 가진 평범한 '범생이'의 눈으로 봐도 공직사회는 지극히 이상한 사회였다. 체계적으로 무능했고, 구조적으로 비합리적이면서도 내부에선 그걸 지적하거나 고칠 의지가 없었고, '이상한 나라의 임금님'처럼 윗사람을 우스꽝스러울 정도로 추켜세웠다. 그런 분위기에선 너무 당연하게도 대부분의 관료가 국가와 사회를 더 좋게 만들어야 한다는 목표에 반복적으로 실패했다. 나 역시 마찬가지였다. 밤을 꼬박 새울 정도로 온몸을 갈아가며 하는 공직자의 업무 대부분은 정권의 업적을 그럴듯하게 빛내기 위한 쓸데없는 일이거나 관습에서 기인한 비효율적인 일에 불과하다는 자괴감이 늘 나를 괴롭혔다. 반면 관료가 진짜 해야하는 일, 가령 제대로 작동하지 않는 제도를 수정하고, 앞으로 생길 문제를 예방하기 위한 법령의 변화를 고민하며, 풀리지 않는 사회의 난제에 대한 해법을 고민하는 본연의 업무는 항상 제대로 손도

나라를 위해서 일한다는 거짓말

대지 못한 상태로 방치되기 일쑤였다.

나는 무력감에 휩싸였다. 무력감은 시간이 지날수록 숙련되었는데, 보도자료에는 '~산업 발전의 획기적인 계기로 삼겠다'라는 식의 희망적인 포부를 밝히면서도 사람들이 이걸 반어법으로 받아들였으면 좋겠다고 스스로 냉소할 정도였다. 더 큰 문제는 희망이 보이지 않는다는 사실이었다. 대체로 공직사회에선 직급이 올라갈수록 무력감이 커질 수밖에 없었다. 상위 직급일수록 정권의 사익(私益)에 코드를 맞춰야 했기 때문이다. 실제로 공직사회에선 그걸 포장하는 단어로 '정무적 감각'이라는 표현을 썼다. 하지만 나는 정치인도 아닌 직업공무원에게 왜 정무적 감각을 그토록 강조하는지 아직도 이해할 수 없다.

공직에 들어온 이후 내 삶은 구렁텅이에 빠진 느낌이었다. 공직사회의 무능함에 눈을 감고 무기력에 순응하면서 그저 승진이나 유학 같은 잿밥으로 버티기엔 솔직히 내 삶이 아까웠고, 정년까지 남은 세월이 너무 길었다. 그렇다고 당장 그만둘 용기도 내지 못했다. 어쨌거나 고시 공부에 바친 세월이 눈에 아른거렸고, 나를 향한 주변의 기대도 무시하기는 어려웠다. 그러다 보니 엄마 말 잘 듣고 공부 열심히 했더니 별 볼 일 없는 공무원이 돼서 고생한다는 식으로, 내 마음속 원망과 책임을 엄마에게 돌리기도 했다.

하지만 문제는 엄마가 아니었다. 엄마는 그 시대의 여느 부모가 그랬듯 내가 차원이 다른 삶을 살기를 원했고, 그에 합당한 지원을 했을 뿐이었다. 그러니 내가 엄마의 기대와는 달리 차원이 다른 삶을 살지 못했다는 사실, 다시 말해 내가 겪은 공직사회의 무능과 무력감의 책임을 온전히 엄마에게 돌리는 건 부당한 일이었다. 그렇다고 내게 어떤 문제가 있었을까? 내가 몇 가지 현실적인 이유로 사명감 없이 공직을 쉽게 택한 탓일까? 그렇지는 않다. **무능과 무력감은 공직사회 전반을 짓누르는 무거운 상수였다.** 공직이 천직이라며 기대가 많았던 사람들일수록 얼마 버티지 못하고 이 사회를 먼저 떠난 건 그 때문이었다.

결국 누구의 잘못도 아니라는 생각에 미치자, 공직을 그만두는 방법 이외에는 인생의 깊은 수렁을 헤쳐 나갈 방법이 없다는 걸 깨달았다. 하지만 그만둘 때 그만두더라도 공직사회의 무능과 무력감은 정확하게 짚어내고 싶었다. 이 일을 위해서는 경험이 허락하는 한 공직사회를 총체적으로 이해해야 했고, 내부자로서 이 사회를 면밀하게 관찰할 긴 시간이 필요했다. 그래야 엄마에게 공직사회는 차원이 다른 삶을 살 수 있는 곳이 아니라는 점을 충분히 설명할 수 있으니까. 그건 손이 부르트도록 반죽을 치대면서도 어린 아들의 재롱을 보며 힘껏 웃던 엄마에 대한 일종의 의무였다. 동시에 10년 이상 나라의 녹을 먹으며 생계를 꾸린 사람으로서 공직사회의 한계를 정확하게 비판하는 건 우리 사회에 대한 최소한의 의무라는 생각도 들었다.

그동안 아무도 공직사회를 있는 그대로 묘사하지 않았다는 점도 내게 이 사회를 명확하게 설명할 의무감과 책임감을 불러일으켰다. 공직사회는 공무원 수로만 따져도 110만 명이 넘는 거대한 사회이다. 공무원과 함께 정책을 집행하는 공공기관 임직원도 40만 명이 넘는다. 단순히 숫자만 큰 것이 아니다. 정부는 세금을 그 재원으로 하여 법에서 부여한 권한을 행사하고 사회의 규칙을 제정하기 때문에, 우리 사회에 가장 큰 영향을 미치는 조직 중 하나다. 우리가 공직사회를 확실하게 알아야 하는 당위를 열거하자면 끝이 없다. 따라서 내가 경험한 지난 10년간의 사적인 에피소드는 2020년대 현재 공직사회가 처한 현실을 정확하게 이해하기 위한 공적인 기록이기도 하다. 어떤 의미에선 진정으로 사회에 이바지하는 '차원이 다른 삶'은 나의 실패담을 기록하는 이 책에서 비로소 시작하는 건지도 모른다.

정부 내의 수많은 부처 중에 문체부에 가고 싶었던 이유는 내가 책을 좋아하기 때문이었다. 고시에 붙고 수습 사무관 신분으로 연수원을 다니는 내내 공무원 일은 사실 다 거기서 거기라는 이야기를 하도 많이 들은 터였지만, 이왕이면 내가 좋아하는 분야를 진흥하는 일을 하고 싶었다. 그래서 문체부에 발령받고 얼마 후 인사과에서 배치를 희망하는 곳을 적어내라고 했을 때, 나는 망설이지 않고 '출판과'에 가고 싶다고 손을 들었다. 큰 기대는 없었는데 인사과는 나의 희망원을 들어줬다. 사실 공직사회에서 개인의 의사는 보직 배치에 반영되지 않는 것이 원칙이었지만, 신규 임용된 수습 사무관을 대상으로 조직에서 베푼 호의였다.

나는 출판과에서 출판콘텐츠의 해외 진출 및 국제 교류에 관한 업무를 맡았다. 도서정가제처럼 출판물의 유통과 직접 관련되거나 우수 도서를 지원하는 사업과 같이 출판산업 정책의 핵심적인 업무는 아니었지만, 우리나라 작가의 해외 진출을 돕기 위한 번역과 해외 도서전 참가 등을 지원하는 업무는 그 나름대로 출판 정책에서 큰 의미가 있는 일이었다. 내수시장만으로는 한계가 있는 우리나라의 특성상 해외에서 경쟁력을 가져야 산업의 성장이 담보되고 생태계의 발전으로 선순환되기 때문이다.

특히 음악이나 드라마, 영화는 해외에서 상업적으로 두각을 나타냈지만, 문화의 원천이자 보고(寶庫)라는 평가를 받는 출판은 별다른 힘을 쓰고 있지 못한 터라 정책적 지원의 중요성은 더 컸다. 비록 내가 출판과에서 근무한 기간은 신입 사무관으로 발령받아 병역의 의무를 해결하기 위해 공군에 장교로 입대하기 전까지 1년 남짓으로 짧다면 짧은 시간이었지만, 책을 좋아하는 한 사람으로서 문체부 출판과에서 커리어를 시작할 수 있었던 것은 지금도 큰 행운으로 생각할 만큼 기분 좋은 일이었다.

출판과에서 근무하던 어느 날이었다. 동료가 얼마 전 나온 한강 작가의 『소년이 온다』를 혹시 읽어봤냐고 물었다. 퍽 반가운 질문이었다. 그해에 내가 읽은 소설 중에 가장 훌륭한 작품이었기 때문이다. 나만의 평가가 아니었다. 이미 『소년이 온다』는 2014년이 절반이나 남은 상태에서도 발간과 동시에 문단과 대중 모두에게서 '그해의 소설'로 인정받는 분위기였다. 나는 그 동료에게 5·18을 소재로 역사와 인간의 본질을 다루는 이 소설의 우수함에 대해 긴 시간을 들여 설명했다. 동료로서 던진 가벼운 질문에 내가 지나치게 열변을 토하는 것 같아 민망하기도 했지만, 『소년이 온다』는 장광설을 늘어놓아서라도 많은 사람이 읽었으면 좋겠다는 바람을 가질 만큼 뛰어난 작품이었다. 그는 나의 대답에 고개를 끄덕이며 경청했지만, 표정은 썩 밝지 않았다. 대화가 끝나자 그는 나의 어깨를 두드리며 자세한 설명에 감사를 표했고, 나는 "올해 한 권의 책만 읽어야 한다면, 바로 이 책이에요."라는 사족을 달았다.

별것 아닌 일상의 대화가 다시 생각난 건 군대에 입대하고도 한참이 지난 어느 날이었다. 특정 예술인의 지원을 배제하는 '문화예술계 블랙리스트'가 존재하며, 문체부의 다양한 사업에서 실제로 작동했다는 언론의 보도가 대서특필되기 시작했다. 출판과 문학 분야 역시 블랙리스트의 의혹에 포함되어 있었다. 곧 의혹은 사실로 드러났다. 돌이켜보니, 그날의 대화에서 동료의 표정이 어두웠던 이유도 충분히 짐작할 수 있었다. 한강 작가의 『소년이 온다』는 블랙리스트의 실행으로 지원 사업에서 배제된 도서 중 하나였기 때문이다.[1] 충격적인 사실은 그뿐만이 아니었다. 군대에 가기 전에 내가 맡고 있던 출판의 해외 진출 및 국제 교류 지원 사업에서도 블랙리스트가 실행된 것이 확인되었다.[2]

1   문화예술계 블랙리스트 진상조사 및 제도개선위원회, 「문화예술계 블랙리스트 진상조사 및 제도개선위원회 백서 2권」, 2019, p.228
2   위의 책, p.218~221, p.229

시기를 살펴보니, 내가 군대에 가고 얼마 후부터 시작된 일이었다. 내가 군필자였다거나 혹은 군대를 조금만 더 미뤘더라면, 지원 배제 지시를 받고 전달하는 역할을 꼼짝없이 수행해야 했을 처지였다는 뜻이다.

그 이후 나 스스로에게 여러 번 던졌던 질문이 있다. 만약 내가 그 시간에 그 자리에 있었더라면, 블랙리스트에 따라 지원을 배제하라는 지시를 거부할 수 있었을까? 아마, 그렇지 못했을 것이다. 아무리 생각해 봐도 나는 상급자의 지시에 항명하지 못하고 결국 지시를 수행했을 것 같다.

물론, 그 당시에도 요령 있게 상황을 회피한 공무원들 또한 많다. 일부러 한직으로 발령받거나, 휴직 등을 적절하게 활용하여 해당 보직에서 빠져나간 것이다. 하지만 이제 막 부서 배치를 받은 나와 같은 신입 사무관이 요령을 부리면서 상급자의 명령을 따르지 않고 상황을 회피할 수는 없었을 것 같다. 그런 의미에서 본다면, 내가 블랙리스트를 실행한 영혼 없는 공무원이 되지 않을 수 있었던 건 전적으로 입대 시기에 따른 **행운** 때문이었다.

그래서 두려웠다. 꼭 블랙리스트가 아니더라도 공직사회에서의 위법한 지시는 앞으로도 늘 있을 텐데, 그때마다 운이 좋을 수는 없기 때문이다. 요령껏 지시를 피하면 되지 않느냐는 말도 썩 와닿지는 않았다. 요령을 부리는 것이 근본적인 해결책도 아닐뿐더러 화살이 쏟아지는데 몸을 잠시 피한다고 해서 진정 안전이 담보되는 것은 아니었다.

신분의 안전이 보장된 공무원이 하기엔 너무 나약한 소리 아니냐고 할지도 모르겠다. 맞는 말이다. 교과서적으로 보면, 공무원은 공익의 수호자로서 상관의 위법하거나 부당한 명령은 양심에 따라 단호히 거부해야 한다. **하지만 위법하거나 부당한 명령은 민주적으로 선출되어 권한을 행사하는 대통령의 통치 행위 혹은 재량 행위와는 어떻게 구별되는가?** 집권 세력의 지시를 받고 정책을 집행하는 관료 입장에서 그 둘을 완벽하게 구분하기는 쉽지 않고, 구분의 기준역시 명확하다고 보기 어렵다. 게다가 하루에도 수없이 쏟아지는 업무 지시에 대해 각각의 공무원 개인이 그 위법 여부를 일일이 따지다 보면 아마 행정은 마비될 지경에 이를 것이다. 공직사회에서 항명을 거의 허용하지 않고 상관의 명령에 복종하는 문화는 그 나름대로 행정의 민주성이나 효율성 측면에서 이유가 있는 셈이다.

그렇다고 해서 내가 블랙리스트를 실행한 공무원을 전적으로 옹호하는 것은 아니다. 분명히 그중에는 자신의 출세와 승진을 위해 그 상황을 교묘하게 이용한 사람도 있고, 위의 지시를 중간에서 증폭하여 위법의 크기를 키웠던 사례도 있다. 특히 나는 고위직일수록 그 책임을 집요하게 물어야 한다고 생각한다. 고위공무원은 정책을 직접 집행하지 않기 때문에, 문제가 생기면 자신은 지시를 내리지 않았다고 발뺌하는 경우가 너무 많다. 하지만 블랙리스트 사건에서 대부분의 실무 공무원은 그저 양심과 명령 사이에서 갈팡질팡하는 나약한 인간이었던 것도 사실이다. 실제로 그들은 블랙리스

나라를 위해서 일한다는 거짓말

트를 집행하면서도 여러 사람과 단체를 몰래 빼주는 등 그 실행을 일부 저지하기도 했다.[3]

어쨌거나 세상은 공무원에게 더 많은 책임을 묻는 식으로 나아가고 있다. 예를 들어 '문화예술계 블랙리스트' 사건 때만 해도 정무직은 구속되었지만, 문체부의 국장급 이하 실무 공무원은 구속되지 않았다. 하지만 최근 산업통상자원부의 '월성원전 자료삭제 사건'이나, 방송통신위원회의 'TV조선 재승인 심사 점수 조작 사건'에선 국장급 이하 공무원부터 구속했다.[4·5] 윗선의 지시를 이행한 공무원의 책임이 징계 등에 머무르지 않고 형사 처벌 등 법적 책임으로까지 확장되고 있는 셈이다.

관료들은 최근의 이러한 변화에 대해 조용하지만 영민하게 대응하고 있다. 일단은 나중에라도 책임질 만한 소지가 있는 일은 최대한 맡지 않으려고 하고, 맡더라도 책임 소재를 남기는 일에 열성을 다한다. 예를 들어 국·과장이 보고서를 수정하면 실무자는 '과수원'(과장이 수정을 한 번 지시), '국수원'(국장이 수정을 한 번 지시) 등을 파일명에 추가하여 책임의 소재를 분명하게 남긴다. 몰래 휴대폰을 사용

3   김종철, 「유진룡 "블랙리스트는 홀로코스트…처벌받아야 할 사람 더 있다"」, 《한겨레》, 2017. 4. 29.

4   이재림, 「'월성원전 자료삭제' 산업부 공무원 2명 구속·1명은 기각」, 《연합뉴스》, 2020. 12. 5.

5   서울북부지방검찰청 보도자료, 「방송통신위원회의 'TV조선 재승인 심사점수 조작 사건' 수사 결과」, 2023. 5. 2.

하여 회의를 녹음하는 사례도 있다.[6] 그 정도는 아니더라도, 자신의 업무수첩에 누가 어떤 지시를 했는지 빼곡히 적는 것은 이제 공직 사회에서 기본 중의 기본으로 통한다.

원래도 공무원은 책임 소재에 예민했다. 성심성의껏 일했는데도 각종 절차를 미준수하였다는 이유로 감사나 징계 절차에 회부되는 일이 적지 않기 때문이다. 그래서 어떤 이들은 공무원이 일하다가 징계를 받는 것을, 일을 열심히 했다는 의미로서 '훈장'이라고 칭했다. 하지만 최근 벌어진 일련의 변화로 인해 공직사회가 갖는 예민함은 그런 수준을 아득히 넘었다. 일을 하다가 감옥에 가고 패가망신할 수 있다는 불안감이 오늘날의 공직사회를 지배하고 있다.

복잡다단한 지금 이 사회에서 문제를 적확하게 해결하기 위한 정책을 설계하고 집행하는 일은 대통령부터 실무 공무원까지 머리를 맞대고 힘을 합쳐도 쉽지 않다. 그러나 공직사회는 머리를 맞대기는커녕 서로를 불신한다. 상급자는 애매한 단어를 사용하여 언제든 내가 시키지 않았다고 발뺌할 준비를 하고, 하급자는 잘못을 위의 탓이라고 증명하기 위해 자료를 남기는 데 열성이다. 상황이 이런데 정책이 잘 돌아갈 리가 없다. 한 마디로, 공직사회는 끊임없는 **면피의 세계**다.

앞으로도 상황이 좋아질 리 없다. 국민의 선택을 통해 권력을 위

---

6 강경민, 「"온몸이 섬뜩해져"…세종시 공무원 놀라게 한 파일의 정체 [관가 포커스]」,《한국경제》, 2023. 4. 12.

032   나라를 위해서 일한다는 거짓말

임받은 집권 세력은 그 기간엔 본인들이 무엇이든 할 수 있는 존재라고 착각한다. 게다가 갈수록 극단화되고 있는 정치는 정권이 바뀌면 서로를 향한 보복의 수위를 높인다. 그 과정에서 직접 정책을 집행하는 공무원은 앞으로도 계속 희생양이 될 수밖에 없다. 그럴수록 공직사회에는 나중에라도 책임질 일을 극도로 회피하는 문화가 더 팽배해질 것이다.

한강 작가의 2024년 노벨문학상 수상 소식이 전해졌다. 놀라운 쾌거다. 당연히 한강 작가의 탁월한 작품성이 가장 큰 요인이지만, 이를 번역하고 해외에 배급한 번역가, 에이전시, 편집자 등의 공도 빼놓을 수 없다. 또한, 정부의 지원도 있었다. 한국문학번역원은 한강 작가의 작품을 28개 언어로 번역하여, 총 76종의 책으로 출간 지원했다.[7]

한국문화예술위원회 역시 집필활동부터 해외 진출, 레지던시 참가 지원 등 그간 총 18건, 7,700만 원의 지원을 했다.[8] 한강 작가의 노벨문학상 수상 소식에 한때나마 출판의 해외 진출 업무를 맡았던 사람으로서 약간의 기여라도 했다는 뿌듯함을 느끼는 것이 자연스러웠겠지만, 나는 그 소식을 듣고 오랜 시간 잊고 있던 두려움이 다

---

7 문화체육관광부 보도자료, 「한강 작가, 한국 최초 노벨문학상 수상 쾌거」, 2024. 10. 11.

8 한국문화예술위원회 보도자료, 「한강 작가, 노벨문학상으로 한국문학의 쾌거 이뤄」, 2024. 10. 11.

시 생각났다. 블랙리스트 공무원과 나 사이에는 종이 한 장 차이밖에 없었다는 현실, 그냥 나는 그들보다 운이 좀 좋았다는 사실이 다시금 떠올랐기 때문이다.

공직사회는 블랙리스트를 지시받고 실행할 때도 무기력했지만, 처벌과 조사가 끝난 이후에도 그에 대한 반응을 최대한 자제하는 걸 어떤 미덕처럼 여겼다. 사석에서라도 블랙리스트에 대한 분노를 표출한다든가, 원치 않은 일을 해야 했던 억울함을 토로한다든가, 그 일에 관하여 통렬한 반성을 하는 사람은 대단히 찾기 어려웠다. 모두가 그 사건은 **잊기로 약속한 듯**이 말이다. 시간이 좀 지나 공직사회를 자세히 알게 된 이후 느낀 사실이지만, 그런 침묵은 사실 체념과 냉소에 가까웠다. 공무원이 공익에 헌신하고 나라의 발전을 위해 일한다고? 그건 정말 이 사회를 모르는 사람들의 낭만적인 소리였다. 현실의 공직사회는 '재수 없게 정권이 시키는 이상한 일에 연루되어 패가망신하는 일이 없었으면 좋겠다'라는 소박한 바람도 장담하기 어려운 곳이었다. 문학과 책을 좋아하던 청년이 블랙리스트 실행에 가담할 뻔한 위험한 사회에서, **개개인의 영혼은 정의로운 행동이 아니라 면피와 행운으로 지킬 수 있다**는 사실이, 내가 알게 된 공직사회의 첫 번째 민낯이었다.

시간을 돌려 고시생 시절의 이야기를 해보려고 한다. 몇 년의 청춘을 바치고도 시험에 떨어질까 불안에 떨던 그때, 그래도 시험에 붙기만 하면 인생이 행복할 거라고 착각했던 시절. 2011년은 내가 고시에 도전하는 마지막 해였다. 부모님이 지원을 약속한 3년이 모두 끝나는 시점이었기 때문이다. 군미필자(軍未畢者)로서 25살이라는 나이도 부담이었다. 친구들은 모두 군대를 다녀와 복학한 상태에서 고시 공부를 핑계로 더 이상 입대를 마냥 미룰 수도 없는 노릇이었다. 1, 2차 시험을 통과하고 마지막 3차 면접시험을 준비하던 그해 가을은 유독 춥게 느껴졌다.

면접시험에 대비하기 위해 방문한 스피치 학원은 수능 재수 학원이 몰려 있는 노량진에 있었다. 학원을 모두 마치니 9시가 넘은 밤이 되었다. 나는 양복바지에 깊게 손을 찔러 넣고 어깨를 움츠린 채

집으로 가는 버스를 기다렸다. 작년에 산 춘추용 회색 정장은 밤이 깊을수록 스며드는 초겨울의 한기를 막아내기엔 그 두께감이 턱없이 부족했다. 추워지는 날씨를 대비하여 정장에 어울리는 그럴듯한 겨울 코트를 사고 싶었지만, 고시생 주제에 더 이상 부모님께 손을 벌릴 염치는 없었다.

그렇게 얼마를 서성였을까. 드디어 집으로 가는 버스가 도착했다. 퇴근 시간이 제법 지나서인지 앉을 자리는 넉넉했다. 좌석에 앉아 무심코 돌아본 버스 창엔 발갛게 달아오른 얼굴로 거의 울 것 같은 표정의 내가 희미하지만 선명하게 비쳤다. 작년의 탈락을 결코 되풀이하고 싶지 않았지만, 모의 면접 결과는 올해도 실패를 가리키고 있었다.

행정고시 3차 면접시험은 구조적으로 잔인했다. 50:1의 경쟁률을 뚫고 1차 PSAT 시험과 2차 논술 과목 시험을 통과한 합격자를 대상으로 면접을 치러, 10명 중 1명꼴로 무조건 탈락시켰기 때문이다. 2차 논술 시험까지 힘겹게 통과한 수험생 중 그 누구도 본인이 면접에서 떨어질 것으로 생각하지 않았지만, 애초에 모두가 의자에 앉을 수는 없는 게임이었다.

탈락자에 대한 최소한의 배려도 없었다. 그 당시만 해도 3차 면접 탈락자는 어떤 인센티브도 없이 다음 해 1차 PSAT 시험부터 다시 응시해야 했다. (현행 제도는 3차 면접에서 탈락하면 다음 해 1차 시험을 면제한다.) 보통 일정 조건 아래에서는 차수별로 유예 제도가 있는 다른 시험과 비교하면 그때 행정고시 시스템은 수험생에게 말도 안 되게 잔

나라를 위해서 일한다는 거짓말

인한 방식이었다. 게다가 11월에 면접에서 탈락하고 3개월 후인 다음 해 2월에 바로 1차 시험을 치러야 했기 때문에 수험생에겐 한치의 방황도 용납되지 않았다.

남들 앞에서 말하거나 논리적으로 토론하는 일은 어릴 때부터 자신 있었기 때문에 행정고시를 준비하면서도 3차 면접시험에서 떨어질 거란 생각은 단 한 번도 해본 적이 없었다. 하지만 지나친 낙관은 배신으로 돌아왔다. 2010년 가을, 응시한 지 두 번 만에 2차 시험에 통과했지만 3차 면접시험에서 보기 좋게 떨어진 것이다. 면접에서 떨어졌다는 사실보다 더 괴로운 건 떨어진 이유를 도통 알 수 없다는 사실이었다. 시험 당국은 면접관이 내게 부여한 점수조차 공개하지 않았으므로 왜 10명 중 1명에 내가 포함된 건지 그 이유가 도무지 짐작조차 가지 않았다.

공무원을 할 운명이 아닌가 보다 하고 군대에 입대하려고 했지만, 그조차 상황이 여의찮았다. 그해에는 천안함과 연평도 포격 사건이 연달아 터지며 남북 간의 전쟁 분위기가 고조되었기 때문에 부모님을 포함한 주변에서 입대를 만류했다. 군대라는 최후의 옵션도 사라진 상황에선 다시 고시 공부밖에 할 게 없었다. 이제 와서 포기하기에는 너무 아깝지 않냐는, 전형적인 매몰 비용의 오류도 작용했다.

다음 해 평년보다 훌쩍 높아진 경쟁률을 뚫고 2차 시험까지 다시 통과했다. 일 년간의 공부가 헛되지 않았는지 전년도보다 훨씬 좋은 성적이었다. 그리고 다시 면접 준비에 임했다. 작년보다 적극적으로 준비하기 위해 스스로 나서 2차 합격생을 수소문하고 면접 대비 스터디를 꾸렸다.

실제 시험처럼 토론과 개별면접을 하고 피드백을 주고받는 준비 과정은 전년도와 대동소이했다. 스터디를 같이 했던 동료들은 '이렇게 잘하는데 작년에 왜 떨어졌는지 모르겠다'라며 올해는 꼭 붙을 거라고 기운을 불어넣어 줬다. 나 역시 면접 탈락을 그저 운의 문제라고 치부했다. 작년의 2차 시험 성적이 합격생 중에는 하위권인 데다 군대를 다녀오지 않아 나이가 어리기 때문에 면접관들이 죄책감 없이 떨어트리기 좋았을 것이라고, 영원히 증명할 수 없는 가설도 스스로 만들어냈다.

면접 일자는 다가왔지만 스터디 활동은 매너리즘에 빠져가고 있었다. 고만고만한 수준인 수험생들의 피드백은 잠시의 위안을 위한 칭찬 일색에 불과했고, 어떨 땐 지겹기까지 했다. 실력을 냉정하게 파악하기 위해서는 수험생이 아닌 외부의 평가가 필요한 순간이었다. 그리하여 스피치 학원에 비용을 지불하고 모의 면접을 보기로 했다. 1회 강의치고는 꽤 많은 금액이었지만, 상황이 상황인지라 스터디원 모두가 흔쾌히 동의했다. 정답이 없는 면접시험에 조금이라도 도움이 된다고 하면 뭐라도 해보자는 마음이 강한 때였다.

노량진에 있는 스피치 학원에 도착하자마자 금테 안경을 쓴 깐깐한 인상의 강사는 전직 공무원 출신이라며 본인을 소개했다. 강사의 차가운 인상 때문인지 일회성 모의 면접인데도 진짜 실전처럼

나라를 위해서 일한다는 거짓말

어딘가 모르게 주눅이 들었다. 모의 면접이 끝나고 강사는 수험생 각자에게 개별적으로 피드백을 해 주었다. 차가워 보이는 인상과는 달리 덕담에 가까운 평가가 이어졌다. 그저 좋은 말이나 들으려고 스피치 학원까지 찾아온 건 아니라서 솔직히 몇십만 원의 수강료가 아깝다는 생각이 들었다.

마침내 내 순서가 되었다. 일순간 공기가 달라졌다. 강사는 내게 지난해 면접에서 떨어진 결정적인 이유를 찾았느냐고 물었다. 그저 덕담이나 하겠거니 하고 앉아 있다가 예상하지 못한 질문에 당황한 나를 앞에 두고, 강사는 올해도 이런 식이면 어렵겠다며 강하게 몰아붙였다. 그가 주로 내게 지적한 문제는 면접에 임하는 자세였다. 남들과 토론할 때 상대방의 발언을 시시콜콜 모두 반박하려는 자세, 심사위원의 말에 무조건 긍정하지 않고 자신의 논리를 자꾸 전개하려는 태도를 특히 문제 삼았다. 내가 특별히 잘못한 건 없는 데도, 부끄러운 마음이 들어 나도 모르게 얼굴이 달아올랐다.

강사의 솔루션은 특별하지 않았다. 그저 'Yes, but', 'Yes, then'과 같이 상대방의 말을 **부드럽게 수용하는** 커뮤니케이션 스킬을 알려준 것에 불과했다. 하지만 모의 면접을 계기로 작년의 탈락이 그저 운의 문제가 아닐지도 모른다는 경각심을 갖게 되었다. 이유 없는 합격은 있지만 이유 없는 낙방은 없다는 고시계의 오랜 격언은 왜 그제야 떠올랐을까? 지난해의 실패를 반면교사 삼아 두 가지 원칙만 지키자는 마음을 먹고 3차 면접장에 들어갔다.

'토론할 때 절대로 상대방의 말을 직접 반박하지 않는다, 어리숙

해 보이더라도 면접관의 말은 무조건 긍정한다.'

두 번째 면접 결과는 합격이었다. 강사의 진단은 결과적으로 적중한 셈이다. 그는 10명 중 1명만 떨어트리는 행정고시 3차 시험의 본질을 정확하게 이해하고 있었다. 면접시험은 논리 전개를 얼마나 특출나게 잘하는지, 자신의 주장을 상대방에게 얼마나 성공적으로 관철하는지보단, 사람들 사이에서 무난한 태도와 역량을 발휘하면서 **튀지 않고 자신을 낮추는 자세**를 보여주는 것이 훨씬 중요한 시험이었다.

시험은 단순히 시험일 뿐이라고 생각했다. 누군가를 떨어트려야 하는 면접시험에선 상사의 어떤 말에도 토를 달지 않을 것 같은 무난한 화법이 합격에 유리했을지 몰라도, 대내외적으로 다양한 이해관계를 절충해야 하는 실무에서는 토론 역량이 중요할 것이라고 말이다.

그러나 착각이었다. 공직사회의 의사소통은 항상 한 방향이었다. 위에서는 아래로 지시만 했고, 아래에서 위로는 보고만 했다. 대체로 지시는 상급자가 일방적으로 말하고, 하급자는 업무수첩에 내용을 받아적는 형식이었다. 보고 과정 역시 단순했다. 하급자가 만든 보고서를 두고 상급자가 판단하는 식이었고, 이 과정에서 토론은 가장 쉽게 생략되었다. 아직 결론이 정해지지 않은 채 정책의 방향을 설정하기 위한 작업, 의견의 수평성을 전제로 현실의 조각을 모아서 상호 성실하게 논박하는 작업은 좀처럼 찾아보기 어려웠다.

　　　　　　　　나라를 위해서 일한다는 거짓말

그러다 보니 정책의 결론은 항상 정해져 있었고, 그 결론을 짜맞추기 위한 지난하고 무의미한 작업만 진행되었다.

공직사회에선 회의도 상당히 비효율적인 방식으로 진행되었다. 예를 들어 월요일 아침 장관이 주재하는 실·국장 회의는 실국장급 간부들이 주재하는 과장단 회의로 이어졌고, 다시 과장은 과원들을 불러 모아 같은 일을 반복했다. 그 과정에서 장관의 지시가 전달되는 방식은 마치 옛날 TV 프로그램 〈가족 오락관〉의 '고요 속의 외침'과 같았다. '고요 속의 외침'에서 한 사람의 말을 끝에 있는 사람에게 전달하기 위해 여러 사람을 거치는 것처럼, 장관의 지시는 국장과 과장을 거쳐 직원들에게 전달되었다. 그 과정에서 전달하는 사람의 주관도 약간씩 섞이기 마련이라 장관이 정말 뭐라고 말했는지 말단 직원이 확신할 수 없다는 점도 '고요 속의 외침'과 무척 닮아 있었다.

우리나라의 큰 조직 중에 유독 행정부만 경직되어 있다고 생각하지는 않는다. 공공이 아닌 민간에서도 조직이 커지면 토론보다는 지시 위주의 관료제가 득세할 수밖에 없고, 특히 우리나라의 경우 유교 문화의 영향도 무시할 수 없기 때문이다. 나아가 토론의 빈도가 조직의 강건함이나 유능함을 나타내는 유일한 지표라고 단정하기에도 무리가 있다.

하지만 정부 안에서 토론의 부재는 대단히 위험하다. 순환보직으로 인해 공무원 개개인, 특히 과장급 이상의 관리자가 해당 분야에 대해 갖고 있는 전문성이 심각하게 낮기 때문이다. 「공무원 임용령」

에 따르면 원칙적으로 실무자의 필수 보직 기간은 3년, 과장급 이상은 2년이지만, 현실에서 근무하는 기간은 원칙에 크게 미치지 못한다. 기관장의 재량을 인정하는 임용령상의 폭넓은 예외 때문에 현실적으로 사무관은 2년이면 한자리에 오래 있는 축이고, 과장급 이상은 1년마다 교체된다고 봐야 한다.

이러한 상황에서 공무원은 생전 처음 보는 분야의 과장급 이상 관리자를 맡게 되는 경우도 허다하다. 문체부를 예로 들자면, 법을 전문적으로 알아야 하는 저작권 분야에서조차 「저작권법」을 처음 본 사람이 국·과장 보직을 맡는 경우가 있다는 뜻이다. 그마저도 그 분야에 대해 조금 알만하면 1년마다 자리를 옮기는 형국이니 관리자에게 해당 분야에 대한 전문성이 쌓일 리가 없다.

전문성이 부족한 관리자는 자신이 맡은 분야의 내용을 아는 실무자 및 공공기관, 학계, 전문가의 말을 두루 경청해야 한다. 결정을 그들에게 위탁해야 한다는 뜻이 아니다. 관리자는 풍부한 공직 생활 경험으로 국회나 언론에 대한 대응 등 행정이 돌아가는 원리를 잘 알고 있으므로 그들과의 활발한 토론을 통해서만 정책의 전문성과 수월성을 동시에 갖게 될 수 있다는 뜻이다. 하지만 불행하게도 지시와 명령, 보고 일변도의 정부 내에서 관리자와 실무자, 전문가들이 더 나은 의사 결정을 위해 허심탄회하게 토론하는 일은 아예 거세되어 있다고 봐야 한다. 세종시 이전으로 과장급 이상의 관리자들이 일과 시간 내내 서울에서 떠돌아다니는 소위 '길 국장', '길 과장' 세태도 관리자와 실무자 사이의 간극을 벌린 주범 중 하나이다.

나라를 위해서 일한다는 거짓말

또한, 공무원이 근무하는 청사 사무실의 구조도 토론보다는 지시에 가까운 공직사회의 문화에 영향을 미친다. 중앙부처 공무원 대부분이 근무하는 세종청사를 예로 들어 보자. 세종청사의 외형은 민주적 행정의 이상을 담아 긴 수평의 형태로 지었다. 하지만 놀랍게도 세종청사의 내부는 권위주의 시대인 1970~80년대에 지은 다른 청사의 내부 구조와 크게 다르지 않다. 국장 이상급 간부에겐 별도의 집무실을 제공하고, 과장급 이하 직원에겐 큐비클을 제공하는 식이다. 계급이 올라갈수록 창문 가까운 건물 안쪽에 자리가 있고, 계급이 낮을수록 복도에 가깝게 앉는다는 점도 전형적이다. 이러한 구조는 상급자에게 자연스럽게 권위를 부여한다는 장점은 있지만 상·하급자가 동등한 위치에서 토론하기에는 부적절한 것이 사실이다. 심지어 직급과 무관한 동료들 사이의 대화도 쉽지 않은 게 이 공간의 특징이다. 세종청사는 비교적 최근인 2014년에 완공한 건물인데도 사람들의 적당한 시선 안에서 동료 간에 편하게 이야기를 나눌 수 있는 그 흔한 오픈형 커뮤니티조차 없기 때문이다.

여러 가지 이유로 토론이 거세된 결과, 각자 맡은 분야에 대한 정부의 깊은 이해는 온데간데없고 정책의 선제 대응이나 창의적 해결 방법 제시는 단순한 보고서 내의 구호로 남는다. 심지어 실패를 반복할 경우 민간 기업은 망하거나 견제받기라도 하는데, 안타깝게도 행정부는 태생적 독점성과 공공성 때문에 대체되거나 해체되는 일도 없다. 저출산은 심화되고 있지만 그래서 저출산을 다루는 조직과 예산은 증가하듯이, 오히려 정부는 실패하면 조직과 예산을 더 지원받는 최악의 역 유인구조까지 갖고 있다.

나는 행정고시 3차 면접시험이 공직사회가 원하는 무난한 인재를 선발하는 데 특화된 시험이라고 생각한다. 국가관이나 인성에 문제가 있는 사람을 걸러야 한다는 명목 아래 10명 중 1명을 떨어뜨리는 방식은, 결국 상급자의 지시에 **의문을 제기하지 않고 따르는** 성향의 사람을 뽑는 과정일 것이다. 그런 의미에서 돌이켜보면 2010년 가을, 3차 면접시험에서 나를 떨어뜨린 면접관은 정말로 선견지명이 있었다. 논리적인 토론을 좋아하는 성격의 내가 공직사회에 잘 적응하지 못할 것이라는 점을 그는 단 몇 시간 만에 정확히 간파한 것이다.

그러나 공직사회에는 복종보다는 토론이 필요하다. 철학자 한나 아렌트(Hannah Arendt)는 홀로코스트를 저지른 아돌프 아이히만을 분석하며, 악의 근본적인 원인을 깊은 증오나 사악함이 아닌 평범하고 무비판적인 복종과 직무 수행에서 찾았다. 이는 '악의 평범성'이라는 개념으로 구현되었다. 평범하고 무난한 성격의 사람들이 만든 사회가 때로는 파괴적인 결과를 낳을 수 있다는 아렌트의 섬뜩한 이론이다. 우리나라의 공직사회는 한나 아렌트가 경고한 모습과 얼마나 다른가? 앞서 언급한 블랙리스트 사건에서 공무원들은 대부분 뻔히 잘못된 지시인 줄 알면서도 침묵했다. 블랙리스트와 같은 큰 사건이 아니더라도, 사골 우려먹듯 반복되는 정책의 재활용, 편리한 현상 유지, 뒷북 대응 등 정부의 아마추어리즘은 토론이 박멸된, 튀지 않는 이들의 공직사회가 만들어 낸 무난한 복종의 결과물이다.

나라를 위해서 일한다는 거짓말

영혼 없이 지시받은 대로 떠드는 관리자들, 회의만 시작되면 고개를 숙이고 업무수첩에 상급자의 지시를 빼곡하게 적을 줄밖에 모르는 실무자들. 그들의 '무난한' 태도가 만들어 낸 결과는 태만하고도 무심한 겉모습과는 달리, 실상 매우 파괴적이고 때로는 악하기까지 하다.

4장

보고서에 정답은 없다

보고서를 빼놓고 공직사회를 이야기할 수 있을까? '공무원은 보고
서로 말한다'라는 말이 있을 정도로 보고서 작성은 공무원 업무의
알파이자 오메가이다. 그만큼 공직사회에는 보고서에 유독 예민한
사람이 많다.

　내가 겪었던 상급자들 역시 다른 건 몰라도 보고서 검토만큼은
대체로 깐깐하게 굴었는데, 그날은 유독 심했다. 벌써 몇 시간째였
다. 컴퓨터용 빨간 사인펜을 들고 시작된 과장의 보고서 첨삭은 끝
날 줄을 몰랐다. 처음에는 무엇을 보고하고 싶은지 아예 이해되지
않는다고 했고, 다음에는 문장의 배열이 마음에 들지 않는다고 했
으며, 마지막으로는 단어의 표현과 조사의 쓰임에 어깃장을 놓았다.
과장이 보고서를 난도질하는 일이 처음은 아니었지만, 겪을 때마다
진땀이 날 정도로 민망했다. 말로는 아무리 심한 면박을 당해도 일

을 하다 보면 그럴 수 있다고 넘길 수 있었지만, 내가 쓴 글이 남의 손에 난도질당하는 건 아무리 월급쟁이라 하더라도 약간의 모욕감을 동반했다.

과장이 보고서 위에 컴퓨터용 사인펜으로 대충 흘려 쓴 글씨는 내 자리로 돌아와 수정하려고 하면 제대로 알아볼 수 없었다. '이 글씨는 뭐라고 쓰신 거냐?'라고 다시 물어볼 용기가 없어 문맥을 추측해 가며 수정하기를 여러 차례. 나는 나대로 답답하고 과장은 과장대로 짜증이 쌓이는 상황에서 급기야 그는 특별한 대책을 내놓았다.

"내 메일로 보고서 보내."

과장은 자신의 컴퓨터 모니터가 보이는 간이 의자에 나를 앉히고는 내용이 맞는 건지 확인해 가며 직접 보고서를 고쳤다. 지나가는 직원들이 이쪽을 힐끗 쳐다보며 웃을 때면 교무실에 불려 간 학생이라도 된 것 같아 부끄러움이 밀려왔지만, 애꿎은 종이만 낭비해 가며 무한 수정을 반복하는 것보다야 이편이 훨씬 나았다. 어찌 되었든 이런 식으로라도 일을 끝낼 수 있으니 말이다. 우여곡절 끝에 완성된 보고서를 내게 보내며 과장은 기지개를 켰다. 오랜만에 보고서를 직접 쓰는 경험이 나쁘지 않았는지 왠지 모르게 기분이 좋아 보였다.

"고생했어. 내 버전으로 국장님 보고드려."

나는 재빨리 컬러 프린터에 보고서를 걸었다. 국장에게 보고하기 위해서는 컬러로 인쇄한 출력물이 필요했기 때문이다. 공직사회에서 국장과 과장을 구분하는 **보이지 않는 선**은 바로 컬러와 흑백이었다. 사무관이 과장에게 보고할 땐 얼마든지 흑백 보고서로 보고해도 되지만, 국장에게 보고할 땐 컬러로 인쇄한 보고서가 아니면 어딘가 모르게 예의를 지키지 않는 느낌이었다.

공직사회 바깥에서 보면 전자 문서 시대에 보고서를 종이에 인쇄하고, 직급에 따라 컬러와 흑백을 구분하는 문화에 아연실색할 사람들도 많을 것이다. 그래도 공직사회의 보고 문화는 시대의 흐름에 따라 천천히 바뀌긴 했다. 10여 년 전만 해도 상급자에게 보고할 때는 서류 판에 보고서를 가지런히 넣고 스테이플러를 찍는 방향까지 신경 썼지만, 지금은 그 정도는 아니다. 그보다 한참 전엔 보고서에 '날개'까지 붙였다고 하지만 그 역시 지금은 그게 무엇인지도 모르는 공무원이 태반이다. 참고로 날개는 보고받는 사람이 종이를 뒤로 넘겨 참고 자료를 보는 수고를 덜기 위해, 본문 옆에 참고 자료를 작게 인쇄하여 날개처럼 테이프로 붙이고 접어 두는 것을 뜻한다.

"국장님, 보고드리겠습니다."

국장은 보고서를 위아래로 훑어보더니 미간을 만지작거렸다. 보고서가 썩 마음에 들지 않는 모양이었다. 그는 보고서에 본격적으로 손을 대기 위해 무의식적으로 펜을 집어 들었다가, 불현듯 생각난 듯 물었다.

"장관님께 보고해야 하는 사항인가?"

나는 그렇지 않다고, 국장님만 보고받으시면 되는 사안이라고 그를 안심시켰다. 그제야 국장은 펜을 내려놓고 편안한 표정으로 설명을 들었다. 딱히 국장의 결심이 필요한 사항이 아니었기 때문에

나라를 위해서 일한다는 거짓말

보고는 비교적 수월하게 끝났다. 더 앉아 있어 봐야 괜히 일이나 더 시킬 것 같아 슬슬 자리에서 일어나려는데, 국장은 아직도 미간을 만지며 보고서를 한참이나 더 쳐다보았다.

"보고서 연습 좀 더해야겠어. 보고서 앞쪽에 필요 없는 말은 좀 줄이고, 뒤에 내용을 늘려. 이런 건 다 본문에 필요 없는 내용이니까 붙임 처리하고…."

국장은 한참이나 지적을 이어갔지만 뭐라고 대꾸할 말이 마땅치 않았다. 과장이 전적으로 수정했기 때문에 그 보고서엔 내가 쓴 원형이 거의 남아 있지 않았다. 하지만 그 사실을 국장에게 대놓고 이를 수는 없어, 괜히 멋쩍게 웃으며 더 열심히 하겠다고 고개를 푹 숙였다. 왕년에 보고서로 전 부처에 이름을 날렸다며 그토록 자신의 실력을 자랑하던 과장의 보고서가 국장의 눈엔 낙제에 가깝다는 점을 내 눈으로 확인하니 왠지 모르게 통쾌하기도 했다.

자리로 돌아와 내가 처음 썼던 보고서와 과장이 쓴 보고서를 서로 비교해 가며 차분하게 읽었다. 국장은 내가 처음 쓴 보고서를 더 마음에 들어 했을까? 꼭 그렇지는 않았을 것 같다. 국장이 고친 보고서는 내가 쓴 보고서와는 또 다른 스타일이었으니까. '잘 쓴 보고서란 도대체 무엇일까?'라는 고민에 빠져 있는데, 지나가던 선배가 내 어깨를 툭툭 치며 말을 건넸다.

"네가 고시 출신이니까 과장님이 보고서 열심히 봐주는 거야. 고맙다고 생각하고 제대로 배워. 고시 출신 아니면 남들은 그런 기회도 없어."

상황에 맞지 않는 이상한 위로를 건네는 선배에게 국장이 과장의 보고서를 얼마나 잘근잘근 씹어댔는지 이야기보따리를 풀고 싶었지만, 괜히 이야기가 돌고 돌아 과장의 귀에 들어갈까 두려워 보고서 이야기는 영원히 나만의 비밀로 간직하기로 했다.

정부 보고서는 가독성에 목숨을 건 문서다. 보고서의 본문은 보통 한 장이며, 복잡한 통계나 보조 자료는 붙임으로 처리한다. 글자 크기는 15포인트로 일반적인 책자보다 상당히 큰 편이고, 개조식(個條式, 번호나 도형 등을 붙여 항목을 나누고 주요 단어 중심으로 기술하는 방식)으로 작성되어 있어 형식적으로 읽기가 매우 수월하다. 네모, 동그라미, 작대기, 별표 등의 활용은 본문 안에서도 중요한 내용과 중요하지 않은 내용 간의 위상을 한눈에 드러내 주는 역할을 하며, 하나의 문단이 두 줄을 넘지 않기 때문에 대충 봐도 문단 하나가 한눈에 들어온다.

정부 보고서 작성의 백미는 하나의 단어가 줄을 바꿔 걸쳐 있으면 안 된다는 불문율을 철저하게 지키는 것이다. 예를 들어, '신속하게'라는 단어를 사용한다면 '신속'이 한 줄의 마지막, '하게'가 다음 줄의 처음에 걸치도록 편집하면 안 된다. 자간을 조정해서 '신속하게'를 같은 줄에 위치하도록 문서를 작성하거나, 여의찮으면 길이에 맞는 다른 단어로 대체해야 한다. 아래아한글 프로그램에서 자간을 조정하는 alt+shift+n과 alt+shift+w가 공무원에게 가장 익숙한 단축키인 이유이기도 하다.

정부의 보고서가 가독성에 목숨을 거는 이유는 보고받는 사람의 입장을 가장 크게 고려하기 때문이다. 장·차관 등 고위공무원일수록 항상 바쁘고 업무 범위도 넓기에, 그들이 제한된 시간 안에 핵심을 알아볼 수 있도록 보고서를 작성해야 한다는 뜻이다. 그래서 사무관은 중앙공무원교육원에서 연수를 받을 때부터 '핵심만 간단하게' 보고서를 쓰라고 귀가 따갑도록 교육받는다.

본격적인 실무를 맡게 되면, '핵심만 간단하게'라는 추상적 명제는 아무리 복잡한 사안이라도 1장의 보고서로 상황을 요약하라는 구체적인 지시로 떨어진다. 제목 등을 제외하면 1장의 보고서는 20줄 남짓. 극히 제한된 분량 안에서도 보고해야 하는 핵심적인 내용을 빠짐없이 풀어놓는 기술은 그 나름대로는 예술에 가까운, 오랜 훈련으로 다져지는 정교한 스킬이다. 그래서일까. 공직사회에서는 자신의 보고서 작성 능력을 자랑하는 사람을 심심치 않게 만날 수 있다.

하지만 보고서 작성은 일률적으로 줄 세우기 어려운 능력이다. 국장과 과장, 나의 보고서 스타일이 모두 달랐듯이 일정 수준 이상에서 보고서는 취향의 문제에 가깝다. 이러한 정부 보고서의 특성을 깨닫는다면 함부로 자신의 보고서 작성 능력을 자랑하지 않게 되지만, 그걸 깨닫지 못할 정도로 경험이 부족하거나 제대로 훈련받지 못한 공무원일수록 자신의 보고서 작성 능력을 떠벌린다. 능력이 부족한 사람일수록 자신의 능력을 과대평가하는 더닝-크루거 효과(Dunning-Kruger effect)의 좋은 예시라고 볼 수 있을 정도이다.

정부 보고서에 대한 비판적 시각도 많다. 비판의 초점은 대부분

지나친 형식주의에 대한 것이다. 한 장, 한 문단, 한 줄과 같은 형식에 과도하게 집착하느라 보고서에 담겨야 하는 핵심적인 내용에 제대로 신경 쓰지 못한다는 비판이다. 개조식의 보고서 형식 그 자체에 대한 비판도 있다. 먼저 개조식에선 문장의 주어가 분명치 않아 주술 관계가 모호해지는 경우가 있다. 단어 중심으로 짧게 줄였기 때문에 시제 등이 모호해져 문장의 기능이 명료하지 않을 수도 있다. 또한, 도형 등의 활용으로 문장의 위계가 한눈에 들어오기는 하지만 서로 다른 층위의 문장 간의 관계가 순접인지 역접인지 등을 알 수 없어 문장 간 논리적 연관성을 확인하기 어렵다. 그리고 무엇보다 개조식 글쓰기엔 내용을 전달하는 형식과 태도의 격조가 없다는 비판이 있다.[9] 실제로 미국이나 영국 등 주요 선진국, 혹은 국제기구에서도 대개 개조식보다는 서술형으로 보고서를 쓴다.

하지만 실무자에게 개조식으로 보고서의 형식이 정립된 것은 상당히 효율적인 일이기도 하다. 조금만 숙달되면 형식을 맞추는 건 그다지 어렵지 않은 일이며, 전임자들이 만들어 낸 보고서가 있는 경우엔 내용만 조금 변경하면 되기 때문이다. 그처럼 정형화된 형식이 일의 효율을 배가한다. 또한 개조식으로 작성하는 1장짜리 정부 보고서는 사건, 사고의 요약이나 행사계획과 같은 단발적인 정보를 쉽게 보고하기에 매우 유용한 틀이다. 육하원칙에 따른 일의 진행이 일목요연하게 보이기 때문이다.

9　이준웅, 「소통과 먼 '국정운영 5개년 계획'」, 《경향신문》, 2017.7.30.

그러나 세상엔 1장짜리 보고서로 모두 담을 수 없는 문제들이 가득하다. 문제의 원인이 명확하지 않거나 다양한 요인이 얽혀 있으며, 해결 방안 역시 많은 논의가 필요한 사안들이 그것이다. 그렇지만 정부 보고서는 이런 문제를 다룰 때도 '핵심만 간단하게'라는 원칙에 경도된다. 보고서 1장에 모든 내용이 깔끔하게 담길 수 있도록 문제점과 원인, 해결 방안을 2~3가지의 맥락으로 포섭하고, 서로 조응되게 구성하여 현실을 **의도적으로 평탄화하는** 것이다. 그 과정에서 실타래가 보이지 않을 정도로 복잡한 현실의 이해관계는 몇 가지의 단순한 맥락으로, 의도적으로 치환된다.

예를 들어, 우리나라의 독서율 하락에 대한 대책을 보고서로 쓴다고 가정하자. 일단 독서율 하락의 원인은 무엇인가? OTT 등 영상매체의 약진? SNS의 범람? 장시간의 근로나 공부로 인한 시간의 부족? 어릴 적 독서 습관의 부재? 혹은 경제적 어려움? 하나하나 독서율 하락의 원인으로 생각해 볼 만한 주제이다. 그러나 한 장의 보고서에 그 모든 걸 맥락 없이 담을 수는 없다. 결국 보고서는 이를 독서 환경의 미비, 디지털 미디어의 확산, 독서 습관의 부족 등으로 적당하게 '포섭'한다. 이 과정에서 무엇이 독서율 하락의 진짜 이유인지는 중요하지 않다. 해결 방안으로 사용할 그럴듯한 정책적 수단이 있는지를 먼저 고민하고 그에 맞춰 원인을 정리하는 식이다.

그 결과 독서 환경을 마련하기 위해서는 도서관을 확충하고, 디지털 미디어의 확산에 대응해서는 전자책을 보급하며, 독서 습관의 부족에 대해선 독서 장려 프로그램을 운영하겠다는 보고서가 완성된다. 그럴듯하지만, 이러한 보고서로는 독서율 하락이라는 현실의 문제를 결코 해결할 수 없다. 원인 분석의 의도적 평탄화도 문제지만 거기엔 정말 우리나라의 도서관이 부족한지, OTT와 SNS를 보는 사람들이 전자책에 흥미를 갖는지, 독서 장려 프로그램이 독서율 증진에 효과성이 있는지 등 정책 수단의 유효성에 관한 심층적인 논의 자체가 생략되어 있는 탓이다. 하지만 정부의 보고서는 항상 이런 방식으로 작성된다. 보고서 작성의 목적이 문제의 해결이 아니라 **깔끔한 문서 작성**에 방점을 두고 있기 때문이다.

장·차관 등 정무직에게 사안을 보고해야 하는 국장급 간부는 현실을 평탄화하여 보고하기에 수월한 짧고 간결한 보고서를 선호하기 마련이다. 하지만 그런 보고서만으로는 현실의 문제를 정확하게 직시하거나, 문제의 적확한 해결을 위한 복잡하고 다양한 정책적 논의를 부처 내에서 촉발하기는 어렵다. 형식은 내용을 잡고 뒤흔드는 힘이 있기 때문이다. 같은 소재를 다루는 소설이라고 해도 장편 소설은 비교적 복잡한 등장인물이 등장하는 상세한 세계관을 다룰 수 있지만, 단편 소설은 하나의 사건이나 감정에 집중할 수밖에 없지 않은가.

더군다나 현실을 의도적으로 평탄화하는 정부 보고서 작성법에 능해질수록, 정책의 실무를 직접 담당하는 사무관조차 **문제를 복잡하게 생각하지 않으려는** 습성을 갖게 된다. 복잡한 문제를 다양한 맥락으로 이해하고 설명하기에는 부적절한 정부 보고서의 형식상의 한계 때문에 문제를 깊이 탐구하기보다는 보고하기 쉬운 틀에

나라를 위해서 일한다는 거짓말

맞는 적당한 통계와 자료를 짜깁기하는 데 몰두한다. 사무관이 자신의 업무에 대해 10을 알면, 과장은 5를 알고, 국장은 2를 알며, 장·차관은 1도 채 모른다는 이야기가 있다. 그런데 현실을 평탄화하는 보고서를 작성할 수 있을 정도로만 문제를 얇게 파악하는 습성에 길들면, 사무관조차 10이 아니라 5도 모르는 채로 국가의 정책이 굴러가게 되는 것이다.

또한 장·차관 등 고위공무원이 지나치게 바쁘고 업무 범위가 넓기에 핵심만 간단하게 보고서를 작성해야 한다는 말은 반은 맞고 반은 틀린 주장이다. 바쁘고 업무 범위가 넓다고 해서 정무직이 일을 피상적으로 알아도 된다는 뜻은 전혀 아니기 때문이다. 그래서 현실적인 제약 조건 아래에서도 장·차관은 그 분야에 능통하며 문제의 핵심을 꿰뚫어 보는 통찰력을 갖춘 사람이 맡아야 한다는 건 당연한 사실이다. 그래야 간결한 정부 보고서 안에서도 다층적인 함의를 찾아낼 수 있고, 복잡한 사안의 문제를 복잡한 상태로 보고해도 문제를 이해할 수 있다는 건 두말할 나위도 없다. 나아가 장·차관의 이러한 능력과 자신감은 정부 부처 전체의 수준을 끌어올리는 실마리가 되는 것도 분명하다. 장·차관이 이미 5를 아는데, 국장이하의 공무원들도 5만 알아서는 보고 자체가 성립되지 않기 때문이다.

그렇지만 장관과 차관의 인선에 관해선, 감히 말하건대, 현재도 미래도 별로 희망적이진 않다. 내가 보기엔 명백히 그렇다. 해당 분야에 대한 이해가 전혀 없는 사람들이 정치권에 줄을 대서 장·차관으로 임명되는 경우가 너무도 많기 때문이다. 문체부를 예로 들면, 부처 내에 정부 공보 기능이 있다고 해서 기자 출신을 장·차관으로 임명하는 경우가 종종 있다. 하지만 기자로 일했던 이가 문화, 예술, 체육, 관광, 콘텐츠, 저작권 등 문체부가 소관하는 광범위한 분야에 대해 능통할 리 없다. 물론 기자 출신의 장·차관도 분야에 능통한 사람이 더러 있었지만, 안타깝게도 아예 문외한에 가까운 경우가 더 많았다. 이렇게 보고 받는 사람이 분야에 대한 이해가 떨어질 경우 보고서는 문제에 대한 깊은 이해에 도달하지 못한 채 개념 설명과 단순한 도식화에 머물 수밖에 없다. 게다가 더 이상 쉽게 쓰기 어려울 정도로 보고서의 수준을 낮췄는데도, 아무리 봐도 이해가 되지 않는다며 보고서 좀 쉽게 쓰라고 되려 역정을 내는 경우까지 있다. 하지만 문제는 보고서가 아니다. 진짜 문제는 애초에 그들이 갖고 있는 분야에 대한 미천한 이해도다. 실제로 미디어 환경의 변화와 저작권에 대해 한참을 보고하는데 장관이 OTT가 대체 무엇이냐고 되물어 회의 석상에 있던 모두가 아연실색한 사례도 있을 정도이다.

보고서에 정답은 없다. 세상의 문제에 대한 정답도 없고, 잘 쓴 보고서를 정의하는 정답도 없다. 그럼에도 공직사회는 여전히 '핵심만 간결하게'라는 집착에서 벗어나지 못하고 있다. 공무원은 보고하기 좋은 보고서를 만들기 위한 시간에, 복잡다단하게 변화하는 현실을 더욱 정밀히 이해하는 데 더 큰 노력을 들여야 한다. 또한 보고서를 예쁘게 쓰기 위해 복잡한 문제를 단순하게 평탄화하려는 유혹을 경계해야 한다. 실제의 상황을 왜곡하거나 단순화한 보고서가 무슨 의미가 있을까? 공직사회는 나라를 위해 일하는 곳이지, 보고서 예쁘게 쓰기 경연대회에 참가하는 곳이 아니다. 현실에 가닿지 않는 보고서는 그 자체로는 쓸모없는 아래아한글 문서에 불과하다.

아침의 부산함이 가라앉은 사무실, 시계는 막 11시를 향하고 있었
다. 이따금 울리는 사무실의 전화 소리를 제외하면 조용하고 한가
한 오전이었다. 일의 속도를 올리고 싶은 마음은 없었다. 언제 어디
에서 예상치 못한 일들이 터져 바빠질지 몰랐기에 여유가 있을 땐
즐기는 게 나았다. 다가오는 점심시간에는 무엇을 먹을까 고민하며
구내식당의 식단표를 탐독하던 그때, 모니터 좌측 하단에서 주황색
의 영롱한 불빛이 반짝였다. 점심이나 같이 먹자는 선배의 메시지
였다. 귀찮은 마음 반, 불러줘서 고마운 마음이 반이어서 선배의 점
심 제안을 수락할지 말지 고민하던 찰나, 의자 뒤에서 누군가의 인
기척이 느껴졌다. 나는 반사적으로 재빨리 대화창부터 닫았다.

"오늘 혹시 점심 약속 있으셔? 과장님은 없다는데….."

굳이 고개를 돌아보지 않아도 말하는 사람이 누군지 알 수 있었다.

비염이 섞여 약간 높은 톤의 목소리, 누구에게나 반만 존대하는 어법은 서무 주무관의 트레이드 마크였기 때문이다. 그녀는 기능직에서 일반직으로 전환한 고참 주사였다. 누가 시키지도 않았는데 항상 이 시간만 되면 과장의 점심 약속 여부를 재빠르게 확인하고는, 과원들 사이를 유영하듯 돌아다니며 과장의 점심 메이트를 구했다. 시대가 바뀌었으니 그럴 필요 없다고 과장이 좋게 이야기했다는데도, 20세기에 입직한 자신만이 할 수 있는 마지막 남은 고유의 업무라고 생각했는지 끝까지 과장의 점심 비서 역할을 고집했다.

대부분의 직원은 그녀의 점심 강권을 가볍게 물리쳤지만, 짬밥이 크게 밀리는 젊은 고시 사무관인 나는 그녀의 말을 완전히 무시할 수 없었다. 군대로 치면 소위가 주임원사 말을 계급으로 누르기 어려운 것처럼 말이다. 그래서 그녀의 목소리엔 희망이 묻어 있었다. 더군다나 점심 약속이 있는 직원은 거의 매일 약속이 있고 없는 직원은 매번 없는데, 나는 전형적인 후자에 속했기 때문이다.

하지만 그날만은 그녀의 기대에 부응하고 싶지 않았다. 이틀을 연달아 과장과 함께 서울 출장을 다녀온 터라, 3일 연속으로 과장과 불편하게 점심시간을 보내면 정말로 속이 부대낄 것 같았다. 그래서 오늘만은 선배의 부름에 냉큼 달려가는 예쁜 후배가 되리라 마음먹고는 최대한 상냥한 목소리로 그녀에게 답했다.

"오늘은 제가 오랜만에 약속이 있어서요. 식사 맛있게 하세요."

부처마다 상황이 다르겠지만 공직사회에서 사무관급 이하 일반 직원들이 점심시간에 누구와 무엇을 먹을지 결정할 자유는 비교적

넓게 보장되는 편이다. 약속을 잡아 따로 먹든, 구내식당에서 대충 해결하든 특별히 눈치를 주는 사람은 없다.

상급자와 점심을 먹는 걸 당연시하는 문화도 대체로 사라졌다. 서울에 청사가 있던 10여 년 전에는 과원들이 돌아가며 상사를 **모시는** 문화도 있었다고 하지만, 세종시 이전 이후로 상황은 많이 바뀌었다. 국·과장 이상 보직자들은 서울 출장이 많아 점심을 세종에서 먹는 날이 훨씬 드물기 때문이다. 어쩌다가 세종에서 점심을 먹는 날에는, 간부들도 특별히 따로 챙길 필요가 있는 직원들과 약속을 잡아 식사하는 걸 선호한다. 물론 과장이 약속이 없는 날에는 눈치껏 과 내에서 점심 조를 차출하는 경우도 드물게 있지만, 인간적인 차원에 불과한 문화일 뿐 강제성은 없다. 일부 지자체에서 아직도 남아 있다고 하는 '모시는 날'(하급자가 돈을 모아 상급자 식사를 대접하는 날)과 같은 적폐에 가까운 인습은 이제 적어도 중앙부처에서는 찾아보기 어렵다.

싱그러운 햇살 아래 청사 주변의 호수 공원을 거닐며 삼삼오오 커피를 든 채 누군가의 농담에 모두가 까르르 웃는 모습은 회사에서 몇 안 되는 보기 좋은 풍경이다. 다른 과의 직원들과 안면도 트고, 이런저런 어려움도 공유하면서 부처 내에서 일어난 오만가지 정보를 교환하는 점심시간은 퍽 유용하기까지 하다. 하지만 겉으로 드러나는 아름다운 풍경과는 달리 직원들이 점심시간에 임하는 속내는 다소 복잡하다.

　　　　　　　　　나라를 위해서 일한다는 거짓말

다면 평가(多面 評價). 인사의 공정성과 객관성을 확보하기 위해 상급자, 동료, 하급자가 개인을 평가하는 인사 평가 제도의 하나로 몇 년 전부터 공직사회에 도입되었다. 기존에는 상급자에 의한 평가로만 승진자를 선발하였다면, 도입 이후에는 상급자에 의한 근무평정 점수와 상·하급자, 동료들의 다면 평가 점수를 합쳐 승진자를 선발한다. 다면 평가 제도는 윗사람의 평가만큼이나 동료나 하급자의 평가 역시 승진의 중요한 요소임을 인정한다. 상급자에게만 잘 보이는 사람보다는 상하 간의 직급에 걸쳐 모두에게 두루두루 인정받는 사람이 더 나은 인재라는 판단도 깔려있다.

승진에 있어 다면 평가의 영향력은 절대 작지 않다. 문체부의 경우에는 다면 평가가 승진 점수의 30%를 차지했다. 근무평정 점수 차이는 대부분 근소하기에 다면 평가 점수가 승진의 판도를 좌우할 정도였다. (문체부는 2024년 9월, 「문화체육관광부 인사관리규정」을 개정하여 현재는 다면 평가 결과를 승진 점수에 그대로 반영하지 않는다. 그러나 대부분의 부처는 다면 평가 결과를 승진 참고 자료로 활용하고 있다. 주로 다면 평가 하위자를 승진에서 배제하는 식이다.)

다면 평가를 잘 받기 위해서는 소위 말해 부처 내에서 자신의 '인지도'를 높여야 한다. '인지도가 높다'라는 말은 2가지 의미를 갖는데, 하나는 친한 동료가 많다는 의미이고, 또 다른 하나는 나를 모르는 직원이 적다는 의미이다. 승진을 앞두고 단기간 내에 친한 동료를 사귀는 일은 어렵기 때문에 직원들은 보통 후자의 인지도를 높이는 데 집중한다. 이를 위한 가장 좋은 기회는 점심시간이다. 점심

시간은 저녁 자리와는 달리 한 시간 남짓으로 시간이 정해져 있어 부담이 덜하고, 그리 큰 비용을 들이지 않고도 많은 사람을 만날 수 있기 때문이다. 다면 평가 제도가 도입된 이후 점심시간은 단순한 친목 도모를 위한 여가 시간이 아닌 경쟁의 시간이자 자기 PR의 최전선이 되었다.

다면 평가의 취지는 당연히 좋다. 위에만 잘하는 사람이 아니라, 위아래 모두에게 잘하는 사람이 조직에서 인정받아야 한다는 의미니까 말이다. 하지만 공직사회의 많은 제도가 그렇듯 다면 평가제도는 좋은 취지와는 달리 실제로는 몇 가지 문제점을 갖고 있다.

먼저 평가자의 범위 문제이다. 제도의 설계에 따라 다르지만, 문체부에서 시행했던 다면 평가는 기본적으로 모든 직원이 특정한 직원을 평가할 수 있다. 특별한 요건이 없어도 평가자와 피평가자 사이가 성립되기 때문에, 지나가다 복도에서 서로 목례만 나눈 직원 사이에서도 서로서로 평가할 수 있다는 이야기다. 물론 평가자가 피평가자를 잘 모르는 경우 자신의 판단에 의해 평가에서 제외할 수는 있지만, 그 또한 단순히 개인의 선의에 기대는 방식이라고 할 수 있다. 이는 기본적으로 평가의 공정성 문제를 야기한다. 잘 알지도 못하는 사람의 성과와 인성을 직원들이 제대로 평가할 수 있겠는가?

최악의 상황에는 조직적으로 세력이 개입하여 승진이 필요한 특정 직원의 평가를 밀어준다든가, 혹은 승진을 경쟁하는 다른 직원의 점수를 악의적으로 낮게 줄 수도 있다. 학연, 지연, 입직 경로까

나라를 위해서 일한다는 거짓말

지 다양한 형태로 공직사회에 존재하는 사적인 네트워크가 선후배의 승진을 위해 조직적으로 개입하여 평가를 왜곡해도 막을 길이 없다.

근무하는 부서의 특성에 따라 어쩔 수 없이 발생하는 인지도 차이가 평가에 큰 영향을 미친다는 점도 비판의 한 축이다. 많은 직원과 접촉하는 인사, 재정 등의 지원 부서에서 근무하면 부처의 전 직원과 자연스럽게 일로 연결되는 반면, 일반 사업 부서에서 근무하면 다른 과의 직원들과 업무상 별다른 접촉이 없기에 인지도를 쌓기가 어렵다.

물론 인지도가 높다고 해서 무조건 다면 평가의 결과가 좋다는 보장은 없다. 안 좋은 방향으로 유명한 직원은 종종 다면 평가에서 '테러'를 당하기도 한다. 하지만 이는 극히 일부의 예이다. 비슷비슷한 삶의 궤적을 가진 공무원들 사이에서 사실 성과와 인성의 차이가 얼마나 나겠는가. 고만고만한 사람들 사이에서의 다면 평가는 **결국 인지도 싸움**으로 귀결된다. 그래서 항간에는 전형적인 지원 부서인 인사과 출신 공무원들이 자신들의 승진에 유리하게 활용하기 위해 조직 혁신이라는 이름으로 다면 평가의 전면적인 도입을 주도한 것 아니냐는 낭설도 퍼져 있었다. 많은 소문이 그렇듯 정확한 사실관계는 파악할 수 없지만 말이다.

사실 다면 평가의 문제점은 제도가 도입되기 전부터 모두 예측한 부분이었다. 제도에 대한 기대가 아예 없는 것은 아니었지만, 공직사회에서의 부작용이 훤히 보였기 때문이다. 그러나 인사과는 일단 취지가 좋으니 도입하고 보자는 생각이었다. 아니나 다를까, 제도가 도입되자마자 비판은 끊이지 않았다. 여기저기서 공정성에 대한 의문이 제기된 것이다. 그에 따라 같은 부서에 근무했던 경험이 있는 직원 간에만 서로를 평가할 수 있도록 제도를 개편하자는 대안 등이 논의되었다. 하지만 평가자의 모수가 적어지면 오히려 포섭이 수월하기에, 다면 평가를 잘 받기 위한 로비가 지금보다 횡행할 것이라는 문제가 역으로 제기되었다.

사실 다면 평가를 승진 점수로 바로 활용하는 한, 평가자의 범위를 어떻게 정할지에 대한 사안은 피평가자들의 유불리에 따라 끝없이 제기될 문제였다. 평가자의 범위가 넓으면 넓어서 문제고, 좁으면 좁아서 문제니까 말이다. 그리하여 대안을 논의하려는 시도는 금세 흐지부지되었다. 정답이 없는 문제 앞에서 공직사회는 언제나처럼 아주 오랫동안 현상 유지를 택했다.

근무평정을 잘 받고도 다면 평가에서 밀려 승진에서 아쉽게 미끄러지는 고참 직원들 사이에서는, 점심과 저녁을 막론하고 중형차 한 대 값만 쓰면 다음 승진 심사에서 반드시 좋은 결과를 얻는다는 경험칙도 퍼져 있었다. 특히 다른 부처에서 전입을 왔거나 9급 출신이어서 조직 내의 기반이 약한 직원들의 경우, 사람들과 밥을 먹는 일이 사실상 자신의 존재를 알릴 수 있는 유일한 방법이었다. 다면 평가 때문에 조직 내에서 약자일수록 돈과 시간을 더 들여야 한다는 슬픈 결론이었다.

점심시간, 청사 근처에서 삼삼오오 짝을 지어 까르르 웃는 공무원들의 모습 뒤에는 이처럼 복잡한 계산이 숨어 있다. 수많은 동료를 상대로 감정 노동을 해야 하는 상황보다 차라리 상사의 점심을 무조건 챙기던 과거가 나았다고 말하는 공무원들도 많다.

나의 경우, 다면 평가 점수는 항상 평균보다 밑이었다. 원체 주변에 싹싹한 사교적인 성격도 아닌 데다가 지원 부서는커녕 사업 부서의 '말과'(末課) 위주로 전전한 보잘것없는 커리어 때문에 인지도도 약했다. 결국 다면 평가 결과는 서기관 승진에서 번번이 발목을 잡았다. 고참 사무관이 되어 근무평정 점수가 승진권에 속했지만 다면 평가를 합친 점수가 낮아 연속으로 고배를 마셨다. 이쯤 되자 주변의 동료들은 여러 가지 '활동'을 열심히 하라는 조언을 했다. 적극적으로 약속을 만들어 점심을 사고, 시간이 되는대로 이런저런 술자리에도 최대한 끼라는 의미였다. 하지만 어색하게 마주 앉아 잘 알지도 못하는 남의 뒷담화나 하며 즐거운 척 연기를 하기는 싫었다. '승진이 다가오니 너도 별수 없구나?'라는 은근한 경멸의 눈빛도 감당할 자신이 없었다.

그래서 그즈음에는 일부러라도 구내식당에서 '혼밥'을 했다. 혼밥을 하다가 괜히 아는 사람을 마주치면 어색할 테니, 문체부에서 가장 가까운 교육부 구내식당이 아니라 10분 정도 떨어진 산업통상자원부 구내식당을 애용했다. 타 부처 사람들이야 나를 알지 못하기 때문에 익명성 안에서 편안하게 식사할 수 있었고, 복도로 모든 건물이 연결된 세종청사의 특이한 구조 덕에 춥고 더운 날씨에도 쾌적하게 산책할 수 있어서 좋았다. 결국 이런 청개구리 심보 때문에 나는 비슷한 순번의 사무관들이 전부 승진하고 난 이후에야 겨우 후배들과 함께 승진할 수 있었다.

정말로 보고 싶은 동료와 긴히 할 이야기가 있을 때는 특별히 약속을 잡아 점심을 같이하고 싶었다. 때때로 동료들과 함께 이루어 낸 쾌거와 성과가 있는 날에는 저녁에 거하게 술잔도 부딪히고 싶었다. 하지만 아무 일도 없는 매일매일의 일상에서 누군가에게 잘 보이기 위해, 혹은 언제일지 모를 승진을 위한 다면 평가에 대비한다는 명목으로 식사 시간을 관습적으로 할애하고 싶진 않았다. 어쨌든 점심시간은 근로 시간에서도 제외되는 법정 휴게시간 아닌가.

내가 너무 극단적인 개인주의자 아니냐고? 아니, 전혀 그렇지 않다. 영국의 인류학자 로빈 던바(Robin Dunbar)가 연구한 결과에 따르면, 인간의 뇌가 감당할 수 있는 집단의 규모는 150명 정도이다. 가족 4~5명, 친한 친구 15명, 친구 45~50명, 집단으로 150명까지가 한 사람이 진정으로 사회적인 관계를 맺을 수 있는 최대 숫자라는 의미이다. 한 사람이 감당할 수 있는 인간관계의 최대 수인 150은 그래서 '던바의 수'(Dunbar's number)라고 불린다.[10] 문체부에 소속된 공무원의 숫자는 본부만 따져도 약 700명, 소속기관까지 합치면 약 2,000명에 이른다. 한 사람이 동료로서 감당할 수 있는 숫자를 아득히 넘어선다는 의미이다. '던바의 수'에 따르면 매일 다른 사람과 점심 약속을 습관적으로 잡는 사람은 알게 모르게 자신의 뇌에 엄청

---

10   강양구, 『과학의 품격』, 사이언스북스, 2019, p.367~370

나라를 위해서 일한다는 거짓말

난 부담을 가중하고 있는지도 모른다. 그러니 나는 극단적인 개인주의자가 아니라 뇌가 감당할 최대 숫자에 반응하는 **평균적인 인간**일 뿐이다.

다면 평가 제도는 공정성과 포용성을 추구하려는 의도에서 시작되었지만, 실제 운영 과정에서는 복잡한 인간관계와 평가의 왜곡 문제를 일으켰다. 이는 모두 제도 시행 전에 예견된 일이었다. 하지만 공직사회는 뻔히 보이는 부작용을 모두 알고도 어설프게 정책을 추진했고, 많은 공무원은 피로와 불편함을 겪었다. 더욱이 제도 시행 이후 승진 반영에서 제외되는 등의 개선이 이루어지기까지 무려 7년이 넘게 걸렸다는 점은 잘못된 제도를 고치기 힘든 공직사회의 경로의존성(path dependency)을 여실히 보여준다. 변화의 필요성을 인식하면서도 기존의 경로를 쉽게 벗어나지 못하는 공직사회의 구조적 한계인 셈이다.

국장은 일주일에 잘해야 한 번 정도 세종청사로 출근했다. 일주일
의 대부분을 서울사무소에서 보낸 셈이다. 특별한 일정 때문은 아
니었다. 장관에게 대면으로 보고를 하기 위해 한없이 서울사무소에
죽치고 있거나, 현안 설명을 위해 국회를 방문하는 식이었다. 일도
일이었지만, 자택이 서울에 있다는 점도 그가 세종에 잘 내려오지
않는 이유 중 하나였다.

　각 과에서는 국장의 편안한 동선을 위해 눈치껏 금요일 오후와
같은 애매한 시간대에 전문가 간담회 등의 일정을 만들어냈다. 그
덕분에 국장은 일정을 마치자마자 서울에서 편안하게 바로 귀가할
수 있었다. 그러나 국장의 일정을 보좌한 실무자들은 대부분 세종
에 살았기 때문에 금요일 오후 매진 행렬인 서울역 출발, 오송역 도
착 KTX 표를 구하기 위해 핸드폰을 손에서 놓을 수가 없었다.

국장이 세종청사에 내려오는 날은 과장 이하 실무자들에겐 일주일에 한 번밖에 없는 대면 보고 기회였기 때문에, 각 과의 보고 행렬이 장사진을 이뤘다. 관료제의 일원답게 다들 일주일간 얼마나 열심히 일했는지 상사에게 티를 내려 했고, 국장 역시 아랫사람들의 경쟁을 은근히 즐겼다.

'요즘 아무개 사무관은 일이 없나 봐?'

국장이 세종에 내려왔는데 사무관이 얼굴도 비추지 않으면 뒤에서 듣기 딱 좋은 말이었다. 그래서 사무관들은 굳이 급한 사안이 아니더라도 대면으로 보고할 거리를 만들어냈다. 피차 서로 간에 바쁘니 메일이나 카톡으로 편하게 보고하라는 말은, 지나고 보면 보통 빈말이었다.

월요일이었다. 일주일 만에 서울에서 내려온 국장은 오송역에서 14:48분 기차를 타고 다시 서울로 올라갈 예정이라고 했다. 그는 월요일 오전부터 장관 주재, 차관 주재 회의 등에 불려 다니느라 사무실을 비웠기 때문에 점심 식사 이후 겨우 한 시간 정도가 사무실 자리를 지키는 시간이었다.

그래서일까. 점심시간이 채 끝나기 전인데도 국장의 방 앞에는 보고를 위한 줄이 길게 늘어섰다. 다행히 그날은 나도 점심을 일찍 먹고 서두른 덕에 차례는 넉넉해 보였다. 가끔 직급이 높은 과장들이 새치기 보고 하는 걸 고려하더라도 말이다. 드디어 긴 기다림 끝에 내 차례가 되었다. '똑똑' 노크를 하고 국장의 방으로 들어가려는데 어디서 나타났는지 다급한 목소리의 후배가 내 앞을 막아섰다.

"선배님, 죄송한데 제가 먼저 보고할게요. 국장님이 바로 찾으셔서요."

후배의 보고가 끝나기를 기다리며, 컬러 프린터로 정갈하게 인쇄한 보고서를 엄지와 검지로 괜히 만지작거렸다. 야속하게도 후배는 한참이 지나서야 나왔고, 그게 시간이 허락한 마지막 보고였다. 나와 눈이 마주친 국장의 비서는 안타깝지만 어쩔 수 없지 않냐는 뉘앙스로 어깨를 한번 가볍게 으쓱했다. 국장은 신데렐라처럼 정해진 시간이 끝나면 떠나는 사람이라는 걸 다 알지 않느냐는 뉘앙스였다.

후배는 미안하다고 거듭 사과했다. 그런데 사실 그에게 무슨 죄가 있단 말인가. 국장이 열 일 제치고 먼저 찾았다는데 말이다. 오히려 몇 기수 선배인데도 여태껏 말과를 전전하는 내 죄가 더 크다면 컸다.

후배는 일도 잘했고 성격도 싹싹해서 누구나 좋아했다. 그래서 입사한 지 얼마 되지 않았는데도 매번 '일과'(一課)로만 옮겨 다녔다. 가는 곳마다 일이 힘들다는 그의 투정은 사실은 자랑의 다른 표현이었다. 그에 반해 나는 업무와 성격 모두 어딘가 삐딱한 부분이 있어 입사 이래 말과만 전전했다.

'일과'와 '말과'? 이해를 돕기 위해 공무원 조직에 대한 이야기를 잠깐 하자. 1개의 중앙부처엔 보통 몇 개의 실(室)이 있고, 다시 그 안엔 몇 개의 국(局)이 있다. 그리고 1개의 국은 3~4개의 과(課)로 이루어지는데, 그중에서 조직도 순으로 가장 먼저 오는 과를 '일과',

나라를 위해서 일한다는 거짓말

가장 마지막에 오는 과를 '말과'라고 한다.

일과는 인사, 조직, 예산 등 국의 업무를 총괄하며 국장을 근거리에서 보좌하기에 보통 승진도 잘되고 성과급도 많이 받는다. 하지만 말과에 가까워질수록 대체로 승진 고과도 잘 받지 못하고 성과급도 낮게 받는다. 하다못해 을지훈련처럼 잡다한 일은 말과에서 많이 차출하고, 해외 출장처럼 좋은 일은 일과를 더 챙겨주는 식이다.

소속된 과를 기준으로 성과를 평가하는 시스템에 대해 공직사회 내에선 대체로 별 문제의식이 없다. 보통 일과의 경우 각종 자료의 취합을 위해 대기하는 시간이 길고 국장을 보좌하기 때문에 훨씬 더 고생한다는 이미지가 있기 때문이다. 따라서 공무원 개인은 소속된 과와 보직을 기준으로 성과를 평가하는 시스템에 맞춰 자신의 근무 행태를 최적화한다. 일과보다 말과에서 열심히 일하는 건 손해라고 생각하며, 말과에서의 업무는 일과로 넘어가기 위한 통과의례 정도로 생각하는 식이다.

하지만 공무원들의 생각이 어떻든, 현장에서 말과의 업무는 일과의 업무만큼 중요하다. 체육 분야를 예로 들어보자. 체육국 내에서 일과인 체육정책과에서 담당하는 국가대표 엘리트 체육을 진흥하는 업무가 말과인 스포츠산업과에서 담당하는 프로스포츠를 활성화하는 일보다 반드시 더 중요한가? 상식적으로 당연히 그렇지 않다. 각종 스포츠의 근간이 되는 국가대표 엘리트 체육도 진흥해야하지만, 1년에 천만 명 이상이 관람하는 프로스포츠의 발전이 그보다 중요하지 않은 것은 아니다.

이는 해당 분야의 조직을 비교해 봐도 알 수 있다. 국가대표 엘리트 체육을 담당하는 대한체육회가 하는 일과 KBO(한국야구위원회), K리그(한국프로축구연맹) 등이 하는 일 사이에서 우열이나 중요성을 어떻게 따지겠는가? 국가대표 육성과 프로스포츠 활성화 모두 한 나라의 체육 정책에 있어 아주 중요한 일임은 자명하다. 그런데도 체육국 내에선 대한체육회를 담당하는 자리와 프로스포츠를 담당하는 자리의 승진 고과는 현격히 차이가 난다. 전자는 보통 최상위의 승진 고과를 받지만, 후자의 승진 고과는 뒤에서 세는 게 더 빠르다.

중앙부처의 정책은 해당 분야에 종사하는 수많은 사람에게 직접적으로 영향을 미친다. 더구나 조직도상의 순서는 과가 발생한 순서를 따르기 때문에 말과는 최근의 시대 흐름과 가장 밀접한 산업적 측면을 담당하는 경우가 많다. 미래의 먹거리는 오히려 일과가 아닌 말과가 맡은 분야에서 발견할 가능성이 크다는 의미이다. 하지만 고작 행정 조직도상의 순서에 따라 담당자의 열의가 달라진다면, 민간의 입장에선 이만큼 부당한 일이 또 어디 있겠는가. 정부가 민간의 특정 분야를 잘 되게 하기는 어렵다고 하더라도 법령 등 규제와 룰을 제때 현행화하거나 합리화하지 않으면 그 분야의 발전은 요원하다.

중앙부처 전체적으로 시야를 넓히면 상황은 더 암울하다. 실제로 사업을 수행하는 사업 부서보다 **장관을 근거리에서 보좌하는** 기획조정실이나 인사과 등이 여러모로 우대받는 것이다. 공직사회에서 사람을 평가하는 시스템의 핵심은 '높은 사람을 얼마나 근거리에서 보

　　　　　　　　　　　　나라를 위해서 일한다는 거짓말

좌하는가?'이기 때문에, 업무에 열의가 있는 우수한 인재들은 실제 사업이나 정책을 시행하는 부서가 아니라 부처 전체의 업무 등을 종합하고 취합하는 기획조정실 등으로 몰린다. 하지만 정책이 잘 작동하기 위해서는 일선의 사업 부서가 유능하게 움직여야 한다. 전쟁이 나면 실제로 전투를 수행하는 건 전방의 전투부대이지, 후방의 국방부 직속 부대나 본부의 군인이 아닌 것처럼 말이다. 취합 부서의 인재들이 자료의 요점을 정확하게 정리하여 장관에게 잘 전달한다고 한들 솔직히 국민의 삶에 무슨 직접적인 변화가 있겠는가.

자리에서의 성과를 묻지 않고, 어떤 보직에 있었느냐로 승진 고과를 평가하는 시스템으로는 공무원을 안정적인 수비수로 키워낼 수 있어도 날카로운 공격수로 길러낼 수는 없다. '무엇을 얼마나 잘했느냐'를 묻지 않는 평가 시스템은 새로운 생각과 창의적인 정책으로 우리 사회의 문제를 해결할 유인을 전혀 제공하지 않는다. 공무원은 그저 연공서열에 따라 제공되는 보직 경로에 따라 '존버'만 잘하면 되기 때문이다. 초임 때는 사업 부서에서 일하다가 중고참이 되면 일과로 자리를 옮기고, 더 시간이 지나면 기획조정실 등에서 부처의 전체 업무를 총괄하는 보직을 받는 식이다. 어차피 해당 보직에서 어떤 성과를 보였는지는 아무도 궁금해하지 않는다. 그저 보직 경로를 충실히 밟기만 해도 승진은 알아서 뒤따라온다.

이러한 구조 아래에서 공무원은 문제를 해결하는 데 초점을 두지 않는다. 순환보직에 따라 한 자리에서 머무는 기간은 길어봐야 2년이니, 그저 문제 해결을 최대한 미루거나 해결하는 척만 하다가 보직을 옮긴다. 사무관만 그런 것이 아니다. 과장이 되고, 국장이 되면 이러한 사이클은 더 짧게 반복된다. 앞서 적었듯 국·과장이 한 보직에 머무는 시간은 일 년 남짓에 불과하다.

드물기는 했지만, 유사한 문제의식을 드러냈던 장·차관도 있었다. 특히 관료 출신일수록 이러한 문제를 인식하고 있는 경우가 많았다. 직원들 앞에서 대놓고 '특정 과에서 승진을 독점하면 말과에서는 누가 열심히 일할 것인가? 승진이 편중되지 않게 실·국장들이 신경을 쓰라'라고 질책하는 장·차관도 보았다.

하지만 그가 국장일 때를 돌이켜보면, 딱히 일선의 사업 부서나 말과를 챙겨 주는 사람은 아니었다. 본인을 근거리에서 보좌하며 일이 많아 보이는 직원들 위주로 승진을 밀어주는 전략이 평판이나 조직 관리 차원에서 확실히 우월했기 때문이다. 손해가 우려되어 자신도 하지 못했던 일을 후배들에게 질책해 봐야 무엇이 변하겠는가?

사실 상황을 해결하기 위해선 공직사회 전체적으로 지금과는 다른 인사 평가 체계를 마련할 필요가 크다. 이는 성과를 기반으로 한 '직무급제 도입' 등 다양한 주제를 심도 있게 고민해 봐야 하는 사안이다. 하지만 '공무원의 업무가 성과로 측정되어 비교할 수 있는가?'라는 난제 앞에 모두가 입을 다문다. 그러다 보니 공직사회에서는 그저 윗사람들을 가깝게 보좌하는 괴로움을 견디며 소위 '존버'를 잘하는 사람이 후하게 평가되는 현재의 시스템이 유지되는 것이다.

『딜버트(Dilbert)』는 아이큐가 170인 천재 샐러리맨 딜버트가 무능한 상사와 무의미한 업무 속에서 얼간이 취급을 당하는 만화다. 미국의 만화가 스콧 애덤스가 1989년부터 연재하여 전 세계적으로 큰 사랑을 받았다. 이 만화에서 변화와 혁신이 두려운 회사는, 업무의 개선을 위해 끝없이 아이디어를 제시하는 딜버트를 귀찮은 바보라고 생각한다.

'딜버트의 법칙'은 여기에서 나왔다. 가장 무능력한 직원이 간부로 승진할 가능성은 역설적으로 가장 높다는 법칙이다. 너무 똑똑한 사람은 무슨 일을 저지를지 불안하기에 승진시키기 어렵지만, 아무리 바보라도 부하에게 호통을 치는 상사의 역할은 감당할 수 있으므로 먼저 승진시킨다는 인사 원리이다.[11] 말과에서도 무언가 변화와 성과를 내보려고 발버둥 치는 사람보다 일과에서 윗사람의 심기 보좌와 자료 취합에 능한 사람이 평가를 더 잘 받고 승진하는 공직사회의 평가 방식은 이러한 '딜버트의 법칙'과 크게 다르지 않다.

사실 윗사람의 심기 보좌와 취합은 몹시 어려운 일은 아니다. 그저 자신의 시간과 몸을 갈아 넣으면 그만인 일이기 때문이다. 반대로 신분이 보장된 공무원이 현장과 소통하며, 사회의 문제를 조금이라도 해결하려는 태도와 능력을 갖추는 건 정말 어려운 일이다. 하지만 공직사회의 인사원칙은 전자를 우대함으로써 스스로 무능을 조장한다. 이러한 유인구조 아래에선 공직에 아무리 똑똑한 사람들을 뽑는다고 하더라도 결국에는 바보가 된다. 아니, 똑똑한 사

---

11   스콧 애덤스, 이은선 옮김, 『딜버트의 법칙』, 홍익출판사, 1996, p.25~28

람일수록 더 빨리 바보가 되는 길을 택하는 게 더 정확한 표현일지도 모르겠다.

공직사회를 변화시킬 힘을 가진 윗사람들일수록 이 구조의 수혜자다. 부하 직원들이 일과로 가기 위해 치열한 암투를 벌이는 과정에선 인사 배치를 할 수 있는 윗사람의 영향력이 더 커지기 때문이다. 지금의 인사원칙은 유능한 정부와 나라의 발전을 위해 유지되는 것이 아니다. 그저 공직사회라는 울타리 안의 피라미드 구조가 안정적으로 유지되기 위한 교묘한 통치술에 불과하다.

다시 한번 강조하지만, 공직사회에서 통용되는 성과평가와 승진의 기준은 '무엇을 얼마나 잘했는가'가 아니라 '누구를 얼마나 가까이에서 보좌했는가'이다. 실질적인 문제를 해결하기보다는 윗사람의 심기를 맞추는 데 전적으로 집중되고 쏠린 이 시스템은 공무원이 보수적이고 회피적인 태도를 갖도록 만들며, 조직 내의 새로운 아이디어 창출이나 전반적인 혁신을 방해한다. 결국 성과보다는 순응이 더 큰 가치를 인정받는 환경에선 개인의 능력은 제대로 발휘되지 못하고 조직 전체의 발전은 정체될 수밖에 없다. 공직사회는 항상 유능한 인재를 원한다고 말하지만, 실상은 무사안일에 능숙한 사람만을 자꾸 양산하고 있는 셈이다. 일과는 우대하고 말과는 하대하는 인사 시스템의 개선 없이는 공무원의 잠재력이 빛을 잃는 구조가 반복될 뿐이다.

나라를 위해서 일한다는 거짓말

월요일 아침, 주말 내내 늦잠을 자다 등원 시간에 맞춰 일찍 일어난 탓인지 다섯 살 딸아이의 기분은 좋지 않았다. 아침 식사도 먹는 둥 마는 둥 출근 시간에 맞추기 위해 옷부터 입히려 해도 괜히 시간만 끌고 심통이었다. 등원하는 차 안에서도 투정은 끊임없이 이어졌다. 10분도 채 되지 않는 시간이었지만, 마음은 급하고 기분은 무거웠다.

청사에 도착하는 마지막 좌회전 신호를 기다리는데 전화가 울렸다. 국장이었다. 급한 마음에 혼자 조잘조잘하는 아이를 향해 손가락을 입에 가져다 대며 '쉿!' 하고 주의를 주고는, 핸들의 버튼을 눌러 공손하게 전화를 받았다. 매주 월요일 오전 9시에 열리는 실·국장 회의에 제출한 자료가 문제인가 싶어 나도 모르게 마른침을 꼴깍 삼켰다. 아이를 챙기느라 아침에 제대로 챙겨 먹은 게 없어 식도는 뻑뻑하고 위는 쓰렸다.

오전 8시 45분. 사무실에 도착했는지를 묻는 국장의 질문에 아직 출근길이라고 답했다. 9시가 출근 시간이기 때문에 지각이 아니지만, 근태도 제대로 지키지 못한 사람처럼 목소리가 저절로 기어들었다. 부하 직원의 상황은 아랑곳하지 않고 국장은 수화기 너머에서 바쁜 질문을 쏟아냈다. 실·국장 회의 자료를 국장에게 확인받고 제출한 건 지난주 목요일인데 왜 회의 15분 전에 이 난리를 치나 싶어 답답한 마음이 올라왔다. 하지만 월급쟁이가 상사에게 멋대로 기분을 드러낼 수는 없는 터라 최대한 성실히 답했다. 그럼에도 끝내 국장은 세부 자료를 보지 않고는 도저히 기억해 낼 수 없는 숫자를 물었고, 나는 사무실에 도착하자마자 확인 후 연락을 드리겠다고 답할 수밖에 없었다.

초조하게 기다리던 좌회전 신호가 들어왔고, 나는 핸들을 급하게 꺾었다. 어린이집 앞에 간신히 도착했지만, 상황은 최악이었다. 아이는 차 안의 시간이 지루했는지 신발은 물론 양말까지 동그랗게 말아 벗어던져 놓았고, 어린이집 가방에 넣어 둔 물병이며 알림장도 너나없이 튀어나와 어질러져 있었다. 급한 대로 앞좌석의 시트 밑으로 고개를 집어넣고 구겨진 양말을 찾아 낑낑대며, 급하게 그거라도 신기고는 아이를 안고 택배 물건 옮기듯 어린이집 선생님께 전달했다. 사무실에 도착하여 헐레벌떡 컴퓨터를 켜고 자료를 확인하여 국장에게 카톡으로 보고했지만 메시지 옆의 1만 없어질 뿐, 그의 답장은 없었다.

2023년 노벨경제학상 수상자인 클라우디아 골딘의 『커리어 그리고 가정』에 따르면, 가차 없는 밀도로 불규칙한 일정에 대응해 가며 장시간 일할 것을 강제하며 높은 보수를 지급하는 '탐욕스러운 일'은, 주말이나 퇴근 후 긴급 호출에 지체 없이 대응할 수 있는 '온콜'(on-call) 상태를 요구한다. 문제는 가정에서도 부부 중 누구 한 사람은 어린아이나 연로하신 부모님의 응급 상황 등 급한 일이 있을 때 사무실을 떠나 집으로 올 수 있는 온콜 상태를 반드시 유지해야 한다는 점이다. 골딘 교수는 남녀 성별 간의 소득 격차가 나는 원인은 남성이 탐욕스러운 일을 유지하여 소득을 극대화하고, 대신 여성이 가정의 온콜에 대응하기 때문이라고 설명한다.[12]

중앙부처 사무관의 일은 (보수가 높지 않음에도 불구하고!) 명백히 탐욕스럽다. 예산 시즌에는 출퇴근 시간과 관계없이 기재부의 연락에 언제든 온콜 상태여야 하고, 국정감사 등 국회가 열릴 땐 전날 새벽까지 자료와 질의에 대응해야 한다. 예산과 국회 등은 어느 정도 예측되는 시즌이 있다는 점에서 그나마 좀 나은 편이다. 더 큰 난관은 국무회의, 장관회의, 실·국장 회의 등 정부 내부에서 돌아가는 각종 회의 준비이다. 회의 내용에 자신의 소관 업무가 들어가면 언제, 어디서, 누구에게 연락이 올지 모르기 때문에 담당자는 늘 바짝 긴장 상태를 유지해야 한다.

---

12   클라우디아 골딘, 김승진 옮김, 『커리어 그리고 가정』, 생각의힘, 2021, p.22~25

언론 대응 역시 마찬가지다. 1년 365일, 만약 이름도 모르는 수많은 언론사에서 쉼 없이 생성되는 기사 중 하나에 부처의 소관 업무에 대한 삐딱한 내용이 실렸다? 그러면 대변인실에서 가차 없이 장·차관 등 간부들에게 해당 기사를 전송한다. 당연히 사무관은 주말이든 밤이든 해당 기사의 요지와 사실관계, 대응 방향 등을 검토하여 그 즉시 보고해야 한다. 대부분의 사무관은 직업병처럼 언제 어디에서 누가 자신을 애타게 찾을지 모른다는 생각 때문에 퇴근 이후나 주말에도 좀처럼 핸드폰을 손에서 놓지 못한다. 쉬는 시간에도 최신 기사를 찾기 위해 네이버 창에 '문체부'를 검색하고, 시도 때도 없이 기사를 새로고침하는 것은 내가 시달렸던 사무관의 대표적인 강박증세이다.

내가 직장에서의 온콜에 시달리는 내내, 가정에서의 온콜은 맞벌이에도 불구하고 온전히 아내의 부담이었다. 내가 육아에 기여하는 일이라고는 출근과 동시에 청사 어린이집을 다니는 아이의 등원을 책임지는 일밖에 없었는데도, 출근 전 불쑥불쑥 상사에게서 오는 연락을 받아내느라 진땀 빼는 날이 많아지면서 그조차 버거워진 게 사실이다. 심지어 공직은 높은 임금과 같은 즉각적인 보상 체계가 작동하는 일자리라기보단, 그저 장차 '고위공무원'의 자리를 주겠다는 **어음과 같은 약속**으로 유지되는 탐욕스러운 일자리에 가깝다. 이처럼 지연된 보상에 불만이 덜한 사람일수록 (가정에서의 평가는 어떨지 모르겠으나) 대체로 '에이스' 소리를 들으면서 공직에 잘 적응한다. 이 모든 전후 상황을 통쳐서 공직자는 '사명감'이 넘치는 사람이 해야 한다는 논리가 완성된다.

공직자가 자기 일에 사명감을 느끼는 건 개인적으로나 사회적으로나 좋은 일이다. 국가와 국민을 위해 책임감을 느끼고 일을 완수하려는 마음가짐은 자신의 커리어를 풍부하게 하고, 때로는 삶의 이유 그 자체가 되며, 무엇보다 그의 헌신적 노력의 결실은 국민 전체가 누린다. 그러므로 공직이 온콜에 시달린다는 이유만으로 직업 자체의 가치를 폄하해서는 안 된다. 국방과 안보, 안전 등과 관련된 수많은 공직자가 밤낮없이 울리는 연락에도 즉각 대응하기 때문에 우리는 편한 마음으로 발 뻗고 잘 수 있는지도 모른다.

하지만 대다수 중앙부처의 일이 밤낮없이 돌아가는 것은 철저하게 비효율적인 보여주기식 관행 때문이지 정말로 그럴 만한 필연적인 이유가 있어서가 아니다. 예를 들어 비상경제장관회의나 관계장관회의를 주로 일요일에 하는 이유는 각료들이 비상시국에 밤낮과 주말 없이 일하는 모습을 월요일자 신문을 통해 대문짝만하게 보여주기 위한 거지, 남들 노는 일요일에 회의해야 비상시국에 잘 대응하기 때문이 아니다.

국회와 관련된 일은 또 어떤가? 국정감사, 법안, 예산 국회 등 매달 한 번 이상 열리는 상임위 회의 전날, 의원실을 돌아다니며 의원의 질의를 미리 입수하고, 전 부처 공무원들이 달라붙어 새벽까지 질의서에 대한 장관의 답변을 미리 준비하는 오랜 관행은 그저 **장관의 면**을 세워주기 위해서지 국민의 삶을 위해서가 아니다. 국회 상임위에서 장관이 세부적인 사항에 대한 답변을 좀 버벅댄다고 해서 국민의 삶에 악영향을 미칠 리 없지 않은가. 오히려 의원들은 질의를 미리 제공한다는 명분으로 장관에게 아주 지엽적인 질문을 개의치 않고 던지는 게 사실이다. 그 지엽적인 질문 대부분은 자신의 지역구 관리를 위한 선심성 사업이나 관련된 이익단체를 일방적으로 대변하기 위한 질의이기 때문에, 국민 전체를 대표해야 하는 의회 정치의 본령을 생각해 보면 그다지 바람직한 것도 아니다.

예산 작업도 마찬가지다. 기재부는 예산안을 확정하기 위한 내부 예산 심의를 일요일에 진행하며, 주말 내내 현업 부처의 공무원들을 들쑤신다. 공무원은 「국가공무원법」의 적용을 받아 월요일부터 금요일까지 주당 40시간 근무가 원칙인 점을 감안한다면 이해하기 어려운 관행이다. 일하는 방식 역시 구시대적이다. 기재부 예산안이 확정될 때까지 1년에 최소 3~4차례 차수 별로 예산 심의가 이뤄지는데, 기재부와 현업 부처 간에 심의 값과 세부 변동 사항을 공유할 실시간 체계가 없다. 그래서 숫자가 변동될 때마다 엑셀과 한글 파일을 수정하여 공유하는데, 이에 수반되는 업무 연락과 메일만 적어도 수백 차례이다. 인공지능이 사람의 일도 곧 대체한다는 시대에 받아들이기 정말로 어려운 작업 방식이다.

중앙부처 내부에서 열리는 실·국장 회의도 반드시 월요일 오전 9시에 할 이유가 없다. 그저 일주일의 시작을 위한 관행이라면 자료 없이 티타임에 준해서 열어도 충분하다. 실제로 장관에 따라서는 실·국장 회의를 자료 없이 진행하거나 요일을 변경하기도 했다. 반

　나라를 위해서 일한다는 거짓말

면 직원 모두가 반드시 장관의 훈시를 들으라는 듯이 회의를 청사에 라이브로 중계하며 간부들을 혼내던 장관도 있다. 사실 실·국장 회의는 없어져도 무관한 쓸데없는 회의다. 간부들은 장관과 독대하지 않는 상황에서 자신의 주요 보고 사항을 다른 간부들에게 노출하고 싶어 하지 않는다. 그래서 실·국장 회의는 보고해도 되고 안 해도 되는 그저 그런 사안으로 채워진다. 그런 무용한 회의를 위해 직원들의 주말과 월요일 출근 시간을 저당 잡힐 이유는 어디에서도 찾기 힘들다.

언론 대응 역시 다를 게 없다. 기사의 내용이 타당하면 차분히 숙고하여 반영하면 될 일이고, 터무니없는 거짓을 담고 있다면 반론 사항을 담아 정정 보도를 요청하면 된다. 댓글 하나 달리지 않는 인터넷 기사에 즉각 대응해야 한다며 퇴근 시간 이후에도 대응 방안을 담은 보고서를 요구하는 공직사회의 오래된 습관은, 그저 간부들이 장관을 향해 언론에 기민하게 대응하고 있다는 **연출**을 하고 싶어서 아니겠는가.

공무원은 이 모든 과정을 겪으며 공직사회의 일이란 그저 관습에 따르거나 기관장을 빛내기 위한 거대한 비효율의 반복일 뿐이라는 학습된 무기력을 체득한다. 주말과 밤낮없이 일하는 자신의 노력이 **궁극적으로 국민의 삶과 아무런 관련이 없다는 걸** 공무원 스스로 가장 잘 알기 때문이다. 아내는 항상 내게 물었다. 왜 퇴근하고도 안절부절 핸드폰을 손에서 놓지 못하냐고. 나는 어디서부터 공직사회의 관습과 비효율을 설명해야 아내를 이해시킬 수 있을지 몰라 말을 얼버무렸다. 이유를 말하기 시작하면 **차원이 다른 삶**을 살 수 있다며 공직을 택한 나의 선택이 한없이 초라해질 것만 같은 기분도 들었다.

온콜에 시달리는 모든 공무원은 기본적으로 소극 행정을 지향하게 된다. 근무 시간 내내 열심히 일해도 위에서 시키는 거대한 비효율과 관습을 감내하기 벅차기에, 스스로 일을 벌여가며 무언가 해보겠다고 나설 시간과 의지가 없어지기 때문이다. 나 역시 경력이 얼마 되지 않았을 때는 이런저런 정책과 아이디어를 쏟아내며 의욕을 불태웠으나, 연차가 쌓일수록 점점 입을 다물게 되었다. 그 모든 일을 다 하려고 했다가는 온콜이 문제가 아니라 집에도 제대로 못 들어가게 생겼으니 말이다.

무분별한 온콜 요구는 공직사회에 소극적인 태도를 뿌리내리기에 결코 '공짜'가 아니다. 눈에 보이지는 않지만 어마어마한 비용이다. 미래에도 문제가 개선될 여지는 별로 없다. 즉각적이고 현실적인 보상을 선호하는 MZ 세대에서 공직의 인기가 눈에 띄게 추락하고 있는데도, 공무원 조직에서는 대부분 무언가 바꿔 보려는 시도조차 없다. 그래도 아직은 공무원 시험의 경쟁률이 수십 대 일에 이르고, 저연차 공무원들의 퇴직이 현장에서 체감될 정도로 급증한 수준은 아니어서일까. 오히려 간부들의 현실 인식은, **세상사 돌고 돌아 IMF와 같은 경제 위기가 오면 공직의 인기가 다시 높아질 거라는** 어처구니없는 소리나 하는 수준에 머물러 있다. 게다가 간부 본인이 사

나라를 위해서 일한다는 거짓말

무관 때는 의자를 뒤로 꺾고 쪽잠을 청하는 일이 다반사였다는 '라떼는'을 시전할 때면 머리가 어질어질해질 정도이다. 10년 이상 사회생활을 한 나도 그런 말을 들을 때면 현기증을 느낄 정도인데 이제 막 조직에 들어온 20대 직원들이 느낄 당혹감은 오죽할까.

인사혁신처는 몇 년 전부터 적극 행정을 장려하기 위해 업무에 대한 감사나 징계 면책, 우수사례에 대한 승진 가점 등 보상을 주는 '적극 행정제도'를 운영하고 있다. 하지만 징계에 대한 두려움이나 보상의 부족은 적극 행정을 방해하는 주요 원인이 아니다. 오히려 적극 행정제도 그 자체가 정부가 공직사회의 문화를 얼마나 단편적이고 소극적으로 이해하고 있는지를 보여주는 예시에 불과하다. 쓸데없는 일을 하느라 시간과 기력이 남아 있지 않고, 가정에 소홀하면서도 그 이유조차 당당하게 말하기 어려운데 무슨 적극 행정이 가능하겠는가.

공직사회를 포장하는 것은 '나라를 위한 일'이라는 이상(理想)이지만, 그 속을 자세히 들여다보면 참된 의미의 공익은 흐려진 채 무수한 비효율적 관습이 일상화된 '이상(異常)한 세계'가 펼쳐져 있을 뿐이다. 공무원은 나름대로 공익을 위한다는 다짐과 이상으로 이 길을 선택한다. 그러나 시간이 지날수록 그 다짐은 현실의 공직사회와 충돌하며 마모된다. 공직사회가 이 악순환을 반복하는 한 진정으로 나라를 위해 일한다는 말은 공허한 구호에 지나지 않을 것이다.

이러한 공허함에서 등장하는 것이 바로 '영리해서 무능한 관료'의 모습이다. 복잡하고 모순된 구조 안에서 관료는 생존과 나름의 성공을 위해 체제에 맞춰 영리한 방식을 찾아가지만, 이는 곧 공직 사회의 전반적인 무능으로 이어진다. 나는 관료가 공직사회라는 이상한 세계에 갇힌 피해자가 아니라 그 세계를 영리하게 활용하며 무능을 공고히 하는 주범(主犯)에 가깝다고 생각한다. 관료 출신으로서 공무원의 고충을 누구보다 잘 아는 사람의 평가치고는 지나치게 냉정하다고 생각할지도 모르겠다. 그러나 2부에서 펼쳐질 다음의 이야기를 따라가다 보면, 이 평가가 결코 과장된 것이 아니라는 점을 확인할 수 있을 것이다.

영리해서
무능한 관료

설 연휴를 앞둔 월요일, 중국 우한에서 발생한 폐렴이 국내에 도착했다는 소식이 전해졌다. 그때만 해도 이 새로운 감염병에 주목하는 사람은 많지 않았다. 그 소식의 의미와 파급력을 제대로 알지 못했기 때문이다. 곧 익숙한 세밑의 풍경이 이어졌다. 어김없는 귀성전쟁으로 도로는 몸살을 앓았고, 해외여행을 떠나는 인파로 공항은 가득 찼다. 지극히 평범하다면 평범한 설 연휴였다.

하지만 연휴가 막바지에 이르면서 사람들은 이 새로운 감염병에 관심을 기울이지 않을 수 없었다. 인구가 천만 명이 넘는 중국의 대도시 우한이 마치 영화처럼 봉쇄되는 광경은 다양한 매체를 통해 전해졌고, 국내에서도 감염자가 늘어났기 때문이다. 설 연휴 마지막 날 보건 당국이 감염병 위기 경보 단계를 높이자 사람들 사이에선 생경한 긴장감마저 돌았다.

"심상치 않다. 연휴 끝나면 바빠지겠는데."

서울의 부모님 댁에서 세종으로 내려오는 차 안이었다. 옆자리에 앉은 아내에게 던진 말이었지만, 혼잣말에 가까운 중얼거림이었다. 프로스포츠를 담당하고 있던 내게 당장 걱정은 마스크였다. 보건 당국이 전염병의 감염 방지를 위해 마스크 착용을 강조하면서, 일부 지역에서는 설 연휴임에도 벌써 마스크 대란이 벌어지고 있다는 소식이 들려왔다. 겨울철 프로스포츠인 농구와 배구는 몇천 명의 관중이 한 공간에 모이는 실내 종목인 터라 마스크 없이 리그를 운영할 수 있을지 걱정이 앞섰다. 마스크 대란의 한가운데에서 당장 수십만 개의 마스크를 구하기는 현실적으로 어려워 보였다.

그때 생각난 단어가 '미세먼지'였다. 지난해 봄, KBO(한국야구위원회)의 요청으로 미세먼지 주의보가 떨어진 날 관중에게 나누어 줄 마스크를 정부 지원금으로 구입했다. 혹시 그때 다 쓰지 못한 마스크가 각 구단에 남아 있을지도 모른다는 생각이 스쳤다. 설 연휴가 끝나고 사무실에 복귀하자마자 나는 전화부터 돌렸다.

"각 구단에 확인해 보니까 많이 남아있네요. 미세먼지 주의보가 떨어진 날이 예상보다 많지 않았나 봐요."

확인해 보니, 13만 개의 마스크가 프로야구 각 구단에 남아있었다. 신종 코로나가 퍼지는 속도만큼 사람들의 공포심도 눈덩이처럼 커졌기 때문에 지체할 시간이 없었다. 다음 날부터 바로 한국프로스포츠협회와 KBO의 협조로 프로농구, 배구장에 마스크가 공수되었다. 경기 수와 관중 수를 대략 계산해 봐도 한 달은 버틸 수 있는

나라를 위해서 일한다는 거짓말

수량이었다. 메르스가 유행한 2015년 당시 만들었던 다중 이용 지침에 따라 경기장에 체온계와 손 소독제도 신속히 배치되었다. 일련의 조치로 리그의 중단 없이 코로나에 대응할 최소한의 시간은 번 셈이었다. 하지만 한숨을 돌리는 것도 잠시, 신종 코로나 상황은 생각보다 급속도로 악화되었다.

민간의 코로나 대응 상황을 정부에서 점검한다는 의미로 장·차관의 프로스포츠 경기장 방문이 이어졌다. 늘 그랬듯 국가적인 위기 상황에 **정부가 발 벗고 현장을 뛰어다니는 그림**을 연출할 필요가 있었기 때문이다. 현장에서 마주하는 분위기는 매우 좋지 않았다. 평상시도 아니고, 안 그래도 코로나 대응으로 정신없게 돌아가는 상황에서 장·차관의 방문으로 일손을 뺏기는 게 구단의 현장 관계자 입장에선 기분이 좋을 리 없었다.

그들의 현장 방문 중엔 이런 사건도 있었다. 차관이 이례적으로 사전에 정한 동선을 벗어나 경기장의 화장실로 직행한 것이다. 그는 오물이 묻은 휴지가 조금 들어있는 변기 옆의 쓰레기통을 들고 흔들어대며 '청소 상태가 이런데, 코로나 확산을 어떻게 막을 수 있느냐'고 현장의 관계자와 실무진을 대놓고 질책했다. 마침 그날은 화장실 배관이나 대변으로도 코로나에 걸릴 수 있다는 보도가 나온 날이었다. 질책은 현장 점검이 끝나고 가진 한 시간여의 간담회에서도 한참이나 이어졌다.

차관이 자리를 뜨고 난 뒤, 현장 관계자들은 일선에서 코로나 확산 방지를 위해 최선을 다하는 사람들이 왜 고작 화장실 휴지 때문에 욕을 먹어야 하느냐며 황당해했다. 업계를 도와주러 온 것인지, 방해하러 온 것인지 모르겠다며 불쾌해하기도 했다. 그들의 분노는 정당했다. 쌍팔년도 군대도 아니고, 높은 사람이 온다고 쓰레기통까지 모두 비워야 할 이성적인 이유는 어디에서도 찾기 어려웠다. 생각해 보면 변기 옆 쓰레기통에 더러운 휴지가 있는 것은 마치 집에 사람이 사는 것처럼 당연한 일 아닌가.

차관의 분노는 보고 체계를 역으로 타고 쓰레기통 안의 오물처럼 실무자인 내게 처박혔다. 정부 부처에서 정무직 차관이 저토록 화를 내는데 아래에서 손 놓고 있을 수는 없는 일이었다. 그날은 얄궂게 금요일 밤이었기 때문에 나는 주말을 반납하고 프로스포츠 감염병 대응 지침을 개선하겠다는 보고서를 써야 했다. 보고서엔 경기 중 한시간에 한 번씩 화장실을 청소하겠다는 내용이 들어갔지만, 그게 현실에서 가능한 건지는 보고서를 쓰는 나조차 알 길이 없었다.

장·차관의 현장 방문이 여러 번 이어진 후에도 코로나 상황은 악화 일로를 걸었다. 프로스포츠 역시 최악의 상황이었다. 아무리 방역 수칙을 준수한다고 하더라도 선수단과 관중, 그리고 확진자의 동선이 겹치는 상황이 자꾸 발생했고, 겁에 질린 일부 외국인 선수는 고향으로 돌아갔으며, 관중은 급감했다. 이러한 상황에서 리그 운영이 계속될 수 있을까 근본적인 의문이 드는 시점이었다. 그렇다고 정부가 함부로 개입할 수는 없는 노릇이었다. 민간의 자유로운 경제 활동보다 방역을 우선해야 한다는 여론이 앞서고 있었지만, 그 당시 문체부가 관할하는 어느 법에도 프로스포츠 리그 운영

나라를 위해서 일한다는 거짓말

을 중단할 권한은 없었다.

정부에선 다중이용시설에서의 이벤트를 면밀하게 주시했다. 특히 프로스포츠는 한 번에 몇천 명이 모이는 특성 때문에 정부의 주요 관심 대상이었다. 위에서는 아주 세세한 사안까지 모두 챙겼다. 외국으로 전지훈련을 떠난 구단들은 언제 귀국했는지, 프로스포츠 경기장에 확진자가 다녀가면 그 동선은 파악하고 있는지, 리그를 운영 중인 농구와 배구는 경기를 중단할 생각이 있는지까지 등등…. 나는 그때 처음 알았다. 관료제에서는 실무자에게 별다른 지시 없이 '자료를 꼼꼼하게 챙기는 것만으로도' 정책 방향에 대한 시그널을 줄 수 있다는 것을 말이다.

시그널을 이해한 내가 선택할 수 있는 유일한 방법은 일종의 '행정지도'였다. 행정지도란 행정기관이 그 소관 사무의 범위에서 일정한 행정 목적을 실현하기 위하여 특정인에게 일정한 행위를 하거나 하지 아니하도록 지도, 권고, 조언 등을 하는 행정작용을 말한다. 법률에 명확한 처분의 근거는 없으나 정부가 일정한 목적을 달성하고 싶을 때 주로 사용되는 조치였다. 쉽게 말해 정부의 입장을 강요할 수는 없지만, 정부의 의사를 웬만하면 따르라는 의미이다.

나는 업계와 연락할 때마다 비관적인 전망을 늘어놓았다. 코로나가 시작되자마자 마스크를 지원하고, 상황이 악화하는 고비마다 머리를 맞대며 여기까지 끌고 왔지만, 이제는 정말 여론이 심상치 않은 것 같다고 거듭 말을 이어갔다. 하지만 그러면서도 절대 리그를 중단해야 한다는 말은 꺼내지 않았다. 리그 중단에 따른 손해배상에 대해 정부가 법적으로 책임질 수는 없었기 때문이다.

결국 감염병 위기 경보가 가장 높은 단계인 '심각'으로 격상되고, 얼마 지나지 않아 모든 프로스포츠 리그는 중단되었다. 결정은 각 프로스포츠 연맹 이사회의 **자율**이었다. 처음에는 광고 계약 등 현실적인 문제로 리그를 완주하고 싶어 하던 연맹도 갈수록 엄중해지는 사회적 분위기를 이겨내지는 못했다. 물론 그 사회적 분위기에는 담당 사무관인 내가 넌지시 던지는 의사 표현 역시 일부 포함되었을 것이다. 매년 수십억 원 이상을 지원하는 주무 부처의 내심을 마냥 외면하기는 어려웠을 테니 말이다.

모든 리그의 운영이 중단되자 나는 내부에서 칭찬을 받았다. 리그 중단 자체는 안타까운 일이기는 했으나, 코로나의 진앙을 좌표로 찍고 책임을 물을 대상을 맹렬히 찾던 대중의 들끓는 분노에서 프로스포츠를 적극적으로 보호했다는 논리였다. 게다가 정부가 민간의 경제 활동을 당장 중단시킬 수 있는 마땅한 수단이 없는 상황에서도, 현장과 소통하며 **적절한 권유와 조언**으로 합리적인 결론에 이른 점에 대해 실무자로서 높이 평가받았다. 그땐 나도 담당자로서 당연히 할 일을 했다고 생각했다. 그 일이 있기 전까진 말이다.

처음엔 동료를 통해서, 그다음엔 인사과(운영지원과)에서 직접 전화가 왔다. 글을 좋아하는 사람들이 흔히 그렇듯 글쓰기에 대한 목마름을 온라인 글쓰기 플랫폼인 '브런치 스토리'의 작가로 충족한 지두어 달 정도 되었을 때였다. 나는 공직사회에 대한 에세이를 썼는

나라를 위해서 일한다는 거짓말

데, 그저 큰 조직에 몸을 담은 한 개인이 느낄 만한 소소한 에피소드를 다룬 글이었다. (지금 이 책에 담긴 몇 개의 에피소드는 그 당시 쓴 글을 기초로 하고 있다.) 일개 사무관급에서 제대로 알 수도 없는 조직의 내밀한 비밀을 폭로한다거나, 정권의 비리를 고발하는 수준의 글이 아니었다는 뜻이다.

하지만 인사과에서는 나의 글이 정책의 내부 의사 결정을 다루고 있다는 이유만으로도 우려를 표했다. 단순히 실무자에 불과한 한 사람의 의견이 모두에게 공개된 인터넷에서 다뤄지는 것 자체가 대단히 불쾌한 모양이었다. 특히 독자가 나의 의견을 사실처럼 받아들일 수도 있다는 점에 대해 껄끄러워했다. 내게 전화를 건 인사과 직원은 나의 글이 공직사회를 다루는 관점과 방식에 대해 본인은 동의하지 않는다는 점도 명확히 덧붙였다.

재미난 지점은 그러면서도 인사과 직원으로서가 아니라 '개인의 자격'으로 연락했다는 점을 굳이 강조했다는 점이다. 연락의 무게감을 애써 축소하고 싶은 모양새가 역력해 보였다. 하지만 일이 커질 수 있으니 글을 내리든 말든 판단은 알아서 잘하라는 말도 잊지 않고 덧붙였다. 나에 대한 연락은 동료를 생각한 고마운 권유와 조언일 뿐, 선택은 본인의 몫이라는 **일종의 '행정지도'**였던 셈이다.

전화 통화를 하는 내내 되묻고 싶은 말들이 무수하게 떠올랐다. 공직사회의 단면을 사람들이 보는 것에 대해 도대체 누가 그렇게 불쾌해한단 말인가? 공무원 모두가 동의하는 공직사회에 대한 관점은 대체 무엇이지? 아무리 공무원이라도 정부가 **법령에 근거하지**

않고서 개인의 표현의 자유에 대해 일방적으로 압박을 가할 수는 없는 것 아닌가? 그것도 국민의 표현의 자유를 보장해야 하는 문화체육관광부에서 말이다. 하지만 나는 혹시 모를 인사상 불이익을 걱정하며 아무것도 묻지 않고 바로 글을 내리겠다고 대답했다. 심지어 사람 좋은 척, 성격 좋은 척 실실대면서 말이다. 전화를 끊고 하루 종일 기분이 좋지 않았는데, 시간이 지나고 나서야 내가 느낀 감정의 실체를 깨달았다. 그건 바로 **모욕감**이었다. 조직이라는 추상적인 단어가 내 앞에 거대한 실체로 다가와 나를 짓누르고 떠난 느낌이었다.

그래서 다시 코로나 시대의 프로스포츠가 생각났다. '권유'라는 이름의 행정지도를 당하고 나니, 그간 보이지 않던 무언가가 보이는 느낌이었다. 단 한 번의 우승을 향해 자기 몸을 수없이 던지는 선수의 마음을, 경기 수에 따라 받을 돈이 계약된 치어리더의 상황을, 경기장 안팎에서 음식 거리를 파는 자영업자의 마음을 또박또박 월급을 받는 공무원인 내가 정말 헤아린 걸까? 그저 코로나 상황에 어떻게든 적극적으로 대응해야 한다고 쪼아대니 '나 하나 편하자'는 마음을 품고, 더 나아가 이를 인정받을 기회로 활용하여, 더 빨리 승진하고 싶은 공무원으로서의 사심을 오히려 앞세웠던 건 아닐까? 코로나 시대의 프로스포츠가 부드럽고 매끄럽게 마무리되었다고 생각한 건 그저 우월적 지위의 행정청에 소속된, 공무원인 나만의 입장은 아니었을까?

관료는 '정책 대상'의 입장이나 처지, 감정에 대해서는 대체로 무

나라를 위해서 일한다는 거짓말

감하다. 정책 대상이 아무리 목소리를 높여도 그들의 요구는 관료의 의사 결정에서 먼 배경음처럼 흐릿하게 취급된다. 반면 관료는 자신이 조직 내부에서 어떻게 평가받는지에 대해선 대단히 예민하다. 그래서 모든 관료들은 명시적인 지시 없이도 조직의 상급자가 자신에게 기대하는 바를 최대한 달성하려고 노력한다. 이유는 간단하다. 정책 대상의 평가가 아무리 좋지 않아도 관료에게는 사실상 별 영향을 미치지 않는다. 이에 반해 근 30년간 한 조직에 근무하며 사실상 계급이 역전되기 어려운 관료제에서 조직과 상급자의 평가는 관료 개인의 평판, 승진, 유학 등 일생의 모든 걸 좌우한다.

이러한 구조에서 관료는 똑똑할수록 조직 우선주의와 상명하복이 가장 유리한 **생존 기술**임을 더욱 치열하게 터득한다. 즉, 정책 대상의 입장과 기분을 헤아리고 현장에 집중할 시간에 조직과 윗사람의 의도를 읽기 위해 모든 신경을 집중하는 것이 남는 장사라는 뻔한 결론이 도출된다. 그 결과 관료에겐 정책 대상을 자신이 성공하기 위한 **재료**쯤으로 보는 오만한 자세가 깃든다. 겉으로 아무리 정중히 예의를 갖춘들 '나는 옳고, 너는 따라야 한다'라는 식으로 오만하게 사람을 대하는 것까지 숨길 순 없다. 그러한 관료적인 태도는 특별히 타인의 입장과 기분을 헤아리는 능력이 떨어지는 사람을 공무원으로 선발해서 생겨나는 게 아니다. 그저 이 판이 돌아가는 원리를 너무 빨리, 그리고 과도하게 배운 관료의 넘치는 영민함이 낳은 과실일 뿐이다.

9장

국장과 과장이 나란히 사무실을 비운 무두절(無頭節, 회사에서 직장 상사
가 없는 날)이었다. 딱히 급한 일은 없었지만 그렇다고 반차를 내기에
는 아까운 금요일의 한낮이었다. 나는 우리에 갇힌 동물들이 무의
미하게 같은 자리를 빙빙 맴도는 것처럼, 마우스 위의 검지만 움직
여서 쓰지도 않을 보고서를 열었다 닫기를 반복했다. 퇴근이 아니
고서야 교정하기 어려운 무의미한 행동의 반복이었다.

　파트너인 주무관은 이미 자리를 비운 지 오래였다. 동료와 커피
한잔하러 나간 모양이었다. 무의미하게 손가락만 움직이는 나보다
는 훨씬 생산적이고 사교적인 활동이었다. 그때 주무관의 사무실
전화가 요란하게 울렸다. 두 번째까지는 받지 않고 두었는데, 세 번
째 울리는 성가신 전화벨 소리엔 다른 동료들의 눈치가 보여 무시
할 재간이 없었다. 결국 나는 통화 버튼의 별표(*)를 두 번 눌러 전화

를 당겨 받았다. 걸걸한 목소리의 중년 남성이었다.

"어제 야구 보셨습니까?"

민원인이 대뜸 물었다. 어제 프로야구를 하는 시간에 나는 불행하게도 회식에 끌려갔었다고 대답하려다가, 제정신을 차리고 다시 물었다.

"프로야구가 하루에 5경기라서요, 어떤 경기를 말씀하시는 거죠?"

"어제 기아 광주 경기 말인데요, 심판이 볼을 자꾸 스트라이크로 잡아서 기아가 졌습니다. 그 심판 하루 이틀도 아니고 기아 경기마다 편파 판정을 하거든요. 그 심판 이름이 뭐냐면⋯."

심판의 판정에 대한 민원인의 성토는 길게 이어졌지만, 민원의 요지는 간단했다. 기아타이거즈에 대한 특정 심판의 편파 판정이 의심된다는 것이다. 본인도 처음에는 단순한 오심인 줄 알았는데 매일 보다 보니 의도적인 편파 판정이라는 강한 확신이 든다며 열변을 토했다. 심판 판정에 대한 질의는 국민신문고를 통해 하루에도 몇 개씩 들어오는 익숙한 민원이었고, 처리하는 방법도 비교적 정형화되어 있었다. KBO(한국야구위원회)에 해당 민원을 복사해 붙여 그대로 질의하면 KBO가 답변하고, 정부는 그 답변을 그대로 붙여 민원인에게 답변하는 식이었다.

KBO에서 정부에게 하는 민원 회신은 늘 비슷했다. '명백한 오심일 경우 심판을 징계할 수 있지만 그렇지 않을 때는 심판의 재량으로 보아야 한다. 다만 앞으로는 심판에 대한 교육을 더욱 철저히 하여, 보다 공정한 경기를 진행하기 위해 최선을 다하겠다'라는 식의 다소 방어적인 답변이었다. 관료인 나보다 더 관료적인 답변이라고 생각했지만, 막상 따지고 보면 틀린 답변은 아니었다. 게다가 민원인 중 일부는 스포츠토토나 불법 스포츠 도박에 베팅했다가 돈을 잃어 괜히 화풀이할 대상을 찾고 있는 사람이었기 때문에 답변은 신중히 처리하는 게 나았다.

통화는 30분이 넘게 계속되었다. 나는 수화기를 귀에 대지도 않은 채 민원인이 먼저 지치길 기대하며 건성으로 '예, 예' 추임새만 넣었다. 하지만 그는 만만한 상대가 아니었다. 금요일 오후에 다시는 전화를 당겨 받지 않으리라 다짐할 정도였으니 말이다. 전화가 길어진 탓일까. 나는 한순간 긴장을 놓고, 민원인에게 해서는 안 되는 질문을 했다.

"기아타이거즈가 선생님께 뭘 해줬다고 이렇게까지 하십니까?"

감히 민원인을 대상으로 공무원이 긴장을 놓은 대가는 컸다. 그는 왜 자신과 기아타이거즈를 모욕하느냐며 흥분하기 시작했다. 최대한 진정시켜 보려 했지만, 꺼져가는 불씨에 휘발유를 부은 것처럼 그의 분노는 활활 타올랐다. 이윽고, 그는 내게 회심의 한 방을 날렸다.

"내가 전주에 있는데 지금 세종으로 찾아갈 거니까, 공무원 양반 거기 딱 기다리쇼."

민원인은 전화를 '쾅'하고 끊었다. 큰일 났다. 민원인에게 맞아 병원에 실려 가는 공무원에 대한 뉴스가 머리를 스쳤다. 난 여태껏 싸

나라를 위해서 일한다는 거짓말

움도 한 번 해본 적 없는데. 이런 날이 올 줄 알았으면 친구 따라 주짓수라도 배워 둘 걸 하는 쓸모없는 후회도 했다. 그렇게 2시간여가 흘렀을까. 거짓말처럼 청사 안내 데스크에서 전화가 왔다. 민원인이 찾아오셨으니 내려오라는 전화였다. 드디어 이런 날이 오는구나. 내 촉새 같은 입 때문에 난 언젠가 망할 줄 알았다. 뒤늦게 자리에 돌아온 주무관은 "제가 내려갈까요?"라고 친절하게 물었지만, 내가 벌인 일이니 내가 책임지겠다며 의자에서 일어났다. 하지만 돌아선 다리는 멈출 새 없이 후들거렸다.

청사 1층으로 내려가서 입구를 지키는 청원경찰에게 자초지종을 설명했다. 민원인이 통화 끝에 좋지 않은 감정을 갖고 나를 찾아왔으니, 혹여 무슨 일이 생기면 지켜보다가 좀 도와 달라고 말이다. 하지만 청원경찰은 대수롭지 않은 일이라는 듯 반응했다.

"별일 없을 거예요."

드디어 민원인이 내 앞으로 다가왔다. 키는 나보다 작다. 몸무게는 더 나갈 것 같다. 검은 모자, 검은 상하의. 폼이 예사롭지 않다. 한 발 물러선 자세는 돌격하며 내 턱을 노리려는 건가. 턱을 치면 나는 바로 카운터를 시도하면 되는 건가, 도망가야 하는 건가. 혼자 격투 장면을 브레인스토밍하며 떨리는 마음을 안고 인사를 건넸다.

"전화 통화했던 사무관입니다. 멀리까지 오시느라 고생하셨습니다."

"아. 예…. 생각보다 세종시가 전주에서 머네요. 안녕하세요, 괜히 제가 바쁜 시간 뺏은 건 아닌지…."

"아까 이야기는 죄송합니다. 그게 모욕하려는 의도가 아니라⋯. 하여간 죄송합니다."

민원인은 몇 시간 만에 저절로 화가 풀려있었고, 나는 내 경솔한 발언에 대해 사과했다. 막상 얼굴을 마주하니 서로를 향하는 대화에는 온기가 돌았다. 민원인은 야구에 애정이 많은 평범한 시민이었다. 그는 심판에 따라 판정의 기준이 달라지고 그 때문에 승패가 좌우되는 문제에 대해 분통을 터트리며 한참을 이야기했고, 나는 KBO에 소중한 의견을 잘 전달해 드리겠다고 대답했다. 대화 끝에 그는 국민의 의견을 경청하는 참된 공무원이라며 악수까지 청했다. 오후 내내 롤러코스터를 탄 기분이었다.

민원의 80%는 이야기를 경청하고 맞장구만 잘 치면 수월하게 끝이 난다. 보통은 뭘 원해서가 아니라, 내 말 좀 한 번 들어달라고 관공서에 전화를 거는 사람이 대부분이기 때문이다. 그런 문제 대부분은 명확한 해결 방안이 없다는 사실을 민원인도 알고, 공무원도 안다. 입장에 따라 민원인은 더 자세히 이야기하고 싶고, 공무원은 할 일에 쫓겨 대화를 빨리 끝내고 싶어 할 뿐이다.

특히 공무원은 한 사람인데 민원인은 많을 경우 기계적으로 대답할 수밖에 없다. 민원실에 근무하지 않고서야 다른 할 일도 많은데 민원인만 상대하고 있을 수는 없기 때문이다. 하지만 이 상황을 반대로 이야기하면 공무원에게 민원인은 크게 중요한 존재가 아니라는 방증이기도 하다. 특히 중앙부처에서 국민의 단순한 민원을 상대하는 일은 업무 우선순위에 있어 한참이나 밑에 있다.

민원은 개인만 제기하지 않는다. 의원실이나 대통령실 등 소위 '힘 있는' 기관에서도 중앙부처에 민원을 넣는다. 한 의원실에서 받았던 민원이 기억난다. 본인 지역구의 프로선수인 아무개 아들이 연맹으로부터 징계를 받았는데 부당한 징계라는 탄원이 있으니 살펴보라는 민원이었다. 말이 좋아 민원이지, 직접 해당 연맹과 의원실을 방문하여 그간의 경과와 재발 방지 대책, 선수에 대한 구제 대책을 내놓으라고 몇 번이나 닦달하는 통에 다른 일에 집중하지 못할 정도였다. 상황을 파악하고 보니 선수에 대한 징계는 정당했고, 재발 방지 대책은 필요 없었으며, 구제 대책은 애초에 논의되어서는 안 되는 상황이었다. 하지만 **국민의 대표인 국회의원님이 직접 챙기시는** 민원이라는데 일개 공무원이 감히 손 놓고 있을 수만은 없었다.

그해 겨울, 뭐라도 하는 척을 하기 위해 몇 번이나 여의도로 찾아가 진행 상황을 보고했다. 결국 얼마 지나지 않아 별다른 방법이 없다는 사실을 확인한 의원님은 흥미를 잃어버렸다. 물론 합리적인 설득의 결과물은 아니었다. 나중에 알고 보니, 그 아무개의 아들이 징계를 핑계로 군대를 갔다는 것이었다.

나는 의원실을 설득하기 위해 아무런 의미도 없는 보고자료를 작성하고, 여러 번 서울로 출장을 다녀왔으며, 의원님에게 직접 보고하는 일정을 위해 하염없이 국회에서 대기했다. 의원실의 민원이 없었다면 들이지 않아도 되는, 아무런 의미도 없는 어마어마한 노력이었다. 그에 비하면야 전주에서 찾아온 민원인에게 내가 들인 노력의 정도는 보잘것없이 작았다. 그저 일이 없는 한가한 금요일 오후, 1시간 정도 짬을 내어 청사 밑에서 간단하게 만났을 뿐이다. 억지를 부린 순서를 따지자면 그 의원실이 전주의 민원인보다 내용 상으로도 절차적으로도 몇 수는 더 앞섰다. 하지만 의원실이 제기 한 민원에는 열성을 다하고, 일반 국민의 민원을 그저 귀찮아한 건 '강한 자에 약하고 약한 자에 강한' 제도와 시스템, 그리고 '나'라는 치사한 개인의 성품이 합쳐진 결과물이었으리라.

물론 그렇다고 해서 현재의 민원 처리 제도에 불만이 없는 건 아 니다. 정부 홈페이지에서 일반 대중에게 공무원의 이름과 직급, 전 화번호까지 모두 공개할 필요가 있을까. 민원에 원활하게 대응하 기 위한 목적이라고는 하지만, 한 사람의 악성 민원인만 앙심을 품 어도 전화 폭탄에 공무원은 다른 일을 못 할 지경에 이른다. 일종의 행정력 낭비이다. 실제로 미국이나 유럽에서는 악성 민원에 대응하 기 위해 대표번호나 이메일만 공개하기도 한다. 원활한 민원에 대 한 대응과 행정력 낭비 사이에서 우리나라 행정기관들도 적절한 타 협점을 찾아야 할 때이다(행정안전부는 2024년 5월 「악성민원 방지 및 민원공무 원 보호 강화대책」을 통해 홈페이지상 공무원의 성명, 직위 공개를 기관이 자율적으로 결 정하도록 권고했다).

공무원 개인에 대한 심적, 물리적 보호도 부족하다. 일례로 문체 부 당직실에 밤이나 새벽에 전화하여 게임 담당 공무원을 무조건

나라를 위해서 일한다는 거짓말

바꾸라고 난동을 부려 아주 유명해진 '악성 게임과 민원인'이 있었다. 지금은 일과 시간이 지났으니 내일 출근 시간 이후 다시 게임과로 전화하시라고 아무리 친절하게 대응해도 돌아오는 건 '부모님 안녕하시냐?'라는 쌍욕일 뿐이었다. 당직을 서는 문체부 수백 명의 공무원이 매일 밤 한 사람에게 입에 담지 못할 욕설을 듣는데도 조직에서는 그 민원인에 대해 아무런 법적 조치도 취하지 않았다. 우리나라는 수백 명의 공무원에게 아무런 이유 없이 매일 밤 쌍욕을 퍼부어도 처벌받지 않는 나라다.

이러한 실무자들의 속도 모르고 높으신 나리들은 민원에 형식적으로만 답변하지 말고 **가족을 대하듯이 친절하고 상냥하게** 대응하라고 '원론적인' 지시를 내린다. 근엄하게 앉아 사람 좋은 얼굴을 한 채, 본인들만 대단한 봉사 마인드를 지녔다는 일념으로 말이다. 그렇게 말하는 고위공무원들에게 나는 묻고 싶었다. 민원인에게 부모님과 관련된 쌍욕을 들으면서 당신은 얼마나 친절할 수 있느냐고, 수백 명의 부하 직원들이 매일 밤 당직실의 전화벨 소리에 화들짝 놀라는 건 아느냐고.

공무원이 아닌 한 사람의 민원인 입장에서 생각해 봐도, 현재의 구조에선 개인이 민원을 제기하는 형식으로 만족스러운 답변을 얻기는 매우 어렵다. 아무리 합리적인 민원을 국민신문고에 제기해도 민원에 지친 실무자의 형식적인 답변만 돌아오기 때문이다. 그러니 이 사회에서 뭘 좀 안다는 사람들은 민원이 생기면 연줄이 닿는 대로 언론, 의원실, 권력기관, 전관(前官)에 줄을 대고 해당 관공서의 **높**

으신 나리들에게 압력을 넣는다.

　높으신 나리들에게 들어온 민원은 어느새 실무자가 최우선으로 해결해야 할 과제로 탈바꿈한다. 그래서 옛말에 억울하면 성공하라는 말이 있었나. 공식이 아니라 비공식으로 문제를 해결하는 세상이다 보니 사회적 신뢰는 낮고 그에 따른 비용만 증가한다. 결국 애꿎은 전화통을 붙잡고 싸우는 건 하위직 공무원과 연줄이 없는 순진한 민원인뿐이다. 슬픈 풍경이다.

　그 이후에도 악성 민원은 많았다. 특히 날이 궂고 비가 오는 날은 심했다. 날씨와 민원과의 상관관계를 누군가 연구한다면 분명 흐릴수록 민원이 늘어난다는 결과를 얻을 것이다. 전주의 민원인을 만난 이후 나는 전화를 받을 때마다 쓸데없는 추임새는 최대한 자제했고, 필요한 말만 신중히 골라 답변했다. 복지부동하지 말라며 화를 내고 끊는 민원인도 있었지만, 사실 그렇게라도 빨리 전화를 끊어줘서 오히려 고맙기도 했다.

　주무관에게 이런 이야기를 하자, "드디어 사무관님이 공무원 짬밥 좀 드셨다."라는 칭찬이 돌아왔다. 그러면서 그가 전수해 준 비법이 있다. 무조건 "예, 아니요."로만 대답하면 5분 안에 전화를 끊을 수 있다는 것이다. 그의 비법은 분명히 영리하고 유효한 전략이었다. 듣는 사람의 수동적이고 방어적인 태도만큼 말하는 사람을 빨리 지치게 하는 방법은 없으니 말이다. 하지만 나는 그 비법이 잘 통할수록 **다리를 얻는 대신 목소리를 잃어버린** 인어공주와 같은 신세가 된 것 같아 슬프기도 했다.

　　　　　　　　　　　나라를 위해서 일한다는 거짓말

관료는 본래 누구를 위해 일해야 하는가를 생각해 보면, 힘 있는 권력기관의 민원을 최우선 과제로 두면서도 평범한 개인의 민원은 수동적으로 누르는 태도는 당연히 비난받아 마땅하다. 하지만 비난의 초점이 공무원 개개인에게 향한다면 그건 무용한 화살에 불과하다. 강한 자에 약하고 약한 자에 강한 공직사회의 시스템이 바뀌지 않는다면, 비공식적인 연줄을 통해 문제를 해결하려는 우리 사회의 관행이 바뀌지 않는다면 영민한 관료는 "예, 아니요."만 반복하는 인어공주의 신세를 벗어날 생각조차 하지 않을 테니 말이다.

이제 나는 더 이상 그 체제의 일부가 아니니, 적어도 이 문제를 마음껏 말할 자유는 얻었다. 언젠가는 "예, 아니요."로 연명하던 인어공주들이 목소리를 되찾는 날이 오길 간절히 바란다.

10장

과를 옮기며 새로이 맡게 된 업무는 중소기업을 지원하는 사업이었다. 예비 창업자부터 업력 7년 이상의 성숙기에 이른 기업까지 성장 단계별로 해외 마케팅이나 제품 경쟁력 향상을 위한 예산을 지원했다. 공무원과 중소기업 모두에 익숙한 포맷의 사업이었다. 창업 기업 지원 사업 중 대표적인 성공 사례로 뽑히는 중소벤처기업부의 'TIPS 프로그램'(민간투자 주도형 기술 창업 지원)을 모방하여 사업 고도화 등 예산부터 융자, 펀드 등 금융까지 소관 분야를 지원하는 사업이었기 때문이다.

사업의 집행을 담당하는 공공기관 직원과 '상견례'를 하는 자리였다. 혼자 올 줄 알았는데, 말끔하게 정장을 차려입은 두 명의 남녀가 그를 뒤따랐다. 그들은 국내 굴지의 컨설팅 업체에 소속된 본부장과 팀장이었는데, 자신들이 이번 지원 사업의 운영을 관리하는 역할을 맡았다며 공공기관 담당자 대신 내게 자세한 내용을 설명했다. 따로 PPT까지 만들어 설명할 정도로 열성이었는데, 설명이 다소 긴 게 좀 흠이었지만 준비한 PPT만큼은 공공부문에서는 쉽게 찾아보기 어려울 정도로 잘 준비된 프로의 실력이었다.

그들은 정부 지원 사업의 PMO(Project management office)를 맡은 경험이 많으므로 이 사업도 자신이 있다고 했다. 나는 알파벳으로 이루어진 처음 듣는 단어가 생경하여 "PMO가 대체 무슨 뜻이냐?"고 물었다. 그들은 PMO란 프로젝트를 관장하고 조정하는 책임을 지며 사업에서 발생하는 상황 모두를 효과적으로 관리하는 주체라고 장황한 설명을 했다. 내가 무슨 말인지 하나도 모르겠다는 표정을 짓자, 대화를 조용히 듣고 있던 공공기관 직원이 대신 설명했다.

"지원 기업 선정부터 사업 마무리까지 컨설팅 업체에서 전반적으로 다 운영하고 관리해 주신다고 보면 돼요."

쉽게 이야기하면 중앙부처에서 공공기관으로 하청을 준 지원 사업의 집행 업무를 공공기관에서 컨설팅 업체로 재하청을 준 셈이었다. 재하청의 명분은 이랬다. 컨설팅 업체가 단순히 예산 집행에 필요한 잡다한 일을 대신해 주는 게 아니라, 공공기관이 지원하는 기업의 전반적 경영 상황 등에 대하여 전문성을 가진 조언자의 역할을 겸한다는 논리였다.

이를 위해 컨설팅 업체에서는 업계의 사정을 잘 아는 사업 전담 인력을 보강할 예정이라고 했다. 정리하자면, 중소기업 지원 예산을 집행하는 데 공공기관 담당자 1명, 컨설팅 업체 2명, 전담 인력 1명

등 총 4명의 인력이 달라붙는다는 소리였다. 이에 필요한 인건비와 운영비 등을 계산해 보면 대략 전체 사업비의 10~15% 수준이었다. 전체 사업비가 100억 원이라면 사업을 관리하고 운영하는 데 드는 비용만 10~15억 원이 책정되어 있다는 소리였다. 그리 복잡한 구조를 가진 사업이 아니었기 때문에, 나는 예산 집행에 있어 각자가 과연 어떤 역할을 하는지가 궁금했다. 그래서 사업이 집행되는 내내 각자의 역할을 유심히 살펴보기로 했다.

먼저 공공기관 담당자는 지원 기업을 선정하기 위한 평가 심사위원을 추려내고, 그들에게 심사 수당을 지급하는 역할을 맡았다. 그리고 일정에 맞게 사업이 진행되는지를 파악하여 중앙부처 담당자인 내게 보고했다. 지원 기업 선정 평가나 사업 결과 평가와 같은 주요 일정을 심사위원 및 중앙부처와 조율하는 역할도 그의 몫이었다.

나머지 집행 업무는 모두 PMO, 즉 컨설팅 업체의 몫이었다. 지원 기업의 선정을 위해 개별 기업들의 필수 서류 제출을 확인하고, 계량 평가에 대한 실적을 검증하며, 지원 협약 체결에 필요한 일 모두를 담당했다. 지원 사업을 수행하는 과정 역시 업체의 몫이었다. 사업의 일정에 맞춰 지원 기업들이 예산을 활용하도록 안내했고, 지원의 취지와 목적에 맞게 예산이 집행되고 있는지 점검단을 운영했다. 마지막으로 지원 사업의 평가와 응대도 그들의 몫이었다. 사업의 KPI(핵심성과지표)가 달성되었는지에 대한 서류 작업을 진행하고, e-나라도움 등 국가 예산을 사용하기 위한 절차 등에 대한 문의와 민원도 담당했다.

PMO에서 이 모든 일을 실무적으로 담당하는 건 사업을 위해 컨설팅 업체에서 뽑은 전담 인력이었다. 업계 사정을 잘 아는 전문 인력을 뽑겠다는 애초의 설명과는 너무 다르게, 실무를 맡은 직원은 대학을 갓 졸업한 8개월짜리 인턴이었다. 미팅에서 만나는 본부장과 팀장은 실무보다 주로 대관 업무를 맡는 모양이었다. 그들은 숱한 정부 지원 사업의 PMO 선정을 위한 각종 입찰 등을 주로 챙겼고, 실제로 지원 사업이 진행되는 과정에서는 중앙부처 사무관이나 공공기관 담당자에게 사업이 어떻게 진행되고 있는지를 단순히 설명하는 역할을 주로 담당했다. 그들은 이 사업 이외에도 맡고 있는 다른 정부 지원 사업이 많다며 늘 바쁜 척을 했고, 실제로 예산이 지원되는 중소기업과는 그다지 접촉이 없어 보였다.

결론적으로, 예산 집행에 진짜 필요한 일을 하는 사람은 8개월짜리 인턴 1명이었다. 본부장과 팀장이 하는 각종 대관 업무는 사실 이 사업의 예산 집행이나 관리와는 무관했고, PMO에 재하청을 주었다고 생각하는 공공기관 담당자의 역할도 미미했다. 일의 규모와 각자 맡은 역할을 고려했을 때 이 사업은 공공기관 담당자가 직접 예산을 집행하거나 공공기관이 인턴을 고용하여 사업을 끌어나가도 충분한 일이었다. 객관적으로 보면 이 사업은 4명이 아니라 1~2명의 인력으로도 충분히 집행할 수 있다는 결론이 나왔다.

공공기관은 정부가 투자하거나 재정을 지원하여 설립한 기관으로, 중앙정부가 직접 다 하지 못하는 기금 관리나 산업 진흥 등의 집행 업무를 맡는다. 나라가 성장하는 과정에서 행정의 수요는 늘어나는데 공무원은 무한정 늘릴 수 없으니 공공기관을 만들어 정책 집행의 역할을 맡긴다. 쉽게 말해, 중앙정부가 머리라면 공공기관은 손과 발이다. 따라서 정부가 정책을 기획하면 실제로 집행하는 역할은 공공기관이 맡는다.

그런데 직접 정책을 집행하는 목적으로 설립된 공공기관이 다시 그 역할을 외주로 주는 시스템이 현장에선 너무 흔해졌다. **공공보다 민간에 더 전문성이 있기에, 민간이 정책 집행도 더 잘할 것이라는 막연한 신화**를 등에 업고서 말이다. 하지만 현실은 신화와 달랐다. 컨설팅 업체에서 대관 업무를 주로 하는 본부장과 팀장의 전문성은 둘째치더라도, 대학을 갓 졸업한 8개월짜리 인턴에게 무슨 대단한 전문성을 기대하겠는가? 차라리 업계와 오랜 기간 호흡하는 해당 분야의 공공기관 직원에게 전문성을 기대하는 것이 더 상식적이었다.

그런데도 날이 갈수록 정책 집행의 외주가 늘어나는 건, 관련된 모두의 이해가 맞아떨어지기 때문이다. 공공기관은 잡다한 일과 민원을 줄이고, 컨설팅 업체 등은 '정책의 집행을 운영, 관리하는' 새로운 시장을 창출하여 매출을 확보할 수 있다. 정부 입장에서도 잘만 포장하면 민간을 활용하여 전문성 있게 사업을 집행하고 있다는 이미지를 국회와 언론 등에 전달할 수 있다.

그 피해는 고스란히 국민과 사회의 몫이다. 예산 집행에 드는 비용만 증가하여 세금만 낭비되는 꼴이기 때문이다. 게다가 정말 무서운 건 정책 집행의 외주 비용이 국가 전체적으로 얼마나 되는지를 정확히 알 수 없다는 점이다. 보통 이러한 비용은 지원 사업 예산 내에 민간 이전이나 용역비 형태로 일부 녹아들어 있기에, 예산의 각목 명세서를 하나하나 전부 뜯어보아도 그 규모를 쉽게 알 수 없다. 다만 국가 용역 계약의 입찰 창구인 '나라장터'에 접속하여 '운영', '관리'라는 이름으로 검색하면 페이지의 끝이 보이지 않을 정도로 쏟아져 나오는 결과를 쉽게 확인할 수 있다. 이를 바탕으로 그 비용의 규모가 만만치 않은 수준임을 추론할 뿐이다.

예산의 낭비보다 더 큰 문제는 직접 해보아야 습득하는 지원 사업의 암묵지(Tacit Knowledge)가 공공부문에는 전혀 쌓이지 않는다는 점이다. 현장에서 기업을 대상으로 직접 어르고 달래가며 사업을 이끌어야 지원이 더 필요한 사안과 축소하거나 없애도 될 부분에 대한 판단이 서는데, 컨설팅 업체에 의존하는 지금의 구조에서는 같은 사업을 10년 동안 지속해도 공공부문에 지원 사업의 전문성이 쌓일 수가 없는 구조다. 상황이 그렇다 보니 국회나 예산 당국에서 지원 사업의 성공 사례를 물으면 답변이 궁색할 정도로 성과도 좋지 못하다. 성과가 좋지 않은 사업은 마땅히 구조조정이 되어야 하는데, 정부 지원 사업은 거꾸로다. 업계가 어렵다는 막연한 논리와 지원의 양만 늘리면 성과도 좋아진다는 안일한 믿음을 기반으로 지원 사업의 예산 규모는 날이 갈수록 늘어난다. 담당 공무원조차 그게 해답이 아닌 줄 알면서도 말이다.

이쯤에서 고백하자면, 나는 지원 사업의 비효율적인 예산 집행 구조를 인지하고 나서도 이를 뜯어고치지 못했다. 더 정확히는 뜯어고치지 **않았다**는 표현이 적절한지도 모르겠다. 중앙부처 공무원은 지원 사업의 구조를 효율화하여 예산을 감축하면 오히려 질책을 받는다. 각 부처는 해당 분야의 예산을 늘리기 위해 최선을 다하고 있기 때문이다. 문체부를 예로 들면, 이 부처에선 오래전부터 '문화재정 2%'라는 목표를 두었다. 현재 1% 초반인 국가 전체 예산 대비 문화예술·체육·관광 예산 비율을 선진국 수준인 2%까지 늘려야 한다는 목표다. 목표를 달성하기 위해 예산을 두 배로 늘려도 모자랄 판에 눈치 없이 예산을 자발적으로 줄이겠다고 하는 직원이 상사의 눈에 과연 어떻게 보이겠는가?

PMO 대신 잡다한 집행 업무를 해야 하는, 더 정확히 말하면 본래의 역할을 해야 하는 공공기관의 반발 역시 만만치 않다. 중앙부처와 공공기관은 평소엔 갑을 관계로 보이지만, 공공기관은 위기 상황이 오면 노련한 전관을 활용하여 중앙부처를 압박한다. 전무니, 본부장이니 하는 공공기관 최상위에 포진하고 있는 중앙부처 출신의 전관이 자기 후배인 국장, 과장에게 서운하다며 은근히 감정을 드러내는 식이다. 솔직히 말해보자. 무슨 일을 하든 같은 월급을 받는 공무원 입장에서 이 모든 역경을 뚫고 얻는 게 대체 무엇이란 말인가?

기획재정부에 의하면, 2023년 기준 국가채무는 약 1,100조 원에 이른다. GDP(국내총생산) 대비 국가채무는 이제 50%를 넘어섰다.[1] 참

---

1   기획재정부 보도자료, 「2023회계연도 국가결산 국무회의 심의·의결」, 2024. 4. 11.

고로 2018년에는 35% 수준이었으니 그 증가 속도가 예사롭지 않다. 빠르게 늘어나는 나랏빚을 의식해서인지 정부는 국고보조금 사업에 대한 구조조정을 추진하고 있다. 기획재정부 보조금관리위원회에서 폐지나 감축이 필요한 사업을 걸러내는 식이다.

사업에 대한 구조조정은 폐지보다는 감축이 부작용이 적다. 사연 없는 무덤 없듯 아예 필요성이 없는 지원 사업은 많지 않고, 업계의 반발 역시 폐지보다는 감축이 견딜 만하다. 완전히 사업을 날려 버린 이번 정권의 R&D 사업 구조조정[2]이 남긴 후폭풍을 생각해 보면 어떤 의미인지 쉽게 이해할 수 있다. 하지만 영리하게 예산을 감축하기 위해선 외부에서는 알 수 없는 예산의 **내밀한** 비밀을 알아야 한다. 그리고 그 비밀은 대체로 실제 사업을 담당하는 실무자만이 알고 있다. PMO 등에 정책 집행을 재하청하여 소요되는 쓸데없는 예산처럼 말이다. PMO에 돌아갈 몫을 없애거나 줄인다고 해서 예산을 지원받는 업계가 반발할 리는 만무하지 않은가.

그러나 공직사회는 진정으로 예산을 줄이려 하진 않는다. 설사

---

2   정부는 이른바 'R&D 카르텔'을 혁파하고자 나눠주기식과 관행적인 사업 등 비효율과 낭비 요인을 제거하기 위해 강도 높은 구조조정을 단행했다. 이에 따라 국가 연구개발(R&D) 예산은 2023년 약 31조 원에서 2024년 약 26조 5,000억 원으로 삭감되었다. 이 과정에서 108개의 사업이 통폐합되거나 축소되었다. 이는 1991년 이후 33년 만에 이뤄진 가장 큰 규모의 삭감이었으며, 과학기술계에서는 예산 삭감으로 인한 기초과학 연구 축소가 국가경쟁력과 미래 성장 동력 확보에 부정적인 영향을 미칠 수 있다는 우려를 강하게 표명하였다.

정부 전체적으로는 긴축재정을 표방하고 있다고 하더라도 개별 부처 단위에서는 예산을 늘리지 못해 혈안이 되어 있다. 예산은 그 자체로 각 부처의 영향력을 상징하고, 외부의 '정책 고객'과 이해관계자 역시 항상 더 많은 예산을 달라고 요구하기 때문이다. 공직사회 바깥에서 온 장관이 처음에는 쓸데없는 사업이 너무 많다며 긴축을 지시하다가도, 여러 이해관계자에게 시달리고 나선 결국 예산을 늘리라고 성화를 부리는 모습이 공무원에겐 너무 익숙할 정도다. 상황이 그러하니, 영리하게 예산을 감축하는 방법을 알아도 관료는 절대 행동하지 않는다. 방법을 몰라서가 아니다. 알면서도 숨기는 것이 자신과 조직에 절대적으로 유리하다는 걸 너무 잘 알아서다. 결국 관료가 '나라를 위해 일한다'라는 말은 그저 그럴듯하게 포장된 거짓말에 불과하다. 예산의 진정한 목적은 관료의 생존과 영향력을 유지하는 데 있다.

회식을 주재한 국장은 말이 많은 사람이었다. 고기가 구워지는 내내 본인이 왕년에 얼마나 일을 잘했는지, 장관이 자신을 얼마나 총애하는지에 대해 누가 묻지도 않았는데 한참이나 떠들었다. 그가 입에서 침을 튀기며 말하는 동안, 나머지 사람들은 영혼 없이 고개를 끄덕이며 심심한 입을 달래기 위해 밑반찬을 주워 먹었다. 무료한 표정을 들키지 않기 위해서였다. 이럴 땐 차라리 막내 직원처럼 삼겹살 굽는 일이라도 맡는 편이 나았다. 고기 굽기에 집중하면 지루한 회식 시간도 그럭저럭 잘 가고, 굳이 국장의 말에 반응하지 않아도 면책되었기 때문이다.

드디어 불판 위에 고기가 적당하게 익자 국장은 소주와 맥주를 섞은 폭탄주를 만들었다. 사람들 앞에 술과 고기가 모두 준비되자, 그는 입술 옆에 쌓인 거품을 손으로 슬쩍 닦고 준비된 건배사를 했다.

"자, 제가 '우문'을 선창하면 다들 '현답'이라고 외쳐 주세요. 우문!"

"현답!!"

우문현답(愚問賢答)은 어리석고 수준 낮은 질문에도 정확하고 현명하게 대답하는 경우라는 의미의 사자성어이다. 하지만 공직사회에서 쓰이는 의미는 원래의 뜻과는 전혀 다른 줄임말이다.

'우리의 문제는 **현장**에 답이 있다!'

단순한 아재 개그 같지만, 탁상공론에 빠지지 말고 현장 중심의 행정을 하자는 좋은 의미를 담고 있다. 그래서 공직사회에서는 기관장의 공식 연설문부터 술자리의 건배사까지 폭넓게 사용된다.

공직자들의 현장 사랑은 단순히 말뿐만이 아니다. 장관의 일정 중 국회를 제외하고 가장 많이 등장하는 곳은 업계와의 현장 간담회일 정도로, 고위공직자들은 현장을 찾아 소통하는 일을 실제로 중요하게 생각한다.

현장 간담회는 장관 취임이나 명절과 같은 시의적 이벤트, 52시간제 도입과 같은 제도의 변화, 코로나 상황과 같은 경제적 위기 등 실로 다양한 계기로 마련된다. 1년 남짓인 장관의 평균 임기를 고려하면 사실상 취임 때부터 퇴임 때까지 끊임없이 현장 간담회만 소화한다고 해도 무리가 없다. 특히 요즘에는 국무조정실의 정부 업무평가에 장·차관 등의 현장 행보가 평가 요소로 포함되어 있기에, 현업부서는 특별한 계기가 없어도 현장 간담회를 일 년 내내 만들어내야 한다. 다른 일로 바쁜 와중에 장관의 현장 간담회를 만들어내느라 없는 시간을 쪼개는 심정은, 정말 당해 보지 않은 사람은 모를 정도로 짜증이 나는 일이다.

장관의 현장 간담회는 치밀하게 준비된다. 실무진에서 제일 공을 들이는 건 **참석자 선정**이다. 참석자는 해당 업계를 선도하는 인사를 다섯 명 정도 추려 섭외하는데, 정부가 장관의 일정에 따라 간담회 장소와 일시를 일방적으로 정함에도 대부분은 장관과 만나는 자리라고 하면 흔쾌히 섭외에 응한다. 현장에서 마주하는 민간의 반응을 보면 우리나라에서 관의 힘은 아직도 그럭저럭 통한다는 생각이 든다.

사무관은 참석자들이 현장에서 발언할 내용을 조율하고, 그 결과를 예상 질문과 답변의 형태로 미리 보고한다. 장관이 모르는 논점이 현장에서 우발적으로 등장하여 그가 답변을 제대로 하지 못하는 상황에 처하는 것을 피하기 위해서다. 사실 이는 꼭 장관을 위한 일만은 아니다. 혹여라도 장관이 현장에서 실무진이 가닥을 잡은 방향과 반대로 대답하는 사고를 막기 위해서라도 사전 조율은 필요하다. 그나마 장관급의 경우에는 예상 질문과 답변을 정리하는 수준이지만, 총리급 이상의 경우에는 참석자의 동선과 발언 시간, 순서까지 세밀하게 준비해야 한다. 이쯤 되면 참석자의 행동과 발언에 어떠한 우연도 개입되어서는 안 되기 때문에 간담회 보고자료가 **연극의 대본**과 다른 점이 무엇인지 의문이 들 정도다.

사무관의 알량한 권력은 간담회의 내용을 사전에 조율하는 과정에서 나온다. 간담회 이후 조치 계획까지 염두에 둬야 하는 실무자의 입장에서는 마땅한 대응 방안이 없거나 당장 조치가 불가능한 '답 없는' 이야기를 미리미리 걸러내야 하기 때문이다. 참석자 중에 일부는 정부가 간담회를 하자고 해놓고 미리 논점을 게이트키핑하는 데 불만을 제기하기도 한다. 하지만 제한된 시간 안에 복잡한 내용을 말해봐야 장관이 진짜 그 논점을 이해하겠느냐는 실무자의 반론 앞에선 보통 할 말을 잃는다.

이렇게 이야기하면 관료들이 현장의 목소리가 그대로 전달되지 못하게 장관의 눈과 귀를 교묘하게 가린다고 생각할지 모르겠다. 그러나 실무자가 논점을 조율하지 않고 정말 '있는 그대로' 현장 간담회를 진행한다고 해서 뭐가 달라질지는 잘 모르겠다. 대략 두 시간에 걸친 한정된 시간 동안 장관이 업계의 복잡한 문제를 이해하고 이를 숙고하여 대응 방안을 내놓기는 불가능에 가깝기 때문이다. 물론 해당 업계에선 게이트키핑 없이 현장의 진짜 목소리를 가감 없이 장관에게 전달하는 것 자체에 의의를 두는 간담회도 필요하다고 생각할 수 있다. 하지만 그걸 높은 사람들이 정말 원하는지는 의문이다. 사실 정무직은 자신이 모르는 내용이 회의에서 등장하는 걸 매우 싫어하고, 애초에 그들 중 현장의 돌발 발언에 당황하지 않고 유연하게 상황을 넘길 줄 아는 능력을 갖춘 사람도 드물다. 또한 정말 정무직이 현장의 가감 없는 목소리를 듣기 원한다면, 격식을 갖춘 간담회가 아니라 식사 자리 등 편안한 자리를 통해 얼마든지 그런 이야기를 들을 수 있다. **애초에 격식 있는 간담회 자리를 만들라는 것 자체가 사실은 현장의 진짜 목소리를 가감 없이 들을 마**

나라를 위해서 일한다는 거짓말

음이 없다는 선언과도 같다.

현장 간담회 준비의 마지막 단계는 보도자료 작성이다. 이런 종류의 보도자료를 쓰는 일은 어렵지 않다. 육하원칙에 맞춰 작성하고, 마지막에는 장관이 할 만한 발언을 한 문장 정도 상상하여 붙이면 된다. 보통은 '업계 지원에 최선을 다하겠다'라는 상투적인 문장이면 되지만, 여기서 창의성을 발휘하라는 국·과장의 요구가 있으면 참 난감하다. 밥 한번 먹어본 적 없는 장관의 속내를 사무관 나부랭이가 어찌 안단 말인가?

완성된 보도자료는 대변인실에서 현장 사진을 포함, 간담회가 시작하는 일시에 맞춰 정부 출입 기자들에게 배포한다. 인터넷 기사를 포함해서 20~30개의 기사가 올라오면 일은 드디어 마무리된다. **장관의 동정을 언론에 잘 드러나게 하는 것**이 현장 간담회의 진짜 목적이기 때문에 장관의 얼굴이 잘 나온 사진을 포함한 기사 하나하나가 정부 부처에겐 일의 성과와도 같은 것이다.

준비 과정에서 보듯이 장관의 현장 간담회는 업계와의 진정한 소통을 위한 것이 아니다. 잘 짜인 극본과 같은 간담회를 아무리 많이 해도 업계는 자신의 고충을 제대로 전달할 수 없고, 장관 역시 현장을 이해하기 어렵다. 이는 장관의 탓만은 아니다. 물리적인 한계가 있는 한 명의 자연인이 현장의 복잡한 역학관계를 모두 이해하기는 불가능에 가깝다. 이는 수백 명의 중앙부처 공무원이 장관을 보좌하는 이유이기도 하다. 달리 말하면 관료는 본인이 맡고 있는 각 분야에서 장관의 권한을 위임받아 대신 행사하는 셈이다.

따라서 실제로 현장과 끊임없이 소통해야 하는 주체는 정무직 장관이 아니라 국장급 이하 직원들이다. 특히 보고서의 시작점인 사무관이 현장과 가까워야 문제에 대한 정책적 대안과 현실적인 해결방안이 나온다. 직급이 올라갈수록 소관 범위가 급격하게 넓어지는 공직사회의 특성상 아무리 보고가 거듭되어도 사무관이 작성하는 보고서상의 대안을 넘어서는, 세심한 수준의 결론이 도출되기는 매우 어렵기 때문이다. 그러나 대부분 세종시에서 근무하는 중앙부처 공무원은 현장과 소통하기에 대단히 불리한 환경에 처해있다. 현장의 상황을 속속들이 이해하고 있는 업계의 전문가들이 서울에 몰려 있기 때문이다.

내가 보건대, 서울은 이 나라 전체의 형식은 50%, 실질은 70%, 전문가는 90%가 몰려 있는 도시다. 당위의 문제를 떠나 그것이 오늘날 대한민국의 현실이다. 세종청사와 오송역은 BRT로 30분, 오송역과 서울역은 KTX로 50분이 걸린다. 환승에 드는 대기 시간을 합치면 세종에서 서울 출장은 왕복 약 4시간이 걸리는 먼 길이다. 오전에 세종에서 출발하여 서울에서 점심만 먹고 내려와도 반나절은 걸린다는 의미이고, 오후에 회의라도 한 번 하면 하루 종일 걸리는 길이 된다.

하루 일정인 서울 출장을 가려고 하면, 사무관은 위아래 양쪽으로 눈치를 봐야 하는 신세가 된다. 그저 서울에서 바람이나 쐬고 오겠다는 건 아닌지 의심하는 과장에게 출장의 필요성을 설득해야 하고, 각종 업무 메일과 자료 작성에 허덕이는 파트너 주무관에게는 괜히 일하러 가면서도 미안하다. 그래서 날이 갈수록 서울 출장은 국회 방문이나 행사 준비, 공식적인 회의와 같이 불요불급한 일이 아니면 주저하게 된다. 솔직히 공무원의 입장에선 현장의 전문가를 만나지 않는다고 구박하는 사람도 없고, 그 결과 정책의 디테일이 좀 떨어진다고 해서 월급을 못 받을 일도 없다. 그렇다면 굳이 위아래로 눈치를 봐가며, 왕복 4시간의 지루하고 불편한 시간을 견디며 현장과 소통하겠다고 매번 무리하는 사람이 바보 아닌가?

그러다 보니 중앙정부에서 자신이 담당하는 분야를 가장 속속들이, 또 가장 많이 알고 있어야 하는 사무관조차 현장과의 소통에 미온적으로 변할 수밖에 없다. 해당 분야의 이슈와 개괄, 소소한 가십 등 책자나 웹서핑만으로는 파악할 수 없는 유용한 정보를 얻는 데는 직접 사람을 만나 이야기를 듣는 일만큼 효율적인 방법이 없다는 걸 알면서도 말이다. 일각에서는 화상회의나 전화 등 비대면 통신 수단을 많이 활용하면 되지 않느냐고 반문하지만, 허심탄회하고 솔직한 목소리는 화면을 통해 흘러나오지 않는다.

공무원이 업계와의 소통을 도외시하면 현장의 문제의식도, 정확한 해결 방안을 찾기 위한 날카로운 관점도 흐려진다. 현장과 멀어진 관료가 쓰는 보고서는 구글에 '세계 콘텐츠 산업 규모', 'AI의 발전 전망' 같은 단어를 검색한 결과를 짜깁기하는 수준에 머문다. 이는 장기적으로 대통령실과 국회가 세종시로 이전한다 해도 해결될 문제가 아니다. 오히려 실무자들이 공식적으로 서울에 출장을 가게

될 명분이 줄어들면서, 그나마 출장 사이사이 짬을 내서 추진하던 현장과의 만남이 더 어려워질 여지도 있다. 현재는 국회나 대통령실을 방문했다가 서울에 간 김에 자신이 담당하는 분야의 교수 등의 전문가나 경영자를 비롯한 정책 고객을 만나기라도 한다. 한데 국회나 대통령실이 모두 세종으로 이전하면 길에서 보내는 시간은 줄겠지만, 서울에서의 각종 만남은 더 위축될 가능성도 있다.

관료가 좋은 정책을 만들기 위해선 현장과 자주 만나야 한다. 공직사회는 수십 년간의 경험으로 이미 그걸 안다. 공무원의 머리나 자료에만 의존한 정책과, 현장과 호흡하여 만든 정책 사이에 얼마나 현격한 차이가 있는지에 대해서 말이다. 그래서 국장급 이상 공무원들은 광화문에 청사가 있던 시절이 일하기 좋았다고 회고한다. 자신들이 실무자였던 시절에는 매일 점심과 저녁 시간 등의 틈을 활용하여 교수, 각종 협회 관계자, 현업 종사자 등 업계의 전문가를 만나 치열하게 토론하고, 다시 사무실로 돌아와 생각을 정리하여 보고서를 가다듬을 수 있었기 때문이다. 하지만 세종으로 청사가 이전한 이후에는 매일 치열한 토론은커녕 현장의 전문가와 시간을 내어 한 달에 한 번 만나기도 벅찬 게 중앙부처 사무관이 처한 냉정한 현실이라 할 수 있다.

한국부동산원에 따르면 2024년 2분기 기준 서울 도심 지역(광화문 등) 중대형 상가 임대료는 1㎡당 85.6천 원, 세종은 14.5천 원이다.[3]

3   한국부동산원, 「2024년 2분기 상업용부동산 임대동향조사」, 2024. 8. 24.

나라를 위해서 일한다는 거짓말

(오피스로 비교하는 것이 더 정확하지만, 세종의 오피스 임대료는 발표하지 않아 중대형 상가 임대료로 비교했다.) 통계에 따르면, 대한민국 정부가 서울에서 세종으로 청사를 이전하면서 임대료 등에 필요한 경상비를 1/6로 줄였다는 해석도 가능하다. 나라가 공무원에게 쓰는 돈을 줄인 만큼 공무원은 현장과의 소통을 줄였다. 세종시의 관료들이 업계와도, 전문가와도 갈수록 유리되며 '갈라파고스화'된다는 지적은 이제 언론이 공직사회를 비판하는 단골 소재가 되었을 정도이다.

사실 공직사회에 다른 방법이 없었던 것은 아니다. 세종으로 청사를 이전한다고 하더라도 현장과의 소통을 1순위로 두고 다른 업무를 효율화하여 현장과의 접점을 유지하는 방법도 분명히 있었다. 하지만 공직사회는 늘 해 오던 방식대로 실무자를 사무실에 묶어 두는 방법을 택했다. 공직사회에서 사무관은 언제 어디서 누가 요구하더라도 **재깍 자료를 만들고 보고서를 내놓아야 하는** 기계쯤으로 취급하니 말이다. 그 결과 관료는 현실의 문제를 반영하는 좋은 정책을 포기하고 무능해지는 길을 택했다. 전화 몇 번, 자료 검색 몇 번으로 그럴듯한 보고서를 완성하는 것이 몇 시간의 고된 출장과 상급자의 눈치를 견디는 것보다 훨씬 편하고 빠른 방법이기 때문이다.

공직사회의 깊숙한 상황을 아는지 모르는지, 대통령은 기회가 있을 때마다 장관 등 고위공직자들이 더 적극적으로 현장을 방문하라는 근엄한 지시를 한다. 하지만 이미 고위공직자들은 현장과 차고 넘치게 만나는 중이다. 불행하게도 그들을 위한 잘 짜인 극본을 준비하느라 진짜 현장과 만나야 하는 실무자는 또 시간을 뺏긴다. 그리고 관료는 힘겨운 소통 대신 간편한 고립과 무능을 택한다. 악순환도 이런 악순환이 없다. 대통령의 근엄한 지시를 담은 뉴스를 볼 때마다 터져 나오는 실소를 멈출 수 없는 이유다.

12장

호치키스를 잘 찍어야 출세하지만

서비스산업을 획기적으로 진흥할 전략을 마련하겠다며 기획재정부가 여러 부처와 민간의 전문가를 모아 만든 민관 합동 기구의 회의가 열리는 날이었다. 차관이 '헤드'(Head, 회의의 최고 의사 결정권자)로 참석했기 때문에 회의 안건과 조금이라도 관련이 있는 사무관들은 모두 세종에서 서울로 이동하여 배석했다. 다른 일도 바쁜데 회의까지 끌려와야 하는 신세라서 대부분 표정은 좋지 못했다.

배석한 사무관들은 이 회의의 끝을 알고 있었다. 민간의 전문가들이 현실성과 맥락을 고려하지 않고 여러 가지 의견을 내던지면, 공무원들이 그 의견을 취합하여 기존에 하고 있던 사업을 덧대 그럴듯한 전략 계획으로 만드는 방식. 말만 민관 합동일 뿐, 결국 수십 페이지에 이르는 공무원식 보고서가 나와야 이 일이 끝난다는 의미였다. 기재부가 총대는 멨으나 총알은 관광, 콘텐츠, 물류, 보건, 의료 등 서비스산업 분야에서 각자 사업을 하는 다른 부처들이 마련해 줘야 하는 처지에서, 기재부에 시달릴 일이 눈에 선한 사무관들의 표정이 좋을 리 만무했다.

나는 회의가 시작되기 전에 일찍 도착하여 구석 자리를 선점했다. 눈에 띄지 않는 자리는 인기가 많은지 옆자리도 금세 누군가 차지했다. 간단한 목례만 나누고 회의가 시작되기를 기다리는데, 옆자리에 앉은 사람이 먼저 명함을 건넸다. 명함을 살펴보니 그는 기획재정부 정책조정국의 사무관이었다. 초면의 어색함이 가시자마자 그는 '앞으로 연락드릴 일이 많을 것 같다'라며 꽤 너스레를 떨었다. 나의 입장에서 그의 연락을 받을 일이 많다는 뜻은 기재부에 회의 안건으로 바쳐야 할 조공이 많다는 의미였기 때문에 달가운 이야기는 아니었다. 외모에서 유추할 수 있는 연배로 미루어 짐작건대 그는 나보다 몇 기수 후배로 보였지만, 갑의 위치에서 인간관계를 설정하는 데는 나보다 훨씬 능해 보였다.

그래도 그는 공무원의 세계에서 비교적 '젠틀한 갑'이었다. 주말이나 밤늦게 개인 핸드폰으로 전화하는 일도 없었고, 회의 안건이나 보고서 내용을 다루는 데 있어 다른 부처 담당자들의 의견을 최대한 존중하려 노력했다. 하지만 서 있는 위치가 다른데 입장까지 같을 수는 없는 법. 민간 합동 회의가 끝나고 본격적으로 보고서를 작성해야 할 때가 다가오자 그는 보고서에 이런저런 내용이 담겨야 한다며 출처 불명의 아이디어를 쏟아냈다.

사업 부처의 실무자인 내 처지에선 당연히 볼멘소리가 나왔다.

기재부는 보고서만 발표하면 그만이지만 뒷수습은 각 사업 부처가 해야 하니 말이다. 게다가 구성원의 능력이 아무리 훌륭하다고 해도 산업 전체를 총괄하는 기재부는 각 분야에 대한 이해도가 낮을 수밖에 없다. 따라서 그가 가져온 아이디어는 아무리 잘 봐준다고 해도 사업 부처 담당자로선 설익은 의견일 뿐이었다.

보고서를 정리하는 내내 기재부는 반영을 요구하고, 사업 부처는 거절하는 지루한 피드백과 설득이 오갔다. 하지만 결론적으로 이 일은 기존에 하던 사업을 그럴듯하게 갈무리하는 수준에서 끝이 났다. 정부의 보도자료와 보고서엔 '혁신적으로 개편', '속도감 있게 추진' 등과 같은 의미 없는 말의 성찬이 펼쳐졌지만, 현실에서 변하는 건 아무것도 없었다. 그저 공무원들의 무의미한 고생으로 또 하나의 공무원식 보고서가 탄생했다는 것 이외에는 말이다.

정부는 세상의 모든 분야를 씨줄과 날줄로 나누어 소관 부처와 담당자를 두고 있다. 언론 등을 통해 접하는 세상의 문제 뒤에는 반드시 그걸 담당하는 사무관이 있다는 뜻이다. 오죽하면 정부에는 장바구니 물가 상승에 대응하기 위한 '빵 서기관', '과자 사무관'이 있을 정도이다. 권력이 공백을 허락하지 않듯 행정에서도 공백은 허락되지 않는다. 특정한 영역을 두고 부처 간의 소관 다툼이 벌어질 때도 있지만 대개 업무의 중복 때문에 싸우는 것이지 공백이나 누락 때문에 실랑이가 벌어지는 경우는 드물다.

한편, 정부에는 특정 분야의 정책을 담당하지 않고 각 부처의 정책을 종합하거나 조정하는 역할만을 맡는 곳들도 있다. 국무조정실 그리고 기획재정부와 행정안전부의 일부 과들이 대표적인 곳이다. 이들은 각 부처에 산재한 내용을 특정한 주제로 묶어 위에 보고하거나 정책으로 발표하는 역할을 맡는다.

공직사회에서는 다른 부처나 부서에서 하는 정책을 모아 보고 하는 일을 일컬어 **호치키스 행정**이라고 한다. 다른 부처의 일을 문서로 취합하여 보기 좋게 호치키스로만 찍는다는 의미니까 다소 부정적인 의미를 담고 있는 것도 사실이다.

우리나라 공직사회에선 호치키스를 찍는 자리에 있어야 승진도 잘하고 출세하기에도 좋다. 1부의 「말과(末課)의 설움」에서 이야기 했듯이 이는 부처 내부에만 한정된 이야기가 아니다. 대한민국 정부 전체로 봐도 주로 호치키스 행정을 하는 기획재정부나 행정안전부와 같은 부처에 있어야 관료로서 크게 성공할 가능성이 높다. 게다가 공직사회에선 호치키스 행정을 하는 부처들이 '갑'인 경우가 많다. 국무조정실은 정부 업무평가와 규제 혁신, 기획재정부는 예산, 행정안전부는 조직을 담당하고 있어 일선 부처는 그 영향력을 무시할 수 없다. 그래서 호치키스 행정은 전문성 없이 갑질을 하며 문서 취합만 잘해도 오히려 승진에 유리한 공직사회의 단면을 비판하는 의미로 많이 쓰인다.

항간의 부정적인 인식과는 달리 호치키스 행정이라고 해서 모두 불필요한 일은 아니다. 특히, 각 부처가 자신의 관할 영역에만 집착하는 '칸막이 행정'의 병폐를 막기 위해선 정부 내의 업무 조정 역할은 반드시 필요하다. 예를 들어 키즈카페 안전관리의 경우, 꼬마 기차 등의 유기시설은 문화체육관광부, 미끄럼틀 등 어린이 놀이기구는 산업통상자원부와 행정안전부, 환경 유해 물질은 환경부, 식음료 시설은 식품의약품안전처, 소방시설은 소방청이 관할한다. 이용자는 키즈카페라는 단일 공간을 이용하는 데 반해, 안전관리 책임은 기구별, 시설별로 파편화되어 있다. 단일 부처의 노력으로는 키즈카페 전체의 안전을 보장하기 어려울 뿐만 아니라, 법상 의무를 준수해야 할 사업자도 어느 법과 규정을 준수해야 하는지 혼란에 빠지기 쉬운 구조이다.

이 경우 업무를 통합하거나 조정하는 것이 제일 좋고, 그게 안 되더라도 최소한 업무를 종합하는 역할이라도 누군가 맡아야 한다. 실제로 키즈카페의 경우 안전사고가 일어나도 아무도 책임지지 않는다는 비판 여론이 일자, 지난 2018년부터 행정안전부를 중심으로 관계 부처가 「키즈카페 안전관리 지침」을 매년 발표하고 있다.[4] 이러한 경우의 호치키스 행정은 국민의 안전을 보호하는 긴요한 역할을 한다.

호치키스 행정은 정부 내에 딱 필요한 만큼만 존재해야 한다. 호치키스 행정이 과잉이면 불필요한 취합과 종합 업무가 늘어나 업무의 효율성이 전체적으로 떨어지고, 반대로 부족하면 업무의 조정이

---

4   관계부처 합동 보도자료, 「키즈카페 안전관리는 이렇게 하세요」, 2018. 12. 26.

원활하지 않아 칸막이 행정의 병폐가 커진다.

대한민국 정부 내에 호치키스 행정은 과잉일까 부족일까? 당연히, 과잉이다. 각종 기관에서 촉박한 마감 기한을 주며 조금씩 양식만 바꿔 보내는 연락에 대응하다 보면, 어떨 때는 '대한민국 정부엔 실제로 자기 업무를 하는 사람보다 남의 업무를 취합하는 사람이 더 많지 않을까?' 하는 의문이 들 때도 있다. 무의미한 회의만 반복하며 그 회의 자체를 실적으로 여기는 일부 부처의 행태에는 그저 넌더리가 날 지경이다.

남의 업무를 종합하여 '호치키스를 찍는 일'도 사실은 만만치 않게 괴롭다. 각 부처에서 보낸 자료의 양식을 통일하여 보기 좋게 재구성하는 것은 꼬박 밤을 새워야 할 정도로 품이 많이 드는 일이다. 다른 부처 공무원들에게는 '안건을 구걸하러 다닌다'라는 오명도 심심치 않게 듣는다. 더군다나 이러한 종류의 취합 업무를 아무리 열심히 한다고 해도 현실에서 아무것도 변하는 게 없다는 걸 가장 잘 알고 있으니 그 속이 편할 리도 없다.

그럼에도 날이 갈수록 호치키스 행정은 더 늘어나는 추세에 있다. 정부의 업무를 더욱 세밀하게 평가하고 혁신을 주도하겠다며 신설하는 상위 기관의 각종 정책은 사실 일선 부처에겐 호치키스 행정을 더 늘리겠다는 말에 불과하다. 청년 정책, 적극 행정 등의 도입은 새로운 정책으로 보이지만 실상 내용은 기존에 하던 사업을 갈무리하는 수준에 불과한 전형적인 호치키스 행정이다. 최악은 각종 대통령 소속의 위원회이다. '저출산고령사회위원회', '국민통합

나라를 위해서 일한다는 거짓말

위원회' 등 특정한 문제 해결을 위해 설치한 위원회는 사무국 내에 집행 기능은 없고 의제만 던지는 식으로 일을 한다. 말 그대로 호치키스만 찍는다고 비판받아도 할 말이 없는 수준이다.

최근 정부가 내놓은 「정부조직법」 개편안도 호치키스 행정의 관점에서 보면 우려가 된다. 개편안의 핵심은 인구전략기획부의 신설이다. 인구부는 저출생 문제 등 인구 문제를 총괄 대응하기 위해 저출생 예산 사전심의 권한을 갖고, 각 부처에 걸쳐 있는 관련 정책 및 사업을 평가 조정하는 컨트롤타워 역할을 한다. 즉, 저출생, 고령사회, 인력, 외국인 등의 인구 부문에서 총괄적인 전략 기획 기능을 수행한다는 것이다.[5] 하지만 여전히 구체적 사업과 집행은 보건복지부, 고용노동부, 여성가족부 등이 맡을 예정이라는 점에서 말이 좋아 전략 기획 기능이지, 각종 대통령 소속 위원회가 그러하듯 전형적인 호치키스 행정으로 귀결될 소지가 엿보인다.

모두가 괴롭고 현실에서 쓸모가 없는 호치키스 행정은 줄어들기는커녕 왜 늘어나기만 할까? 근본적인 이유는 날이 갈수록 복잡해지는 현실을 제대로 이해하려는 노력을 도외시하고, 그저 '손에 잡히는' 간단한 보고서로 세상의 문제를 파악하려는 공직사회의 태만함 때문이다. '호치키스를 찍는 자리에 있어야 승진한다'라는 오래된 경험칙도 무시할 수 없다. 아무리 괴롭고 힘들어도 호치키스 찍

5　관계부처 합동 보도자료, 「정부조직 개편방안 발표」, 2024. 7. 1.

2부 영리해서 무능한 관료

는 자리가 승진하기에 낫다고 생각하니, 호치키스 행정은 줄어들 리 없다.

정권의 입장에서도 호치키스 행정의 확대는 사회적 문제의 해결을 빌미로 각종 자리를 늘리는 좋은 수단과 같다. 예를 들어 저출생 문제의 해결을 위해 '저출산고령사회위원회'와 '인구부'를 만들고, 청년 문제의 해결을 위해 '청년정책조정위원회'를 만드는 식이다. 골치 아픈 실무는 하지 않아도 되고 **그럴듯한 의제**만 취합해서 일선 부처에 던지면 되기 때문에, 정권에 줄 댄 인사들에게 나눠주기엔 안성맞춤인 자리이다.

한편 키즈카페의 예시에서 보듯이 정부에 정말로 필요한 호치키스 행정은 '칸막이 행정'을 해결하기 위한 정책의 조정이다. 「정부조직법」에 따르면, 각 중앙행정기관을 지휘, 감독하고 정책을 조정하는 업무는 본래 국무조정실의 몫이다. 하지만 '방탄 총리'라는 오명을 안고 있을 정도로 실권이 약한 국무총리 산하의 국무조정실은 정책을 조정할 리더십도, 실권도 없는 조직이란 게 현실이다. 국무조정실에서 근무하는 많은 공무원이 다른 부처에서 파견 나온 인원으로 구성되어 있다는 점도 조직의 역량을 배양하는 데 있어 약점으로 작용한다.

대통령중심제 국가에서 실질적으로 부처 간 정책을 조정할 수 있는 곳은 대통령실(청와대)이 유일하다. 그곳에 모든 권력과 권한이 몰려 있기 때문이다. 하지만 대통령실이 실질적으로 정책을 조정할 능력이 있을까? 각 부처에서 '늘공'(늘 공무원)을 파견받기는 하지만 대선에 공을 세운 정치인 출신의 '어공'(어쩌다 공무원)이 중심인 대통령실에서, 실무를 속속들이 안다 해도 장담할 수 없는 세밀한 정책 조정 능력까지 기대하기는 어렵다. 또한 대통령실은 대통령을 보좌하는 참모 조직으로서, 법적으로 권한을 가진 행정 부처(계선 기관)에 대해 우월적 지위에서 업무를 조정하는 것이 적절한지에 대한 논의는 행정학의 오래된 쟁점이다. 이 논의는 참모 조직이 행정 부처에 얼마나 큰 영향력을 가져야 하는지에 관한 것인데, 전자가 후자의 업무에 개입할 경우 권한의 겹치거나 충돌이 생길 수 있고 그로 인해 책임 소재가 불분명해지는 문제가 발생할 수 있기 때문이다.

녹색성장, 창조경제, 한국판 뉴딜, 역동경제…. 정권에 따라 공무원들이 대동소이한 내용의 사업을 표지만 갈아 끼워 만든, 대표적인 호치키스 행정의 이름들이다. 정권에 따라 호치키스 좀 다르게 찍었다고 국민의 생활에 어떤 유의미하고 실질적인 변화가 있었는가? 이미 존재하는 개별 정책과 사업을 이름만 바꿔 종합한 것에 불과하니 당연히 변화가 있었을 리 없다.

'구슬이 서 말이라도 꿰어야 보배다'라는 속담이 있다. 공직사회에 대입하면, 아무리 개별 정책과 사업이 좋아도 하나의 주제로 기획을 잘해야 빛난다는 뜻으로 볼 수 있다. 하지만 양질의 장신구를 위해선 실에 꿸 궁리를 하기 이전에 좋은 구슬부터 만들 생각을 해야 한다. 정책을 하나의 주제로 기획하기 이전에 개별 정책과 사업부터 성심성의껏 준비하고 잘해야 한다는 뜻이다. 하지만 지금의 공직사회에서 가장 확실하게 출세를 보장하는 일은 **호치키스를 예**

쁘게 잘 찍는 보직을 맡는 것이다. 복잡하게 구슬을 만드는 사람보단 실에 구슬을 균일하게 묶는 사람이 더 대접받는 구조라는 뜻이다. 이처럼 공직사회가 우대하는 방향이 명확하기에 영민한 관료는 너나없이 호치키스를 찍고 싶어 한다.

정책의 취합만으로는 국민의 생활에 어떤 변화도 일으킬 수 없다는 걸 관료 스스로가 가장 잘 알고 있다. 하지만 호치키스 행정의 과잉은 공직사회가 자체적으로 교정하기 거의 불가능한 문제에 가깝다. 관료가 문제의 핵심을 몰라서가 아니라, 공직사회의 구조와 작동 방식을 너무 잘 알기 때문에 그렇다. 호치키스 행정은 관료에게 가장 유리한 생존 전략이 되어버렸다. 결국 모두가 문제를 인식하면서도 아무도 변화할 유인이 없는 기이한 균형 속에서, 관료는 오늘도 같은 방식으로 일한다. 이 모든 과정에서 호치키스는 단순히 보고서를 묶는 데 그치지 않고, 이상과 현실 사이의 간극을 단단히 고정하는 데 쓰인다. 공익은 보고서 속 화려한 문구로만 남고 현실은 이 거대한 체제를 유지하기 위한 무의미한 노동으로 채워진다.

국장 보고를 마치고 나왔다. 장관이 참석하는 간단한 행사 보고였다. 장·차관 보고는 사무관이 아닌 국장과 과장의 몫이었기 때문에, 실무자로서 나의 역할은 여기까지였다. 그런데도 못내 마음에 걸리는 사람이 있었다. 아직 문체부에 발령받은 지 일 년도 되지 않은 초임 사무관이라 궁금한 점이 생기면 눈치도 없이 과장에게 모두 묻던 시절이었다.

"실장님 보고는 어떻게 할까요?"

과장은 피식 웃으며, 사무관 선에서 적당히 알아서 보고하라고 지시했다. 본인은 지금 당장이라도 차관에게 보고할 기세였다.

"그래도 실장님이 한 번 보시고 차관님께 보고드려야 하지 않을까요? 수정 지시를 하실 수도 있고…."

과장은 내 말이 채 끝나기도 전에 실장은 그냥 보고 라인에서 거쳐

가는 사람일 뿐이니 부담 없이 보고하라고 대수롭지 않게 답했다. 그리고는 '요즘 차관에게 보고할 기회가 녹록지 않다'라고 중얼거리며 몇 개의 보고서를 주섬주섬 챙겨 사무실을 나섰다. 몇 시간 후, 세종에서 과장이 번갯불에 콩 구워 먹듯 차관 보고를 끝내자마자 서울사무소에 대기 중이던 국장 역시 무난하게 장관 보고를 마쳤다. 그들에게 내가 실장 보고를 했는지는 전혀 중요치 않아 보였다.

장·차관 보고 완료로 사실상 실장이 보고서를 검토하는 의미는 없었다. 그렇다고 정해진 보고 라인을 아예 무시할 수는 없었기 때문에 자료를 챙겨 실장의 방으로 들어갔다. 그는 마침 시간이 많다며 꼼꼼하게 보고서를 검토했다. 장관의 말씀 참고 자료까지 빨간 펜으로 직접 자구(字句)를 수정할 정도였다. 열성인 그의 앞에서 '이미 장·차관 보고가 완료되었기 때문에 자세히 보지 않으셔도 된다'라는 말은 차마 입에서 떨어지지 않았다.

그의 수다는 보고서 수정이 모두 끝난 뒤에도 계속되었다. 자신이 보고서를 잘 쓰기 위해 사무관 시절 얼마나 노력했는지로 시작한 이야기는, 요즘 젊은 사람들은 근무하면서 무엇이 제일 힘든지 세심하게 묻는 상담으로 이어졌다. 내 딴엔 바쁜 일이 산적해 있어 보고만 얼른 하고 서둘러 실장의 방을 나오고 싶었지만, 까마득한 대선배의 말을 중간에 끊을 수는 없어 고개만 연신 주억거렸다. 시간의 흐름은 실장의 방에서 확연히 느렸다.

장관이 참석하기로 한 행사 며칠 전이었다. 얄궂게도 당일, 국회 상임위 일정이 급하게 잡혔다. 어떤 행사라도 국회 참석보다 우선

나라를 위해서 일한다는 거짓말

하기는 어려웠으므로 장관의 행사 참석은 물 건너간 이야기였다. 차관 역시 장관과 함께 국회 상임위에 함께 출석해야 하므로 대참은 불가능한 상황이었다. 나는 다시 과장에게 이 난감한 사태를 어찌 해결해야 할지 물었다. 과장은 뭘 그런 걸 고민하냐는 듯 여유로운 표정으로 아무 말도 없이 실장의 방을 턱으로 가리켰다. 나는 부리나케 실장이 꼼꼼하게 수정한 보고서와 말씀자료를 챙겨 장관 대신 행사에 참석해야 하는 상황을 다시 보고했다. 실장은 걱정하지 말라며 내 어깨를 툭툭 쳤다. 실장에겐 가욋일이 생긴 셈인데도 그의 기분은 매우 좋아 보였다.

1급 공무원으로 흔히 알려진 고위공무원단 가 등급은 일반직 공무원이 도달할 수 있는 가장 높은 직급으로서 '관료 사회의 꽃'으로 불린다. 실제로 고위공무원단 가 등급은 2023년 기준 전체 행정부 공무원 약 115만 명[6] 중 258명[7]으로 관료 사회의 최정점에 있다. 고시를 패스했다고 해서 모두가 1급을 달 수는 없다. 부처마다 차이는 있지만 5급 사무관으로 입직하는 행정고시 출신도 대부분은 2급 국장(고위공무원단 나 등급)에서 퇴직하는 경우가 많다. 1급 공무원은 행정고시 동기 중에서 적어도 상위 20~30% 안에는 들어야 할 정도이니, 그만큼 조직에서 실력을 인정받은 인재들이다.

---

6   인사혁신처, 「2024 인사혁신통계연보」, 2024. 6.

7   인사혁신처, 「고위공무원단 현원통계」, 2024. 1. 31.

중앙부처 기준으로 1급 공무원은 3~4개의 국을 총괄하는 '실장' 보직을 맡는다. 대내적으로는 정무직인 장·차관과 일반 공무원들 사이에서 정책이 부드럽게 집행되도록 가교(架橋) 구실을 하고, 대외적으로는 대통령실, 타 부처, 국회 등과 정책을 조율하며 부처의 외연을 넓히고 이익을 수호하는 역할을 한다. 여기까지만 들으면 공직사회에서 1급 공무원은 대단히 중요한 역할을 맡고 있는 것처럼 보인다. 하지만 그들의 역할에 대한 긴 설명은 실상 말의 성찬일 뿐이다. 부처의 컨트롤타워 역할을 하는 기획조정실장 등 극소수의 자리를 제외하면, 1급 공무원이 맡는 '실장' 보직은 중앙부처에서의 실질적인 역할이 아예 없는 경우가 훨씬 더 많다.

중앙부처에서 하나의 국이 담당하는 업무 소관 범위는 상당히 넓다. 문체부를 예로 들면 예술국, 콘텐츠국, 체육국, 관광정책국 등 하나의 국 자체가 하나의 산업군과 장르 전체를 담당할 정도다. 그러다 보니 국장조차 실무의 모든 일을 세세하게 알기는 어렵다. 예를 들어 콘텐츠국의 업무는 2022년 기준 약 148조 원 규모의 영화, 음악, 게임, 웹툰 등의 산업을 총망라한다. 이 때문에 아무리 뛰어난 국장이라고 해도 소관 분야의 정책과 산업의 모든 내용을 속속들이 알기는 불가능에 가깝다. 그래서 보통 과장의 지도와 책임 아래 실무의 많은 일들이 진행되고, 국장은 장관 보고가 필요한 사항이나 굵직한 의사 결정, 외부의 민감한 민원 등을 챙기며 국을 이끈다.

반면, 실장의 역할은 어정쩡하다. 아래에서의 의사 결정은 국장 선에서 대부분 끝나고, 정말 큰 방향의 지시는 장·차관이 주로 한

나라를 위해서 일한다는 거짓말

다. 부처 내외의 업무 조율 역시 정무직인 차관의 역할과 겹치기 때문에 실장이 주도권을 발휘하기는 쉽지 않다. 사실상 중앙부처에서 실장은 효율적인 정책 결정과 집행 과정에서 필요하다고 보기 어려운 애매한 보직에 가깝다. 요약하자면 실장은 실무와는 너무 멀고, 정무직과는 너무 가깝다. 그래서 공직사회에서는 흔히들 1급의 존재 의의를 '장·차관 땜빵용'에서 찾는다. 앞서 소개한 이야기에서 보듯, 반드시 참석해야 하는 회의나 행사에 장·차관이 부득이 참석하지 못하는 경우 대신 참석하는 얼굴마담이라는 뜻이다.

실장이 자신의 어정쩡한 보직의 한계를 인정하고 실무의 세세한 일을 국장 이하 직원들에게 위임하면 적어도 일의 흐름에 큰 방해가 되지는 않는다. 자기 능력과 관계없이 이제는 조직의 **잉여 인력**이 되었음을 겸허하게 인정하면 된다는 뜻이다. 하지만 평생 업무에 최선을 다하며 성실하게 살아온 관료 출신이 자신이 '잉여'임을 인정하는 경우는 불행히도 많지 않다. 관성처럼 자신에게 주어진 근무 시간과 열의에 맞춰, 무언가 일을 하고 있다고 스스로를 속이면서 헛된 업무를 계속 만들어낸다.

부처마다 다르지만, 실장의 휘하에는 대략 100여 명의 공무원이 있다. 이들은 실장이 만들어내는 헛된 업무에 직접 영향을 받는다. 어느 날 갑자기 업계의 사람들을 만나겠다며 필요도 없는 간담회나 행사를 만들라고 지시하면, 담당자는 업계 사람들을 모으기 위해 보고자료를 만들고, 시간과 장소를 조율하며, 실장의 말씀자료와 행사 참고 자료를 준비하느라 적어도 이틀 이상을 허무하게 날린다.

그래도 1급인데 아무나 만나라고 할 순 없으니 업계의 리더급을 섭외하려고 노력하지만, 돌아오는 답은 왜 또 나가야 하느냐는 볼멘소리다. 실제로 장관 주재 간담회에 이어 실장 주재 간담회를 연이어 잡자, 한 기업의 대표는 "지난주에 겨우 장관을 만났는데 또 무슨 이야기를 해야 하느냐"며 피곤을 토로하기도 했다. 사실 그건 내가 실장에게 하고 싶은 말이기도 했다. 정부가 도와주는 건 바라지도 않으니 제발 간섭이나 하지 말라는 뾰족한 소리도 종종 나온다. 실무자는 '이렇게 비협조적이면 앞으로 재미없다'라며 찍어 누르기도 하고, '이번 한 번만 도와달라'고 읍소도 해가며 겨우겨우 자리를 만든다. 하지만 어렵게 만든 현장에서 나오는 이야기는 얼마 전 장관 간담회의 재탕일 뿐이다.

실무자 입장에서는 대체 왜 이런 무의미한 행사를 반복해야 하는지 이해도 되지 않고 가끔은 화도 나지만, '공무원이 까라면 까야지 별 수 있나'라고 스스로를 다독인다. 그런 속도 모르고 실장은 간담회 테이블의 가장 상석에 앉아 무엇이든 해 줄 테니 말만 해보라는 너그러운 표정을 짓고 있다가, 한 시간 남짓이 지나면 아무런 결론도 없이 '앞으로 이런 자리를 많이 만들어야겠다'라는 하나 마나 한 인사치레를 하고 일어선다. 실장의 자존감을 채워 준 것 이외에 이런 간담회를 통하여 바뀌는 건 아무것도 없다. 한 번은 간담회에 단골로 불려 나오던 한 스타트업 대표가 간담회가 모두 끝난 뒤, "고위 공무원들이 의견만 듣고 아무것도 바꾸지 않는다는 걸 이미 경험했다. 제발 나를 다시 부르지 말아 달라."라고 벌컥 화를 냈다. 나도 이런 일에 지쳐 있었기에 '내가 원해서 이런 간담회를 만든 줄 아느냐'라고 맞받아치고 싶었지만, **을(乙)끼리 싸우는 것만큼 슬픈 일도 없기에** 입을 꾹 다물었다.

불행하게도 이런 종류의 헛된 일은 만들어내자고 마음먹으면 한도 끝도 없다. 갑자기 산업을 선도할 정책을 발표해야 한다고 호들갑을 떨며 한 달 안에 중기 발전계획을 만들어내라고 닦달한다거나, 과장급에서 챙길 만한 실무의 일에 세세하게 개입하는 식이다. 이미 부처의 입장 정리가 끝난 법안 검토의 세부 내용에까지 관여하여 수정을 요구하고, 예산안의 세부 항목 숫자 하나하나를 직접 조정하겠다고 나선다. 국회에 제공할 질의응답 문서의 세부 문구까지 본인이 일일이 정할 때도 있다. 국장 보고까지 어렵게 끝낸 자료를 실장이 별다른 이유도 없이 다시 뒤집는 이 모든 상황은 실장 휘하의 100여 명의 공무원뿐 아니라 중앙부처의 업무를 보좌하는 산하기관의 업무 부담으로 돌아간다. 비효율은 정책이 집행되는 라인을 타고 배증한다.

공직에서 그 끝이 얼마 남지 않은 1급 공무원의 처지에서는 자신의 존재감을 과시하기 위해 어떤 일이라도 벌여야 한다. 일반직 공무원에서 정무직 차관으로 신분이 상승하려면, 지금까지의 승진과는 다르게 대통령실과 장관 등 정권의 눈에 쏙 들어야 하기 때문이다. 행정고시를 붙고 사무관으로 입직할 때부터 꿈꾸던 **일생일대의 출세**가 눈앞에 있는데 그 기회를 간발의 차이로 허무하게 날릴 수는 없는 일 아닌가. 공직의 커리어를 어디에서 마감하느냐에 따라 퇴직 후 갈 수 있는 자리의 '급'도 결정되기 때문에 이건 단순히 명예의 문제만은 아니다.

「국가공무원법」 제68조에 따르면, 공무원은 본인의 의사에 반하여 면직할 수 없다. 일반직 공무원의 의사에 반한 신분 조치를 엄격히 금지하여 정치적 중립성을 보장하려는 취지다. 단, 1급 공무원은 예외다. 그쯤 올라가면 정무직 공무원에 준한다고 보아 신분을 보장하는 수준이 낮아지기에 정권의 분위기 쇄신을 위한 물갈이 대상이 되기도 한다. 과거에는 이 모든 상황을 고려하여 차관을 달지 못하면 본인 스스로, 혹은 타의로 후배들의 승진길을 열어주기 위해 용퇴를 결심하던 '낭만적인' 문화도 있었다. 그래서 1급은 통상적으로 '굵고 짧게' 2년 내외로 승부를 보는 자리였다.

하지만 세상은 달라졌다. 관료 출신이 가던 산하기관장과 같은 자리들이 정치권 인사 몫으로 돌아가는 등 '낙하산 자리' 경쟁이 치열해지면서 퇴직 후 재취업이 녹록지 않아졌기 때문이다. 자칫 후배들을 위해 용퇴라도 했다가 재취업을 하지 못하면, 60대 초반에 연금을 수령하기 이전까지 소득 공백에 시달릴 수도 있으므로 어떻게든 정년 가까이 버티려는 문화가 팽배하다. 게다가 문체부 블랙리스트 사건에서 1급에 대한 사직 강요가 직권남용에 해당한다는 기소와 판결이 나온 것도 공직사회 전반에 큰 영향을 미쳤다. 이러한 상황에서 고위공무원들은 더 이상 선배로서 자리를 내어주는 미덕을 실천하지 않는다. 이제는 자신의 생계를 위해서라도 정년까지 자리를 지키려는 경향이 강해졌고, 그럴수록 공직사회는 점점 더

나라를 위해서 일한다는 거짓말

경직된 구조 속에 갇히고 있다.

중앙부처에서 1급 공무원 등 고위공무원의 숫자는 해당 부처가 공직사회에서 차지하는 위상을 나타내며, 직원들의 승진과도 관련이 깊다. 현원 대비 고위공무원의 비율이 높을수록 승진에 드는 기간이 짧고, 한 번 올라가면 고위공무원단에서 오래 머물 수 있기 때문이다. 그래서 중앙공무원교육원에서도 신입 사무관들에게 인기가 많은 곳은 대개 현원 대비 고위공무원의 비율이 높다.

당연한 이야기지만, 현원 대비 고위공무원의 비율이 높다고 해서 유능한 조직은 아니다. 오히려 그 순서는 반비례 관계에 가까울 수도 있다. 이는 관료제가 가진 조직의 확장적 속성을 예리하게 포착한 '파킨슨의 법칙'을 떠올려 보면 쉽게 알 수 있다. 영국의 해양 사학자 시릴 노스코트 파킨슨(Cyril Northcote Parkinson)은 제국주의 활동이 줄어드는 영국의 해군에서 오히려 인력은 늘었다는 사실에 주목했다. 그는 결과적으로 하는 일은 똑같은데도 실무와 거리가 먼 관리직을 중심으로 자리만 자꾸 늘어나던 영국 해군 조직을 분석한 뒤 파킨슨의 법칙을 만들었다.

파킨슨은 관료제에서 관리직을 중심으로 조직이 확장되는 메커니즘을 '부하배증의법칙'과 '업무배증의법칙'으로 설명했다. 공무원은 일이 많을 때 동료보다는 부하 직원을 늘리기를 원하고(부하배증의법칙), 부하 직원이 늘어나면 지시와 보고받는 과정이 파생되어 결국 서로를 위한 쓸데없는 일거리가 늘어난다(업무배증의법칙). 여기서 중요한 것은 실제로 공무원 수와 업무량 사이에 반드시 직접적인 상관관계가 성립되지는 않는다는 점이다. 전체 공무원 수의 증가는 파킨슨의 법칙에 의해 좌우되며, 그 수는 업무량이 늘어나거나 줄어들거나 혹은 업무가 아예 없어져도 크게 달라지지 않는 경향이 있다.[8] 이러한 논리를 대한민국 정부에 적용한다면, 현원 대비 고위 공무원의 비율이 높아 인기가 많은 부처일수록 '파킨슨의 법칙'이 작동하여 비효율성이 증가했을 가능성이 크다는 결론에 도달할 수 있다. 흔히들 업무량이 많기에 고위공무원이 많다고 생각하기 쉽지만, 파킨슨에 따르면 그렇지 않을 수도 있다. 업무량과는 무관하게 그저 조직이 관리직을 중심으로 확장된 결과일 가능성이 크다는 것이다.

공직사회에는 '직업이 실·국장'이라는 말이 있다. 끝내 차관으로 영전하지 못한 1급 공무원이 2급으로 몸값을 낮춰가며, 결국 퇴직할 때까지 실·국장으로만 10년 이상 버티는 고위공무원을 가리키는 말이다. 문자 그대로 해석하자면 30여 년의 공무원 생활 중 3분의 1 이상인 10년 이상을 고위공무원으로 재직하는 셈이니 실·국장이 직업으로 여겨질 만큼 익숙하다는 중립적인 의미를 띤다고 볼 수 있다. 그러나 승진에 목마른 후배들의 처지에선 끝까지 자리 욕심을 내는 선배들을 조롱하는 의미가 더 크다.

8   시릴 노스코트 파킨슨, 김광웅 옮김, 『파킨슨의 법칙』, 21세기북스, 2019, p.26~31

후배들은 이미 알고 있다. 조직에서 그 사람의 시효는 다했고, 그가 갑자기 차관으로 승진하는 일 따위는 벌어지지 않는다는 걸. 하지만 '직업이 실·국장'인 분들은 후배들의 눈총 따위는 개의치 않는다. 『미생』의 명대사, '회사가 전쟁터라면 밖은 지옥이라는' 한국 사회의 격언을 마음속에 되새기며 날이 궂으나 좋으나 오늘도 꿋꿋이 출근한다. 이렇게 관성에 갇혀 버린 공직사회는 본질적인 변화를 거부한 채, 비효율의 악순환을 이어간다. 문제의 핵심을 관료들이 모르는 게 아니다. 그들은 너무 잘 알고 있다. 자신에게 가장 유리한 생존 전략이 바로 이 비효율이라는 사실을 말이다.

몇 년 전 코로나19로 인해 가장 극적인 피해를 본 분야는 단연 공연
이다. 예술경영지원센터 공연예술통합전산망에 따르면, 코로나19
감염병 경계 위기 경보가 발령된 2020년 1월 5주 차의 공연예술 관
람 예매에 대한 취소율은 64.5%, 다음 주인 2월 1주 차의 예매 취소
율은 무려 97%에 이르렀다.[9] 사실상 감염병의 확산으로 인해 공연
예술 업계가 송두리째 문을 닫아야 했던 셈이었다.

  당시 대중음악업계는 사회적 거리두기로 오프라인 활동이 중단
되고 국경이 막혀 케이팝 가수들의 월드 투어가 줄줄이 취소되는
가운데에서도 발 빠르게 답을 찾아냈다. 바로 온라인 공연이었다.
2020년 4월 SM 엔터테인먼트의 세계 최초 온라인 전용 유료 콘서

---

9   통계청, 「한국의 사회동향 2020」, 2020. 12., p.253

트를 시작으로, 방탄소년단(BTS) 등이 랜선을 통해 전 세계 케이팝 팬들의 안방을 찾아갔다.[10] 온라인 공연은 산업적 측면에서 새로운 돌파구라는 점도 중요했지만, 모두가 얼어붙은 시기에 음악으로 전 세계 팬들을 위로할 수 있다는 데에 더 큰 의의가 있었다.

그런데 음악 저작권료를 주고받아야 하는 상황에서 본다면, 온라인 공연은 새로운 난제였다. 온라인 공연은 「저작권법」상의 개념으로 보았을 때 실시간으로 감상한다는 측면에서는 공연, 중계가 된다는 측면에서는 방송, 인터넷 등을 통해 접속하여 본다는 측면에서는 전송이 결합한 새롭고 특수한 형태였다. 이 때문에 관계자들 사이에선 음악 저작권료를 얼마나 주고받아야 하는지에 대한 기준이 부재했다. 따라서 팬데믹 기간 내내 온라인 공연은 성업을 이뤘지만, 그에 따른 음악 저작권료는 주지도 받지도 못하는 어정쩡한 상황만 지속되었다. 업계에서는 팬데믹 초기부터 저작권료 정산을 위한 기준을 만들어 달라며 정부를 쳐다보았다.

당사자 간의 계약으로 저작권료를 정하면 되는데 왜 업계는 정부의 결정을 기다렸을까? 답은 우리나라 「저작권법」의 특수성에 있다. 다른 나라와는 달리 우리나라에서 저작권료는 수도, 전기, 통신 요금처럼 사실상 정부가 승인하는 형태로 가격을 정하기 때문이다. 따라서 음악 업계가 온라인 공연에 따른 음악 저작권료를 정산하기 위해서는 먼저 정부가 그 기준을 신설해야만 했다.

10   위의 책, p.254~255

결론부터 말하자면, 온라인 공연의 음악 저작권료에 대한 기준은 2022년 8월에야 신설되었다. SM 엔터테인먼트가 세계 최초로 온라인 전용 유료 콘서트를 시작한 2020년 4월부터 계산하면 무려 2년이 훌쩍 넘는 시간이 걸린 셈이다. 그동안 정산하지 못한 공연만 3~4백 건이었다. 음악 업계의 반응은 만시지탄(晩時之歎)이었다. 월급이 하루만 밀려도 노동청에 신고가 난무하는 세상인데, 정부 때문에 2년이 넘게 저작권료 정산이 되지 않았으니 당연한 반응이었다.

정부의 일 처리는 언제나 국민의 요구보다 늦을 수밖에 없다. 법과 제도에 명시된 절차를 준수해야 하고, 파급효과도 고려해야 하며, 때로는 이해관계를 조율해야 하기 때문이다. 하지만 항상 선의의 이유로 정부의 일 처리가 늦어지는 건 아니다. 정부가 처한 상황에 따라 일부러 처분을 부작위(不作爲, 법률상으로 어떤 행위를 해야 할 의무가 있음에도 이를 하지 않는 것)하며 시간을 끄는 경우도 많다. 축구 경기 후반전 막판, 이기고 있는 팀의 선수들이 시간을 소비하기 위해 지능적으로 볼을 돌리는 것처럼, 관료는 해야 할 일을 하지 않고 교묘히 시간을 끄는 방법을 안다. 여기서 핵심은 **아무것도 하고 있지 않지만 무언가 하는 것처럼 보여야 한다는 것**이다. 업계는 물론 언론, 국회 등 '시어머니의 눈'을 속여야 하기 때문이다.

자세한 설명을 위해 다시 온라인 공연의 음악 저작권료 이야기로 돌아가자. 정부가 공식적으로 이 문제에 대한 논의를 시작한 건 2020년 11월이었다. 한국저작권위원회는 저작권 학술대회를 열어

온라인 공연에서의 저작권 쟁점에 대해 논의했다. 그리고 2020년 12월, 한국음악저작권협회는 공식적으로 온라인 공연에 대한 음악 저작권료 규정 신설을 승인해 달라고 정부에 요청했다.

정부는 규정 신설에 대한 논의를 업계의 관계자들이 모두 참석하는 음악산업발전위원회로 넘겼다. 몇 차례 회의 끝에 나온 결론은 위원회에서 당장 어떤 의견을 결정하기 어려우니 정책 연구용역을 하자는 것이었다. 결국 2021년 7월 정책 연구용역은 발주되었고 2021년 12월이 되어서야 마무리되었다. 그리고 음악산업발전위원회가 주최한 세미나를 통해 정부는 연구용역 결과를 발표했다. 그로부터 4개월이 지난 2022년 4월, 「저작권법」에 따른 필수 절차인 의견 수렴과 한국저작권위원회의 심의가 시작되었고, 절차가 모두 마무리된 2022년 8월 문체부는 관련 규정을 최종적으로 승인한다.

2년간 학술대회-위원회 논의-연구용역-세미나-최종 승인으로 이어지는 정책 결정의 타임라인을 보고 있으면 정부는 답을 도출하려고 최선을 다한 것처럼 보이기도 한다. 이 정도면 정부를 쥐 잡듯 감독하는 국회나 언론의 시각에서 봐도 시비를 잡기 어려울 정도이다. 하지만 악마는 디테일에 있다. 과정을 꼼꼼히 따져보자.

먼저 학술대회나 세미나는 사실상 의사 결정과 무관한 일회성 행사에 불과했다. 위원회는 또 어떤가. 1년 이상 논의를 붙잡고 있었지만, 사실상 위원회가 내린 결론은 없었다. 정부가 결정한 온라인 공연에 대한 음악 저작권료 기준을 보면 정책 연구용역 역시 꼭 필요했는지 의문이 든다.

정부는 온라인 공연의 음악 저작권료를 기존의 오프라인 공연과 마찬가지로 매출액의 3%로 정했다.「저작권법」상의 개념으로 보면, 온라인 공연은 오프라인 공연과 구별되지만, 사실상 온라인 공연은 오프라인 공연을 그저 온라인상에서 하는 것에 불과하기에 사업 구조상 본질적 차이가 없다고 보아 동일한 음악 저작권료를 받으라는 논리였다. 이 정도는 국내에서「저작권법」에 그 누구보다 숙련된 한국저작권위원회가 교수, 로펌, 업계의 자문을 받아 몇 개월의 심의로 충분히 결론 낼 수 있는 사안이었다. 정부는 몇 달이면 결론을 낼 수 있는 사안을 두고 위원회와 연구용역 등을 통해 시간을 끌어 2년을 버텼다.

정부가 시간을 끌었던 이유는 무엇일까? 그건 바로 행정소송에 대한 트라우마 때문이었다. 문체부는 2020년, 넷플릭스, 티빙 등 OTT 서비스 업체가 내야 할 음악 저작권료를 결정했다. 그러자 사업자들은 정부의 결정에 대해 저작권료가 비싸다며 문체부를 상대로 행정소송을 제기했다. 그간 한국음악저작권협회 등이 정부가 결정한 저작권료가 너무 낮다며 행정소송을 제기한 적은 있지만, 저작권료를 내야 할 사업자들이 행정소송을 제기한 적은 처음이었기 때문에 양쪽에서 공격받는 신세가 된 정부는 상당히 위축되었다. 저작권료를 내는 사업자, 저작권료를 받는 창작자 모두에게 정부의 결정이 권위를 상실할 수 있다는 우려가 증폭되었다.

온라인 공연에 대한 음악 저작권료 신설은 그 행정소송 이후 정부가 처음으로 저작권료를 결정해야 할 굵직한 사안이었다. 행정소송

나라를 위해서 일한다는 거짓말

의 여파가 잦아들 때까지 정부는 최대한 결정을 미루고 싶었고, 혹여라도 또다시 행정소송을 당할까, 실무자들 역시 결론짓기를 주저했다. 2년간 해당 업무를 담당하는 사무관은 두 번이나 바뀌었다. 위원회에서 논의를 시작한 사무관, 연구용역을 진행한 사무관, 그리고 저작권료를 최종적으로 결정한 사무관이 모두 달랐다. 그리고 나는 그중 마지막 사무관이었다. 대체 언제 정부의 결정이 나오는지 묻던 대중음악업계 사람들의 냉소적인 표정은 아직도 잊을 수가 없다. 그들의 표정에선 업계가 정부를 바라보는 온도가 날것 그대로 느껴졌다.

정책 연구용역은 정책이나 사업의 전문성을 높여 그 타당성을 확보하기 위한 목적으로 공직사회에서 폭넓게 추진된다. 국민권익위원회에 따르면 2017년 기준 공공 부문이 수행한 정책 연구용역은 6,452건, 금액은 약 4,600억 원이었다. 정책 연구용역 건당 평균 금액은 약 7천만 원이 넘는다.[11] 이 중 정부가 정말 답을 몰라서 의뢰하는 연구용역이 얼마나 될까? 정부가 시간을 벌기 위해, 혹은 책임을 분산하는 면피성 전략을 짜기 위해 연간 거의 수천억 원의 예산을 정책 연구용역에 사용하고 있다는 것을 국민은 알고 있을까?

설사 정부가 정말 모르는 문제에 대한 답을 찾고자 연구용역을 수행하려고 해도, 제대로 연구를 수행할 주체를 찾기조차 어려운

---

11 국민권익위원회 보도자료, 「매년 수천억원 쓰는 '깜깜이' 정책연구용역 결과 공개 확대된다」, 2018. 10. 22.

경우도 많다. 애당초 정부가 궁금해하는 문제에 대해 제대로 알고 있는 연구자가 없는 경우도 허다하기 때문이다. 연구를 수행할 적임자가 금액이나 상황 때문에 정부의 연구용역을 꺼리는 경우도 다반사다. 상황이 그렇다 보니 자연스럽게 연구용역은 그 수행에 대한 경쟁이 치열하지 않아 정부출연연구소나 정부 용역에 친화적인 특정 교수에게 몰린다. 실제로 국민권익위원회에 따르면 2013년부터 2017년까지 5년간 공공기관 등 공직유관단체의 연구용역 수의계약 건수는 17,374건 중 59.3%인 9,793건에 이르며, 그중 한 기관이 5회 이상 연구를 수행한 경우는 22.5%인 2,204건에 이르렀다.[12] '그 나물에 그 밥'이란 말처럼 매번 같은 기관과 연구자가 하는 연구용역에 정부가 모르는 번뜩이는 아이디어가 담겨 있을 리 만무하다. 지금도 상황은 크게 다르지 않다.

위원회도 그 효용에 비해 지나치게 많다. 행정안전부가 발간한 「2024년 행정기관 위원회 현황」에 의하면 법률과 대통령령에 근거한 행정기관위원회는 2024년 6월 말 기준 총 590개에 달한다. 위원회 중 법률에 따라 행정기관 소관 사무의 일부를 부여받아 독자적으로 권한을 행사하는 행정위원회는 40개, 행정기관 자문에 응하여 전문적인 의견을 제공하거나 심의, 조정, 협의하여 행정기관의 의사결정에 도움을 주는 자문위원회는 550개이다.[13] 행정위원회는 소청

---

12   위의 자료, p.3

13   행정안전부, 「2024년 행정기관 위원회 현황」, 2024. 8., p.1

심사위원회와 같이 사실상 행정기관에 준하는 성격을 갖기 때문에 고유의 역할을 가진 경우가 대부분이나 위원회 중 대부분을 차지하는 자문위원회는 그렇지 않다. 유사 중복된 경우도 많고, 운영 실적이 저조하거나 단순 자문의 성격을 갖는 등 필요성이 떨어지는 위원회 역시 적지 않다.

　정부의 위원회를 총괄 관리하는 행정안전부는 이러한 문제에 대응하기 위해 지난 2022년, 행정기관 위원회 중 39%를 폐지하거나 통합한다고 발표했다.[14] 하지만 여기엔 함정이 숨어 있다. 행정안전부는 「행정기관 소속 위원회의 설치·운영에 관한 법률」에 따라 법률과 대통령령에 근거하고 있는 위원회만 관리하기 때문에 각 부처가 훈령, 예규, 고시 등에 근거하여 운영하는 위원회나 아무런 법령의 근거 없이 자체적으로 운영하는 위원회의 경우엔 그 관리 대상에서 벗어나 있다. 하지만 각 부처가 자체적으로 만들어 운영하는 위원회는 행정안전부가 관리하는 법률과 대통령령에 근거한 위원회보다 훨씬 많은 게 현실이다. 법령의 근거 여부와 관계없이 정부의 이름으로 위원을 위촉하고 세금으로 참석 수당을 주며 운영하는 위원회가 대한민국에 대체 몇 개나 있는지조차 제대로 파악하기 어렵다는 뜻이다.

　시간을 지체하고 책임을 분산하기 위한 목적의 정책 연구용역과

14　행정안전부 보도자료, 「정부위원회 636개 중 246개 (39%) 폐지·통합」, 2022. 9. 7.

위원회 운영을 막기 위해서는 결국 관련 예산을 줄여야 한다. 예산이 없다면 하고 싶어도 하지 못하는 것이 공조직의 특성이기 때문이다. 하지만 공무원들은 각종 사업비 안에 연구용역과 위원회 운영 예산을 교묘히 녹여 반영하기 때문에, 예산 각목 명세서를 하나하나 뜯어 보아도 관련 예산이 어디에 얼마나 반영되어 있는지 외부에선 전혀 알 수 없는 경우가 드물지 않다. 심지어 예산을 심의하는 기재부 담당자조차 모르는 경우도 부지기수다. 국회나 언론 등 외부에서 이를 속속들이 파악하는 건 사실상 불가능에 가깝다.

직업공무원인 관료는 책임을 싫어한다. 특별히 승부를 걸어야 하는 때가 아니라면, 본인이 있을 땐 결정을 최대한 미루고 싶어 하는 것이 공무원의 태생적 속성이다. 연구용역과 위원회는 정책의 전문성과 민주성 증진을 핑계 삼아 공무원이 시간을 벌 수 있게 만들어 주는 결정의 완충지대이다. 이런 완충지대는 논의와 검토의 과정을 길게 끌며 결정을 뒤로 미루는 데 적합하다. 즉, 당장 결정을 내려야 하는 부담에서 벗어날 수 있는 **보호막**인 셈이다. 공직사회의 이러한 메커니즘을 정확하게 이해하고 있는 특정 분야의 전문가 몇몇은 그 덕분에 연구용역비에 위원회 수당까지 살뜰히 챙긴다. 이들은 반복적으로 연구용역에 참여하거나 위원회에 위촉되어, 때로는 실질적인 성과 없이도 보상을 챙기고 자기 자리를 공고히 한다.

국회에서 한 달에 한 번꼴로 열리는 상임위원회 전체 회의에는 장관이 참석하여 국회의원들의 질의에 답변한다. 국회의원은 어떤 문제에 대해 정부 차원의 대책이 있느냐고 묻는다. 장관은 관료들

나라를 위해서 일한다는 거짓말

이 써 준 답변을 한다. 연구용역을 거쳐 해결 방안을 찾아보겠다고, 혹은 민간의 전문가가 참여하는 위원회를 만들어 적극적으로 의견을 수렴하겠다고 장담한다. 국회 방송에서 중계하는 어떤 상임위원회를 틀어도 이와 같은 문답은 클리셰(cliché)처럼 반복된다. **관료의 기술**에 국회의원, 그리고 부처의 수장인 장관까지 속아 넘어간 순간이다.

세상은 반드시 위계대로 돌아가지 않는다. 제아무리 높은 자리에 있더라도 실력 없이는 제대로 하기 어려운 일이 나랏일이다. 호통밖에 칠 줄 모르는 국회의원과 일이 되게 하는 방향을 모르고 쓸데없는 디테일에 집착하는 장관의 수준으로는 책임지기 싫어하는 영리한 관료를 당해낼 수 없다. 관료는 무수한 비효율적인 관습이 일상화된 공직사회를 정확히 이해하고, 그 속에서 자신의 생존과 이익을 극대화하기 위해 영리하게 행동한다. 하지만 이러한 영리함은 우리 사회의 시급한 문제를 해결하는 데 쓰이지 않고, 오히려 단기적 성공을 위해 책임을 회피하고 결정을 미루는 데 집중된다. 이 과정에서 출세를 위한 형식적 업무에 몰두하는 관행이 반복되고 관료의 '영리한 무능'은 공직사회를 무기력하게 만든다.

자, 이제 공직사회와 관료가 마주한 현실이 조금은 생생히 다가오는가? 사회생활에 잔뼈가 굵은 사람이라면 이 모든 이야기가 새롭거나 놀랍지 않을 수도 있다. 우리나라의 큰 조직은 대부분 어떤 방식으로든 무능과 무기력을 내재하고 있기 때문이다. 더 나아가 누군가는 외려 나를 힐난할지도 모르겠다. 우리 모두 각자의 자리에서 먹고살기 위해 이 정도의 병폐는 애써 외면하며 살아가는데, 혼자 너무 유난인 것 아니냐고 말이다. 어떤 의미에선 맞는 말이다. 어느 조직에서든 개인이 처한 현실이 만만치 않다는 것은 나도 익히 알고 있다. 그러나 관료의 행태를 단순히 개인의 '먹고사니즘' 수준의 문제로 축소해서는 안 된다. 정부의 무능과 무기력은 구체적인 정책의 실패로 이어지고 그 여파는 관료제 내부를 넘어 국민의 일상, 즉 당신의 삶에 깊은 영향을 미치기 때문이다. 이 지점을 이해하기 위해서는 정책이 만들어지고 실행되는 과정을 세밀하게 들여다봐야 한다. 지금까지 공직사회 내부의 이야기를 다뤘다면 이제는 그 내부의 병폐가 외부와 맞닿아 어떻게 정책의 실패로 드러나는지 살펴볼 차례다.

나라를 위해서 일한다는 거짓말

3부

실패의 이유

15장

케이와 K 사이

A 장관은 관료 출신답게 업무에 깐깐하기로 유명했다. 보고에 들어
간 간부들은 준비를 단단히 했음에도 예외 없이 그에게 모두 깨지
고 나왔다. 장관실 바깥을 지나기만 해도 호통 소리가 모두 들릴 정
도로 매일 고성이 난무한다는 흉흉한 소문도 돌았다.

　보고서의 내용도 내용이지만, A 장관이 보고를 받으며 가장 많이
지적한 사항은 보고서 내의 외국어 남용이었다. 아무 데나 '스마트'
라는 수식어를 붙이고, 우리말로 손쉽게 대체될 수 있음에도 습관적
으로 '니즈', '인프라', '마스터플랜'과 같은 단어를 쓰고, AI, AR, VR
과 같이 우리말로 어떤 설명도 없는 알파벳 약자를 보고서에 사용하
면 예외 없이 불호령이 떨어졌다. 고유어는 아니지만 외국에서 들여
와 이미 자국어처럼 사용하여 대체되기 어려운 외래어라면 몰라도,
좀 유식해 보이거나 새로워 보인다는 이유로 공문서에서 정체불명

의 외국어를 남용하는 관료들의 태도를 그는 용납하지 않았다.

「대한민국 헌법」과 「국어기본법」에 따라 국어 사용을 촉진하고 발전의 기반을 마련할 의무를 지닌 문체부의 수장으로서 A 장관의 태도는 적절했다. 하지만 보고서를 직접 작성해야 하는 실무자는 장관의 국어 사랑이 꽤 부담인 것도 사실이었다. 특히, 외국어를 다듬은 우리말 대체어가 그 의미를 정확하게 전달하지 못하는 경우가 난관이었다. 용어의 정확한 뜻을 살리기 위해서는 외국어를 함께 적는 수밖에 없는데, 문제는 보고서의 지면이 한정되어 있다는 점이었다. 예를 들면, 거대 자료(빅데이터), 누리 소통 매체(소셜 미디어), 온라인 동영상 서비스(OTT), 짧은 영상(숏폼)와 같은 단어들이 그런 경우였다. 보고서는 대개 전체 분량으로는 한 장, 한 문단 기준으로는 두 줄 안에 보고하고자 하는 내용을 모두 풀어내야 했다. 그처럼 '뺄셈의 미학'인 보고서 작성에서 우리말 대체어와 외국어의 병기가 많아질수록 지면의 압박은 그만큼 가중되었다.

사무관들은 내용을 덜어낼 만큼 덜어냈는데도 도저히 보고서를 한 장으로 끝맺을 수 없는 상황이 오면, 고육지책으로 글자 사이의 간격인 자간을 줄였다. 그 결과 보고서 위의 글자는 출퇴근 만원 버스에 밀려 탄 승객처럼 촘촘히 붙어 읽기 불편할 지경에 이를 때도 있었다. 하지만 보고서의 효율성을 살리려 외국어만 썼다가는 장관의 불호령에 시달릴 게 뻔했기 때문에 글자가 좀 겹쳐 보이더라도 보고서의 미학을 포기하는 편이 백번 나았다.

세계 속 한국의 대중문화를 나타내는 알파벳 'K' 역시 처리하기

나라를 위해서 일한다는 거짓말

까다로운 존재였다. 'K-컬처', 'K-콘텐츠'는 그나마 '신한류'라는 용어로 대체할 수 있었지만, 그 하위 장르를 나타내는 'K-팝', 'K-드라마' 등의 용어는 사실상 우리말로 대체하기 어려운 단어였다. 누구나 아는 단어지만 올바른 국어 사용을 강조하는 분위기에서 떡하니 알파벳을 쓸 수는 없었기 때문에, 외래어 표기법에 따라 '케이팝' '케이드라마'로 쓰기도 하고, '케이(K) 팝', '케이(K) 드라마'와 같이 한글과 알파벳을 함께 적기도 했다(케이팝은 2023년 12월 『표준국어대사전』에 추가되어 표준어가 되었다).

정부 사업 명칭에 알파벳 'K'가 붙어 있는 경우는 처리하기 한층 더 어려웠다. 예를 들어, 한국 출판물의 해외 수출 온라인 플랫폼인 'K-book'이나 중소기업 제품에 공동 브랜드를 붙여 해외 판로를 개척하는 '브랜드 K'의 경우, 이미 그 자체가 특정 사업을 지칭하는 고유명사이다. 고유명사의 경우 한글이든 알파벳이든 그 명칭을 그대로 써야 함에도, 실무자들은 **장관의 한글 사랑**이라는 전체적인 분위기에 맞춰 '온라인 수출 플랫폼(K-book)', '브랜드 케이(K)'라는 식으로 최대한 알파벳을 덜 부각하는 방법을 택했다.

시간이 지나 정권이 바뀌고 취임한 B 장관은 기자 출신이었다. 그는 평생 언어를 다룬 언론인 출신답게 말이 가진 힘을 강조했다. 정책이 국민의 뇌리에 남으려면 인상적인 하나의 단어, 한 줄의 문장이 가장 중요하다는 것이 그의 지론이었다. 그에게는 올바른 국어의 사용보다는 설사 외국어나 신조어라 할지라도 인상적인 단어의 사용이 우위에 있는 가치로 보였다. A 장관의 신념과는 반대였던 셈이다. 그러다 보니 간부들은 이번엔 평이한 표현 때문에 장관 앞에서 곤욕을 치렀다. 정책을 쉽게 알리기 위해서 그동안 쓰던 단어를 버리고 그보다 새롭고 신선한 표현을 찾으라는 것이 그의 지시였다.

관료들은 이번에도 장관의 지침을 충실히 따랐다. 보고서나 보도자료에 'MZ', '중꺾마'와 같이 유행하는 신조어를 거리낌 없이 사용하는 것은 기본이었고, 알파벳 'A-B-C-D'의 앞자리를 딴 추진 전략을 만들어내기도 했다. A는 'Attractive Asset', B는 'Beyond the Boundary', C는 'Cultural Care', D는 'Dynamic Diffusion'. 누가 봐도 알파벳에 맞춰 급조해 낸 정체불명의 외국어이자 신조어로, 같은 부처의 공무원이 봐도 무슨 뜻인지 짐작조차 어려운 표현이었다. 그 외에도 '내수 활성화의 특급 엔진'이라든가 '수출 지형을 바꾸는 게임 체인저'와 같이 공무원들이 여간해서는 잘 쓰지 않는 과도한 표현까지 공문서에 속속 등장했다. 그야말로 **언어의 범람**이었다.

그중에서도 압권은 이니셜 K의 남용이었다. B 장관이 K는 세계 시장에서 프리미엄을 발휘하는 요술 지팡이라고 했기 때문에, 관료들은 오만 군데에 이니셜 K를 붙였다. 'K-관광', 'K-게임', 'K-뮤지컬', 'K-클래식', 'K-스포츠관광', 'K-공예' 등 장르마다 K를 붙인 건 그나마 양반이었다. 'K-씨름', 'K-도서관', 'K-희망사다리'처럼, 도대체 무엇을 지칭하는지도 모를 신조어가 보도자료 제목으로 버젓이 등장했다. 급기야 'K-챗GPT'가 보도자료 제목으로 등장하자, 단어가 가진 조악함에 실소가 터져 나왔다. 'K'가 우리 사회에서 갖는 지나친 국뽕의 의미를 알면서도 그걸 아무 데나 마구 가져다 쓰는 것이 적절한지의 문제는 둘째 치더라도, 국어의 발전과 계승의 책임을 맡은 대한민국 정부의 주무 부처로서 신조어를 남발하는 일은 그 자체로 창피한 노릇이었다.

A 장관과 B 장관의 재임 시기는 채 2년 정도밖에 차이가 나지 않는다. A 장관이 있을 때 정부 지원 사업 명칭에 붙어 있는 'K'를 쓰기 조심스러워 '케이(K)'라고 쓰던 관료와, B 장관이 있을 때 'K-챗GPT'와 같은 정체불명의 신조어를 만드는 관료가 사실은 같은 사람이었다는 뜻이다. 이 에피소드는 장관의 성향을 무조건 따르는 지조 없는 관료의 슬픈 단면을 보여주는 이야기지만, 여기엔 그보다 더 깊은 함의가 있다.

문체부는 국어 정책을 담당한다. 올바른 어문규범을 제정할 의무가 있지만 국어 정책의 목표는 단순히 거기서 멈추지 않는다. 결국 궁극적인 목표는 바람직한 국어 문화의 확산이다. 그렇다면 바람직한 국어 문화를 확산하기 위한 공문서 작성법은 무엇인가? 이러한 질문에 대해 국어 정책 주무 부처의 구성원들이 공유하는 의식과 체계, 철학이 없다는 것이 사실은 진짜 문제의 핵심이었다.

물론, 공직사회에서 법과 문서상의 원칙은 언제나 정해져 있다. 최대한 표준어를 사용하고 외국어의 사용을 자제하며, 필요시에는 외국어를 우리말로 다듬은 표현을 쓰면 된다는 뻔한 답변 말이다. 하지만 이는 교과서적인 답변일 뿐 실무에서 그대로 적용하긴 어렵다. 위의 예를 든 거대 자료(빅데이터), 누리 소통 매체(소셜 미디어), 온라인 동영상 서비스(OTT), 짧은 영상(숏폼)처럼 외국어를 우리말로 다듬은 표현만 사용했을 때 의미 전달이 왜곡되는 상황이 있기 때문이다. 특히 사회의 발전 속도에 따라 새로운 개념의 등장이 빨라질수록 다듬은 말로 의미가 전달되지 않는 외국어 표현을 공문서에 쓸 일이 많아진다.

그래서 실무에서 진짜 중요한 건 법과 문서상의 원칙이 아니다. 어디까지 원칙을 고수하고, 어디서부터 정확한 의미 전달이라는 언어의 고유한 목적 달성을 위해 예외를 인정할 것인지에 관하여 공직사회가 갖고 있는 공통의 생각과 의식이 있어야 중심을 지킬 수 있는 것이다. 하지만 **공통의 철학**이 부재한 공직사회는 케이와 K 사이에서, 장관의 무게 중심에 따라 너무도 쉽게 극단으로 휩쓸렸다.

뿐만이 아니다. 「국어기본법」에서 지정한 국어책임관은 보도자료가 언론에 배포되기 전에 국어 사용 전반에 대해 감수를 하지만, 장관의 성향에 따라 그 감수의 기준은 달랐다. A 장관 때는 단 하나의 외국어도 허용하지 않을 정도로 감수의 기준이 높았으나, B 장관 때는 신조어나 정체불명의 영어 약자를 사용해도 감수를 통과했다. 바람직한 국어 문화를 위한 공문서 작성을 위해 만들어 둔 절차 역시 무용지물이었던 셈이다. 이는 결코 국어책임관을 맡은 공무원 개인의 문제가 아니다. 그가 아무리 열심히 한다고 한들, 장관의 성향을 눈치챈 간부들이 그 방향으로 일제히 질주하는데 일개 실무자가 혼자 어떻게 그 흐름을 막을 수 있겠는가. 공직사회의 구성원들

나라를 위해서 일한다는 거짓말

이 뿌리 깊게 공감하는 공통의 생각과 의식이 없다면, 아무리 그럴듯한 법과 제도를 갖추고 있다고 하더라도 결국은 애초에 의도한 목적을 달성하지 못한다.

공직사회는 왜 지조 없이 흔들리는가? 정책은 왜 중심을 잡지 못하고 실패하는가? 관료들은 정치의 외풍이 너무 세기 때문이라고 답한다. 집권 세력이 바뀔 때마다 행정의 사소한 행위까지 지배하며 공무원을 줄 세우기에 그에 맞출 수밖에 없다는 하소연이다. 공무원은 영혼이 없는 것이 아니라 영혼이 없는 척을 해야 살아남는다는 뜻이다. **하지만 애초에 공직사회에 영혼이 있는가?** 앞서 예를 들었듯이, 국어 정책에 대한 주무 부처의 강고한 철학이 있었다면 부처 전체가 장관의 성향에 따라 케이와 K 사이를 극단적으로 왔다 갔다 하지는 않았을 것이다. 그러나 스스로 옳다고 믿는 영혼과 철학이 없는데 어떻게 흔들리지 않겠는가? 하나를 보면 열을 안다고, 다른 부처의 다른 정책도 상황은 별반 다르지 않을 것이다.

공직사회에는 변덕스러운 정치의 외풍을 걷어내면 직업 관료가 **본래의 유능함**을 발휘할 수 있다는 신화가 있다. 무능의 원인을 관료가 아니라 정무직과 집권 세력에 돌리는 것이다. 하지만 나는 그러한 신화에 별로 동의하지 않는다. 직업 관료의 순수한 영혼도, 유능함도 사실 그다지 본 적이 없었던 탓이다. 정치와 집권 세력은 관료를 때리며 국민에게 표를 얻는다. 마찬가지로 관료는 정치와 집권 세력의 변덕을 탓하며 자신의 무능과 철학의 부재를 교묘히 감춘다. 케이와 K 사이에서 휩쓸리는 모습을 보며 우리가 읽어야 할 진짜 함의는 바로 여기에 있다. 집권 세력과 관료는 앞서거니 뒤서거니 하며 서로 든든한 방패막이 역할을 한다는 것. 관료는 순진한 피해자의 얼굴을 하고 있지만 사실은 정책 실패의 **지능적 공범**이라는 사실 말이다.

나라를 위해서 일한다는 거짓말

세종문화회관 뒤편에는 '한글가온길'이 있다. 금호아트홀과 한글학회 사잇길에서 시작하여 주시경 집터를 지나 세종문화회관으로 이어지는 위치다. 한글가온길은 관광 자원의 확대를 목적으로, 서울시가 세종대로 주변의 한글에 관한 이야기를 담은 조형물과 안내문 등 편의시설을 설치하며 붙인 이름이다.

　조형물은 길 곳곳에 있다. 여기가 한글가온길이라는 사실을 모르는 사람은 제대로 의식하지 못할 정도로 조그맣거나, 일반적인 시선에서는 찾기 어렵게 숨겨져 있지만 말이다. 조형물을 찾기 어려운 건 우연이 아니다. 거대한 조형물이 보행을 방해하고 시간이 지나 관리가 느슨해지면 자칫 흉물로 변할 수 있다는 인식을 가지고 일부러 작은 조형물을 곳곳에 숨겨놓듯 만들었다. 물론 작은 조형물을 구석구석에서 찾는 재미도 의도했다.

한글가온길에 대해 이토록 잘 아는 이유는, 수습 사무관 신분으로 서울시청에 지방연수를 나갔을 때 내가 맡았던 첫 번째 업무이기 때문이다. 예년의 지방연수는 한 달 정도 형식적으로 진행되어 지자체를 그저 방문하는 데 의의를 두었다. 하지만 내가 연수원에 있던 해에는 중앙부처에서 일할 수습 사무관들이 지방행정을 제대로 알고 공직을 시작해야 한다는 의미로 6개월간이나 지자체에서 실제로 근무하였다. 6개월은 긴 시간이다 보니 수습 사무관도 일정한 업무를 할 수밖에 없었고, 나는 서울시청에 소속되어 한글가온길의 홍보 및 관리 업무를 맡게 되었다.

지금도 한글가온길을 걸으면 10여 년 전 수습 사무관 시절, 청춘의 기억이 고스란히 되살아난다. 그중에서도 빼놓을 수 없는 기억은 '런닝맨' 촬영이다. 외국인 관광객에 대한 홍보를 위해 광장시장, 남산과 같은 유명 관광지와 한글가온길을 엮어 서울시에서 '런닝맨' 측에 협찬하는 조건으로 촬영 장소를 제공했다.

한글가온길에서의 런닝맨 촬영은 한겨울 새벽부터 시작되었다. 나는 스태프와 출연진에 앞서 걸어 나가며 촬영의 동선을 안내하는 일을 맡았다. 한낮이 되어도 영상의 기온을 회복하지 못한 추운 날씨였다. 머리부터 발끝까지 중무장하여도 칼바람이 불 때마다 손과 발끝이 얼어붙었지만, 남산타워와 한양도성, 한글가온길 등 서울 도심의 복잡한 촬영 동선을 따라 택시를 잡아타고 하루 종일 동분서주하느라 추운 줄도 몰랐다. 수많은 사람의 고생 덕분에 해가 뉘엿뉘엿 질 때쯤 광화문광장에서 촬영은 대단원의 막을 내렸다. 스태프들의 말에 의하면 그래도 그날은 촬영이 빨리 끝난 편이라고 했다.

촬영을 마치고는 삼겹살 회식을 했다. 한겨울 추위 때문에 저녁을 먹으면서도 얼굴이 발갛게 달아오른 내게, 과장은 소맥을 섞어주며 '오늘 고생 끝에 얻은 교훈 같은 것이 있느냐'라고 물었다. 나는 '연예인은 오디오를 비우지 않기 위해 촬영 중엔 어떤 말이든 끊임없이 해야 한다는 사실을 배웠다'라고 반쯤은 농담인 대답을 했다. 하지만 매사에 진지한 과장은 나의 농담에도 아랑곳하지 않고 답했다.

"중앙부처에 가서 뭔가를 지시할 때가 되면 오늘 일은 잊지 마. 아래에서 일이 어떻게 진행될지 생각하고 지시를 해. 위에서 아무 생각 없이 지시하면 아래에선 오늘 너처럼 개 같이 구르는 거야."

한겨울에 하루 종일 고생하고 온 부하 직원에게 대체 무슨 말을 하고 싶은 건지 그땐 전혀 이해하지 못했지만, 나는 대충 뜻을 이해한 척 고개를 끄덕이고 남은 소맥을 들이켰다. 고생 끝에 먹는 술은 역시 달았다.

수습 사무관이 끝나고 정식 공무원으로 임용되고 나서도 시간이 꽤 흐른 어느 날이었다. 시작은 국장이 회의에서 농담처럼 툭 던진 말이었다. 문체부가 스포츠산업을 진흥한다고 여러 가지 사업을 하지만, 정작 사람들은 스포츠산업이 무엇인지도 잘 모르니 적극적으로 새로운 형식의 홍보를 한 번 해보라는 지시였다. 정부 전체적으로 '적극 행정'이 중점 정책으로 등장한 시기였기 때문에 일종의 보여주기식 행정이 필요한 때이기도 했다. 전후 사정을 모두 아는 직원들은 국장과 눈을 마주치지 않으려 너나없이 고개를 푹 숙였다. 누가 할지를 정하는 순간만 잘 넘기면 소관이 불분명한 가욋일은 맡지 않을 수 있기 때문이었다. 결국 국장이 던진 불똥은 의례 그렇듯, 회의에 참석한 사람 중 가장 젊고 연차가 낮은 사무관인 내게로 튀었다.

국장이 던진 숙제를 어떻게 소화할지 골머리를 앓던 순간 떠오른 이름은 올블랑(Allbalnc)이었다. 올블랑은 잘생긴 남자 멤버들이 국내외 다양한 장소를 배경으로 일반인도 따라 할 수 있는 운동 콘텐츠를 올려 유튜브 등 소셜 미디어에 많은 구독자를 보유한 피트니스 전문 스타트업으로, 문체부와 국민체육진흥공단의 사업 지원을 받고 있었기 때문에 접근이 쉬울 것으로 생각했다. 다행히 그들은 흔쾌히 홍보 제안을 수락했다. 그것도 실비만 받고 말이다. 머리를 맞댄 고민 끝에 우린 문체부 사무실을 배경으로 직장인들이 쉽게 따라 할 수 있는 스트레칭 영상을 만들기로 했다. 영상의 현장감을 살리기 위해 올블랑 멤버와 문체부 직원들이 함께 출연하는 조건이었다.

촬영 디데이. 먼저 올블랑 멤버들이 촬영에 필요한 동작과 동선을 알려주었다. 하나의 동작이 15초에 불과하기에 쉽게 끝날 줄 알았는데 이게 웬걸. 음악과 동작이 끝나는 지점을 정확히 맞춰야 하고, 모든 사람의 동작이 틀림이 없어야 해서 하나의 동작을 완성하는 데만 해도 10여 차례 이상을 반복해야 했다.

촬영이 막바지로 치달을수록 운동으로 단련된 올블랑 멤버와는 달리 나를 비롯한 저질 체력의 공무원들은 팔다리도 제대로 뻗지 못했다. 멤버들은 영상이 잘 나오려면 동작은 좀 망가져도 표정만은 끝까지 웃어야 한다고 조언하며 큰 소리로 격려했다. 아마추어들을 이끌고 나가려면 평소보다 힘들 텐데도 전혀 지치지 않는 프로의 모습이었다. 완성된 영상엔 시간이 갈수록 팔다리가 오징어처럼 휘어 버린 채로 입 끝만 간신히 웃는 공무원들과 여유로운 모습의 올블랑 멤버들이 교차하여 대조되는 모습이 그대로 박제되어 있다.

런닝맨과 올블랑. 몸은 좀 고되었지만, 개인적으로는 즐거운 기억이었다. 일이 아니고서야 나 같은 일반인이 언제 유명 예능 프로그램과 몇백만 구독자를 자랑하는 유튜브 촬영에 함께해 보겠는가.

하지만 정부가 의도한 홍보 효과의 관점에서 보면 어떨까? 내가 한 일이지만, 나 자신도 좋은 점수를 주기는 어렵다. 런닝맨부터 평가해 보자. 내외국인을 막론하고, 단순히 런닝맨의 촬영지라는 이유만으로 한글가온길에 가고 싶다는 생각을 과연 누가 얼마나 했을까. 예능 방송의 촬영지로 선택하기에 앞서, 소소한 조형물 위주의 한글가온길이 수억 원을 넘나드는 정부 광고비를 들여 외국인에게 홍보할 관광 자원으로 적합하기는 했던 것일까.

올블랑은 또 어떤가. 정부와 협업했음을 명시한 해당 영상은 족히 백만 회는 우습게 찍는 올블랑의 다른 영상보다 조회 수부터 현격히 낮다. 역시 **정부가 묻으면 흥행은 어렵다**는 기존의 공식을 그대로 재현한 셈이다. 더군다나 청사를 배경으로 한 스트레칭 영상이 스포츠산업을 홍보하는 데 최선의 방법인지, 혹은 스포츠산업 자체를 왜 정부에서 홍보해야 하는지에 대한 의문까지 나아가면 나조차 설득력 있는 답을 할 자신이 없다. 그저 시키니까 어쩔 수 없이 했다는 **공무원식의** 궁색한 답변만 남는다.

우리는 정부 홍보의 과잉 시대에 살고 있다. 주말 오전, 지역 방송사의 광고는 정부와 공공기관의 이미지 광고로 채워지고, 유튜브에는 각 부처 계정으로 재미가 없어 아무도 보지 않는 홍보 영상만 잔뜩 올라온다. 최근 '충주맨'의 성공 이후에는 재기발랄한 공무원이 만드는 홍보 영상이 화제가 되기도 하지만, 정부 전체적으로 보면 그건 매우 소수의 사례다. 이러한 각종 정부 광고에 드는 예산만 2023년 기준 약 1.3조 원이다.[1] 문체부의 2023년 예산이 약 7조 원임을 고려한다면, 1.3조 원은 어마어마한 금액이라는 걸 쉽게 알 수 있다. 비록 그 1.3조 원이 중앙정부와 지자체의 광고 예산을 모두 포함하는 숫자임을 감안하더라도 말이다. 더군다나 정부의 광고 예산은 단순히 방송사 등에 협찬하는 금액의 합계일 뿐, 각 부처와 공공기관 대변인실 등에서 운영하는 조직 및 인력에 드는 경상비와 그 인력이 자체적으로 사용하는 사업비는 포함되어 있지도 않다. 따라서 정부가 홍보를 위해 사용하는 예산은 실제로 연 1.3조 원보다 훨씬 크다고 볼 수 있다.

정부는 본질적으로 홍보나 광고가 불필요한 조직이다. 민간의 기

---

1   정부광고통합지원시스템(https://www.goad.or.kr/hp/info/govAdStat.do)

업과는 달리 홍보로 인한 효과가 정부의 수입으로 연결되는 것도 아니고, 오히려 과도한 홍보비 지출은 세금만 축내는 꼴이기 때문이다. 물론 정부의 모든 홍보 업무가 필요 없다는 것은 아니다. 잘못 알려진 사실을 바로잡거나, 새로운 제도가 시행되어 국민에게 홍보해야 할 필요성이 있거나, 좋은 제도인데 국민이 몰라 혜택을 보지 못하는 경우 등에는 정부의 홍보가 당연히 필요하다.

하지만 단순히 기관의 이미지를 제고하는 광고, 각종 사업의 연례적인 홍보, 심지어는 기관장의 인지도 올리기 등에 정부가 무분별하게 세금을 동원하고 있다는 건 명백한 사실이다. 그중 최악의 세금 낭비는 단연코 기관장 홍보이다. 여기저기 아무 데나 장관의 얼굴을 가져다 넣으면 무조건 장땡이라는 식의 홍보 말이다. 실제로 각 공공기관의 유튜브 계정을 방문해 보시라. 기관장이 주인공인 콘텐츠들이 처참한 조회 수를 자랑하며 둥둥 떠다니는 모습을 볼 수 있다.

정부의 홍보 예산이 날이 갈수록 비대해진 이유는 다양하다. 정부 광고로 공생관계를 유지해야 하는 정부와 언론의 밀월관계, 국정의 실패는 대국민 홍보가 제대로 되지 않았기 때문이라는 정치권력의 어긋난 인식, 세금으로 자신의 인지도를 높이고 싶은 기관장의 도덕적 해이, 민간이 하면 그대로 따라 하는 척이라도 해야 한다는 공직사회의 그릇된 풍토 등이 복합적으로 뒤섞인 문제다.

미래도 비관적이다. 여당이든 야당이든 정권을 잡은 정치인들은 언론과의 우호적인 관계 유지를 위해 가장 효과적인 수단인 정부 광고를 확대하고 싶어 하기 때문이다. 기관 단위로 봐도 마찬가지다. 아무리 훌륭한 기관장이 온들 자신의 인지도를 올려주는 공짜 홍보를 마다할 리 있겠는가. 그러니까 이건 기본적으로 **주인-대리인의 구조적 문제**다. 주인(국민)의 세금으로 대리인(정부)이 빛나기 때문에 자체적으로 해결될 리 만무하다는 뜻이다. 최근의 긴축재정 기조 아래에서도 정부의 홍보 예산이 줄었다는 소식은 찾기 어려운 이유이기도 하다.

런닝맨 촬영이 끝난 밤, 삼겹살과 소맥을 앞에 두고 과장이 정말로 하고 싶었던 말의 의미를 이제는 어렴풋이나마 알 수 있다. 예능 프로그램의 촬영지를 쫓아다니는 건 본래 공무원의 일이 아니라는 걸 잘 알지만, 그럼에도 공직을 이제 막 시작하는 수습 사무관에게 그런 일부터 시켜야 했던 선배로서의 미안한 마음이 소맥처럼 뒤섞여 있었겠지.

정책의 본질은 홍보에 있지 않다. 게다가 정보의 유통 속도가 실시간으로 수렴하는 시대에, 국민이 제대로 알지 못해 정책이 실패하는 경우는 거의 없다. 그럼에도 정책이 실패하면 애꿎은 홍보 탓을 하는 경우가 많다. 실패의 원인을 제대로 분석하는 대신 두루뭉술하고 편한 결론으로 도피하는 것이다. 정부의 홍보는 '충주맨'처럼 잘하는 것이 정답이 아니다. 오히려 필요 없는 홍보 예산을 과감하게 줄이는 것이 정답이다. 하지만, 정치, 언론, 관료가 거미줄처럼 엮인 생태계는 홍보 예산의 수축을 허락하지 않는다. 불행하게도 우리 모두 포털 한 귀퉁이에 모기 같이 따라붙어 x 표시를 쉽게 찾

나라를 위해서 일한다는 거짓말

을 수도 없는 정부 지원 사업 배너 광고를 앞으로도 계속 봐야 한다
는 의미다.

여름의 기세가 올라가는 7월의 무더운 날씨였다. 에너지 절약 지침 때문에 청사의 냉방은 미지근했고, 사무실에 앉아만 있어도 목에 닿은 셔츠 깃이 축축해졌다. 충분한 냉방 대신 2명에 하나꼴로 제공한 선풍기 바람에선 연신 더운 바람만 밀려왔다. 도저히 일이 잡히는 날씨가 아니었고, 머리엔 얼마 남지 않은 여름휴가 계획만 가득했다. 공부를 잘해야 더운 날 시원한 곳에서 일한다는 어렸을 적 엄마의 말이 떠오를 땐 그저 쓴웃음만 나왔다.

　일의 효율이 오르지 않아 그저 퇴근 시간만 기다리는데, 한국프로축구연맹(이하 'K리그')에서 전화가 왔다. K리그가 이번 시즌 올스타전을 대신하여 세계적인 축구 선수 호날두가 포함된 유벤투스와 방한 친선경기를 갖게 되었으니 문체부 장관을 주요 인사로 경기에 모시고 싶다는 연락이었다.

통상적인 초청이었다. 야구, 축구, 농구, 배구, 골프 등 각 프로 리그의 연맹에서는 매년 올스타전이나 시상식 등 주요 행사가 있을 때마다 주무 부처인 문체부에 초청장을 보냈다. 하지만 종목 간의 형평성이나 장·차관의 바쁜 일정 등을 고려했을 때, 올스타전이나 시상식과 같은 연례적인 행사에 장관이 참석하는 것은 무리였다. 또한 아무리 호날두가 포함된 유벤투스가 방한하는 큰 경기고 이를 향한 국민적인 관심사가 높다 해도, 정부 측 인사의 특별한 역할이 없는 행사에 장관이 참석할 수는 없었다. 더군다나 경기 일정을 살펴보니 7월 마지막 주. 황금 같은 여름휴가 시즌에 일을 벌이고 싶은 마음은 요만큼도 없었다.

일반적으로는 사무관 선에서 상황을 종료할 크기의 일이었다. 하지만 전 국민적 관심이 있는 경기에 장관을 초청한 만큼, 정식 서면으로 윗선에 보고하는 편이 안전하다고 판단했다. 얼마 전 실무자의 자체 판단으로 정식 보고 없이 장관을 초청한 행사의 참석을 거절했다가 다음에 이를 알게 된 장관실의 호된 질책이 시달렸다는 풍문도 마음 한구석에서 신경 쓰였다.

보고서를 작성하기 위해 K리그에서 보내온 친선경기 관련 자료를 훑어보는데, 예상과는 조금 다른 점이 보였다. 통상적인 경우라면 K리그나 중계방송사, 혹은 리그를 스폰서하는 대기업에서 친선경기를 주최·주관하는데, 이번 경기의 경우에는 '더 페스타'라는 소규모 에이전시가 경기를 주최했다. 이런 경기의 주최에는 대규모 자금이 동반된다는 점을 고려하면 다소 의외라고 생각했지만, 민간의 계약 하나하나에 정부가 관여할 이유도, 권한도 없었기에 대수롭지 않게 생각하고 넘겼다. 다만 장관이 참석하지 말아야 할 논거를 하나라도 더 찾고 있던 입장에서는 반가운 일이었다. K리그가 직접 주관하지도 않은 경기에 주무 부처 수장이 참석할 이유가 없기 때문이다.

다행히 보고는 잘 끝났다. 장관이 참석하지 않는 방향으로 원활하게 마무리된 것이다. K리그에서는 아쉬워하며 초청 티켓이라도 보내주고 싶어 했지만 나는 완강히 거절했다. 최대 수십만 원에 이르는 고가의 티켓인 점도 마음에 걸렸고, 무엇보다 티켓을 받는 순간 경기를 공짜로 보고 싶은 동료 직원들에게 시달릴 게 뻔했기 때문이다. 아니나 다를까. 7월 내내 메신저와 사무실 전화로 혹시 호날두 친선경기 초청 티켓을 받을 수 없냐는 직원들의 문의가 줄을 이뤘고, 나는 세상이 어느 때인데 아직도 공짜로 그런 걸 구하느냐며 신나게 면박을 줬다.

친선경기는 엉망이었다. 교통 상황이 지체되어 경기 시작 시각이 한 시간가량 지체되었고, 불법 스포츠 도박 광고가 에이 보드에 걸려 TV 생중계에 노출되는 사고가 있었으며, 무조건 출전하기로 계약이 되어 있다던 호날두가 끝내 경기에 모습을 드러내지 않았다. 지금도 사람들이 생생하게 기억하는, 이른바 '호날두 노쇼' 사건이다.

금요일 퇴근 후 홀가분한 마음으로 거실 소파에 드러누운 채 경기를 보기 시작했던 나는 중계가 끝날 때쯤엔 자세를 고쳐 앉을 수

나라를 위해서 일한다는 거짓말

밖에 없었다. 내 앞에 다가온 거대한 불운을 직감했기 때문이다. 경기가 끝나자마자 인터넷은 사람들의 분노로 들끓었다. 대중의 분노만큼 정치권도 발 빠르게 움직였다. 다수의 의원실에서 정부를 향한 자료 요구가 빗발쳤는데, 공교롭게도 가장 먼저 요구한 자료는 장·차관 등 고위공직자의 경기 참석 여부 및 정부의 초청 입장권 수령 여부였다. 국민적인 이슈인 만큼 정부를 어떻게든 엮어 자극적인 보도자료를 내거나 최소한 언론에 흘리기 위한 전형적인 그물망식 자료 요구였다. K리그의 호의를 거절하기 망정이었지, 혹여 한 장의 초청 티켓이라도 받았더라면 그 당시 분위기를 비춰 볼 때 국민적 질타의 대상이 되었을 뿐만 아니라 「김영란법」에 의한 처벌에서 벗어나지 못했을 것이다.

하지만 그건 시작에 불과했다. K리그와 '더 페스타' 간의 계약서 등은 기본이고, '지난 10년간 K리그 친선경기에 관한 자료 일체'와 같이 광범위하고 무성의한 자료 요구가 줄을 이었다. 요구하는 시한도 매우 촉박했기 때문에 의원실의 요청에 대응하는 것만으로도 다른 일들은 쳐다도 보지 못할 지경이었다.

사실, '호날두 노쇼'와 관련한 민간의 계약서나 K리그 친선경기 등에 관한 자료를 정부에서 보유하고 있을 리는 만무하다. 그럼에도 국회가 정부에 자료 제출을 요구하는 이유는 관련 법령의 구조 때문이다. 「국회법」, 「국회증언감정법」 등에 따르면 국회는 민간이 아닌 정부에 광범위한 자료 제출 요구 권한을 갖고 있고, 정부는 「민법」 등에 따른 감독 권한을 통해 민간 사단법인(이 경우 'K리그')에 자료 제출을 요구할 수 있다.

이 과정에서 가장 괴로운 사람은 정부의 실무자이다. 주말과 밤낮없이 의원실의 자료 요구와 연락에 대응해야 하고, 국회가 행정부 견제와 감독 기능을 수행하는 권한이 있다는 이유로 때로는 상스럽고 무례한 보좌진들의 언행 또한 감수해야 한다. 더군다나 국회가 행정부에 '갑질'을 하는 만큼 정부가 민간을 상대로 '갑질'을 하기는 어렵다. 객관적으로 보더라도 국회의 자료 요구는 지나친 정도를 한참 넘겼다. 당연히 민간에서는 이를 모두 받아들이지 않기 때문에 정부는 국회와 민간 사이에서 샌드백 역할을 자처할 수밖에 없었다.

사건이 있은 지 1주일이 채 지나지 않아 대충의 윤곽이 드러났다. 계약서상에는 호날두의 45분 이상 출전 의무가 명시되어 있음에도 유벤투스와 호날두는 일방적으로 해당 의무를 이행하지 않았던 것이다. 또한 '더 페스타'와 유벤투스, '더 페스타'와 K리그 간의 계약서에서 호날두가 45분 미만으로 출전할 때를 대비한 위약금 조항도 확인되었다.

민간에서는 발 빠르게 움직였다. 경기를 관람한 사람 중 일부는 경기의 주최·주관사인 '더 페스타'를 상대로 티켓 가격의 일부를 돌려달라며 민사소송을 제기했다. 논란의 크기에 비해 실체적인 진실은 비교적 단순한 사건이었다. 실패한 스포츠 이벤트였고, 그 대가는 서로 간에 계약으로 명시한 위약금으로 책임지면 될 일이었다. 상처받은 팬들의 마음이 안타깝기는 했으나 소송에 의한 구제 이외에 대한

민국 정부가 공적으로 개입하여 누군가에게 감독 권한을 행사하거나 혹은 법령을 개선할 시사점이 있는 사건은 아니었다.

이쯤 되자 많은 의원실이 흥미를 잃어버렸다. 하지만 아직 포기하지 않은 의원실도 있었다. 여러 정황상 K리그도 '더 페스타'와 함께 실질적인 친선경기 주관사로 보이기 때문에 공동 책임을 져야 하고, 정부는 K리그의 책임을 확인하기 위한 감사를 당장 시작해야 한다는 주장을 펼쳤다. 그러나 계약서상 주최·주관사인 '더 페스타'와 경기 참가팀인 'K리그'는 명백하게 구분되는 주체였기 때문에 이는 무리한 주장이었다. 그렇지만 아직도 그해 여름을 생각하면, 왜 정부에서 K리그를 비호하느냐며 수시로 전화해 다짜고짜 호통을 쳐대던 비서관의 목소리가 떠오른다. 그때마다 나는 죄지은 사람처럼 상대방이 제풀에 지칠 때까지 조용히 듣기만 했다. 이성적인 대화를 도저히 기대할 수 없었기 때문이었다. 다행히 국정감사 기간이 시작되고, 다음 총선을 위한 후보 공천 시즌이 막을 올리며 상황은 종료되었다.

스포츠 팬들의 분노가 집중되는 사건을 맡아 본 건 '호날두 노쇼' 사건이 처음은 아니었다. 그로부터 일 년 전, 선동렬 감독의 아시안게임 야구 대표팀 선수 선발에 관한 논란에 대응한 경험이 있었다. 논란은 선수 선발 때부터 불거졌다. 일부 야구팬은 선동렬 감독이 실력이 아닌 병역 혜택 등을 고려하여 선수를 선발했다고 비판했다.

아시안게임에서 금메달을 목에 걸었음에도 비난 여론이 가라앉기는커녕 논란은 걷잡을 수 없이 확산하였다. 다수의 의원실에서는 정부와 한국야구위원회(이하 'KBO')를 대상으로 선수 선발에 관한 모든 자료 등과 함께 선동렬 감독의 연봉과 판공비 등 논란과는 무관한 자료 일체를 요구했다. 그리고 국회는 기어코 선동렬 감독을 국정감사장에 증인으로 세웠다.

국정감사 당일, 여론은 반전되었다. 국회의원들이 한국 야구의 전설인 선동렬 감독을 상대로 그의 전문성과 인격을 무시하는 발언을 일삼자 야구팬들은 총구를 돌려 국회의원들에게 포화를 퍼부었다.

정부의 실무자 입장에서 '선동렬 감독 논란'은 '호날두 노쇼' 사건보다 대응하기 훨씬 까다로운 사건이었다. '호날두 노쇼' 사건은 대중적인 비난의 화살이 호날두와 유벤투스 등 정부의 감독 범위에서 벗어난 대상에 집중되어 있어 국회나 언론에서도 정부와 그 사건을 연결하기 쉽지 않았다. 반면 '선동렬 감독 논란'은 KBO와 국가대표 감독에게 비난이 집중되었기 때문에 그들을 감독하는 상급 기관인 정부가 나서야 한다는 목소리가 힘을 받기 쉬운 상황이었다. 국정감사를 계기로 여론이 급히 반전되었기 망정이지, 만약 여론이 계속 좋지 않았다면 정부가 KBO를 상대로 왜 특정 선수를 뽑았고 어떤 이유로 특정 선수를 뽑지 않았는지에 대해 감사라도 벌여야 할 판이었다.

하지만 냉정하게 선동렬 감독 논란을 바라보면, 이게 과연 정부가 개입할 일인지 의문이 들 수밖에 없다. 대한민국 최고의 선수 출신 감독이 코치진과 상의하여 국가대표팀 선수를 선발하였다. 이는

나라를 위해서 일한다는 거짓말

회의록과 회의 자료에서 확인할 수 있는 객관적인 사실이다. 대표팀 선수 선발 결과가 일부 야구팬들의 마음에 들지 않는다고 해서 감독이 누군가에게 부정한 청탁을 받고 선수를 선발했다는 논리로 바로 연결될 수 있을까? 게다가 부정한 청탁을 받고 선수를 선발했다는 논리를 주장하려면, 그렇게 주장하는 측에서 그에 합당한 증거를 제시해야 한다. 하지만 고작 제시하는 증거가 선수 선발 회의 자료에 있는 오타 몇 개라면 과연 부정 청탁과 선발이 합당한 의문이라고 볼 수 있을까? 오히려 사안과 무관했던 감독의 '무제한 판공비' 관련 의혹을 제기한다거나, 현장이 아닌 TV로 리그 경기를 보며 선수를 체크한다는 지엽적인 사실 등으로 감독을 공격하는 것은 어떻게든 여론을 등에 업고 당사자를 흠집 내기 위한 쇼의 한 장면에 불과했다. 그런데 단순히 여론이 안 좋다는 이유만으로 정부가 그러한 쇼에 장단을 맞춰야 하는가?

선동렬 감독 논란에서 보듯, 여론은 언제나 급변한다. 대중과 스포츠 팬들은 그럴 수 있다. 대중의 변덕은 어제오늘 일이 아니고, 스포츠 팬들의 스타와 종목에 대한 애증은 굉장히 복잡해서 논리로 판단할 일이 아니다. 하지만 진짜 문제는 여론의 폭발성을 무분별하게 공적 영역으로 끌고 들어와 자신의 이름을 언론에 알리려는, 포퓰리즘(populism)에 능한 정치인들이다. 그들은 그저 기사에 한 줄이라도 나올 만한 이슈를 가져와 **선악 구도의 문제**로 치환하는 데 능하다. 정치인은 정의의 사도, 정부는 문제 해결을 포기한 무능한 감독자로 프레이밍하기 위해 국정감사장 등에서 장관이나 증인을 앞에 두고 소리를 질러 댄다. 국민이 국회에 막강한 권한을 부여한 취지와 목적을 완전히 망각한 채 말이다. 그리고 여론이 잠잠해지면 언제 그랬냐는 듯 하이에나처럼 또 다른 이슈를 찾아 헤맨다.

국회의 무분별한 자료 요구도 문제가 많다. 「국회법」 등을 보면 개별 국회의원실은 자료 요구의 주체가 아니며, 상임위원회가 의결을 통해 자료 요구의 주체가 될 수 있다. 그럼에도 현실에선 개별 국회의원실이 위원회의 의결 없이 자료를 요청하고, 행정부는 '을'의 입장에서 임의 제출 형태로 이를 따른다. 위원회의 의결이라는 최소한의 국회 내부 절차도 생략하다 보니, 목적과 의도를 밝히지 않고 행정부의 공문서 목록 일체 등 과도한 자료를 스스럼없이 요구한다.

요구하는 자료의 분량도 상식에서 벗어난 경우가 많다. 예를 들어, 10년 치 자료를 모두 인쇄하여 의원실로 제출하라는 식이다. 이는 명백히 정부의 실무자를 길들이기 위한 일종의 갑질 수단이다. 이 모든 과정은 행정력 낭비로 이어진다. 의도와 목적을 모른 채 국회에 제출하기 위해 만들어야 하는 자료, 그리고 이 자료의 제출을 위해 만들어야 하는 내부 보고자료 등 그 낭비의 범위는 끝이 없다.

더 큰 문제는 이 모든 일이 정책 목표나 공익과는 전혀 관련 없는 헛짓거리라는 점이다. '호날두 노쇼' 사건과 '선동렬 감독 논란'에 정부가 대응하는 일이 대체 스포츠산업의 발전이나 국가대표 경기력 향상과 어떤 관계가 있단 말인가? 국회가 나서지 않아도 어차피

　　　　　　　　　나라를 위해서 일한다는 거짓말

'호날두 노쇼' 사건은 법원의 판단이, '선동렬 감독 논란'은 (팬들의 민심이 가라앉을 때까지의) 시간이 해결해 줄 문제였다.

국회나 여론에 대응하는 정부 내부의 리더십도 문제가 많다. 장관 등 고위공직자는 국회와 여론이 무엇이라고 하든 해당 이슈가 정부가 관여할 문제인지 아닌지를 정확하게 판단해야 하고, 관여할 문제가 아니라고 판단한다면 언론이나 국회에 그러한 의사를 단호히 밝힐 의무와 권한이 있다. 고위공직자들이 그 '가르마'를 제대로 타 줘야 행정력의 낭비를 줄이고 조직이 정책 목표에 걸맞은 진짜 일을 해낼 수 있기 때문이다. 즉, 고위공직자가 정책의 우선순위를 명확히 구분하고 불필요한 논란에 실무자가 시간을 낭비하지 않도록 이끌어야 한다는 의미다. 그 경계를 제대로 설정해야 조직의 역량이 본래의 목표에 집중될 수 있다.

그러나 내가 '호날두 노쇼' 사건과 '선동렬 감독 논란'에서 경험한 바에 의하면, 고위공직자 그 누구도 문제를 단호하게 끊어주지 않았다. 국회의원의 공세에 그저 '살펴보겠다'라는 식의 원론적인 답변만 반복했고, 내부적으로도 어떤 기조와 방향을 잡아서 대응하라는 아무런 지시가 없었다. 그러다 보니 실무자는 바텀업(bottom-up) 식으로 언론에서 제기하는 모든 쟁점에 대한 자료만 무한히 생산한 뒤 국회와 언론에 시달릴 수밖에 없는 상황에 몰릴 수밖에 없었다. 관료로서 자신의 일에서만큼은 누가 뭐라 해도 자존심을 지켜야 한다는 **기라성 같은 선배들의 가오**는 술자리에서나 통했을 뿐, 정작 현장에서 절실히 필요할 때는 공허했다.

사건에 대응하는 일련의 모습에서 공직사회의 본질적인 문제는 더욱 뚜렷해진다. 중요하지 않은 일에 행정력을 쏟아붓고, 정책 목표와는 무관한 헛된 일에 시달리는 동안 정부는 정작 필요한 변화를 만들어내지 못한다. 여기에 선악 구도를 만드는 데 능한 정치인들의 포퓰리즘적 행동은 상황을 더욱 복잡하게 만든다. 그들은 대중의 감정을 자극하고 단기적인 이슈를 통해 자신들의 정치적 입지를 강화하려 하지만, 그 과정에서 정부와 공직사회의 자원은 끝없이 낭비된다. '호날두 노쇼'와 '선동렬 감독 논란'은 단지 시끄러운 해프닝이 아니었다. 정부가 일의 본질에서 멀어지는 악순환을 적나라하게 드러낸 상징적인 사건이었다.

중앙부처 사무관은 무척이나 바쁘다. 야근과 주말 출근도 불사해야 하고, 퇴근 이후에도 언제 현안이 터져 누군가에게 연락이 올지도 모른다는 상시적인 불안감마저 느끼며 살아야 한다. 하지만 사무관이 아무리 바쁘게 일하면 무엇하겠는가. 중요하지도 않은 현안에 대응하느라 정작 정책 목표를 달성하기 위한 진짜 일을 위해서 할애하는 시간은 얼마 되지도 않는데. 구성원들이 이러한 처지에 시달리니, 이들이 모인 정부는 당연히 유능한 조직이 될 수 없다.

무능 그 자체보다 심각한 문제도 있다. 그것은 바로 진짜 필요한 일이 아닌 헛짓거리에 자신의 인생을 갈아 넣으며 느끼는 공무원들의 자괴감이다. 밤늦게 청사에 홀로 앉아 자신의 인생이 거대한 수렁 속에 빠졌다는 느낌을 받는 사무관이 많아질수록 정책은 실패로 치닫고 정부는 점점 더 깊은 병에 빠져든다. 파도처럼 성난 여론이

나라를 위해서 일한다는 거짓말

무서워 아무런 방향성 없이 상황을 방치하는 무능한 리더십은 공무
원을 좌절하게 만들고, 결국 정부의 역량마저 마비시킨다.

18장

악을 모두 해소해도 남는 문제

여자배구 대표팀에게 2019년 발리볼네이션스리그(이하 'VNL')는 중요한 대회였다. 김연경 선수의 마지막 올림픽을 1년 앞두고 사상 최초로 능력 있는 외국인 감독까지 선임한 상황에서, 우리보다 랭킹이 높은 국가들과 경쟁하는 VNL은 올림픽 담금질을 위한 소중한 모의고사 기회였다.

문제는 돈이었다. VNL은 몇 달간 전 세계를 돌며 경기하는 투어형 대회였기 때문에 참가를 위한 항공비만 해도 어마어마했다. 게다가 배구 선수들은 신장이 크고 컨디션 관리가 중요했기 때문에 반드시 비즈니스석을 타야 했다. 하지만 국제대회 참가를 지원하는 대한체육회의 지원금으로 모든 걸 충당하기엔 턱없이 부족했다. 대한배구협회는 정부에 도움을 요청했다. 하지만 정부 예산의 특성상 돈이 있어도 당장 예산을 지원하기는 어려운 일이었다. 올해 지원할 사업의 용처와 금액을 작년에 모두 정한 상태로 국회의 의결을 받았기 때문이다.

대한배구협회는 결국 나를 찾아왔다. 일명 '스포츠토토 지원금' 으로 불리는 주최단체 지원금은 일반 예산과는 달리 법령이 허락하는 범위 안에서 유연한 지원이 가능한 까닭이었다. 하지만 문제가 있었다. 관련 법령상 해당 예산으로 대한배구협회와 같은 종목단체를 지원할 수 있는 범위는 '유소년과 아마추어를 위한 사업'에 한정되어 있었다. 따라서 이 지원금은 VNL과 같이 성인 국가대표팀의 지원을 위해서는 쓸 수 없는 항목의 예산이었다. 아무리 VNL이 중요한 대회라고 하더라도, 유소년과 아마추어를 위한 지원금을 빼서 성인 국가대표를 지원하는 것이 올바른지도 의문이었다. 그래서 나는 이런저런 이유를 자세히 설명하며 지원을 거절했다. 사용에 별다른 제약이 없는 기업 스폰서 지원을 더 알아보시라는 의미 없는 조언도 덧붙였다.

대한배구협회의 작전은 '읍소'였다. 거듭된 나의 설명에도 굴하지 않고 몇 번이나 세종청사를 찾아오는 식이었다. 내 말이 무슨 뜻인지 충분히 이해하지만 그래도 김연경 선수의 마지막 올림픽인 만큼 제대로 준비하고 싶다고, 새로 뽑은 외국인 감독에게 힘을 실어주고 싶다면서 거의 애원에 가까운 부탁을 했다. 사실은 좀 귀찮았다. 대한배구협회가 정부에 맡겨 놓은 예산이 있는 것도 아니었고, 엄밀히 말하면 VNL과 같은 국가대표 대회 지원은 프로스포츠를 담당하는 내 업무도 아니었기 때문이다.

하지만 이미 내 자아는 분열되고 있었다. 나는 여자배구의 오랜 팬이었기 때문이다. 그래서 김연경 선수의 마지막 올림픽이 한국 배구에 갖는 의미와 VNL 참가의 중요성을 잘 알고 있었다. '스포츠토토 지원금' 전체를 보면 VNL 참가 지원이 충분히 가능할 정도로 예산이 남아 있다는 점 또한 자꾸 마음에 걸렸다. 절차와 항목으로 인해 꼭 필요한 곳에 지원이 되지 않는 모습이 지나친 관료주의의 예시인 것 같아 마음 한편이 편치 못했다. 공무원으로서의 자아는 '예산 항목이 맞지도 않는데 괜히 무리하지 말자'에 가까웠고, 여자배구의 오랜 팬으로서의 자아는 '어떻게든 대표팀을 도와주고 싶다'에 가까웠다.

VNL 날짜는 다가오고 있었고, 나의 분열하는 자아를 봉합하기 위해서라도 서둘러 방법이 필요했다. 그래서 꾀를 냈다. 담당자로서 예산 항목에도 저촉되지 않고 VNL 참가도 지원할 방법. 그건 바로 '우회 지원'이었다. 정부는 프로배구를 운영하는 한국배구연맹(이하 'KOVO')에 VNL 참가에 필요한 항공료 등을 지원하고, KOVO는 그 예산으로 대한배구협회를 지원하는 형식을 취하기로 했다. '스포츠토토 지원금'으로 성인 국가대표를 바로 지원할 수는 없지만, KOVO와 같은 프로 연맹에는 프로스포츠 발전을 위한 명목으로 예산을 지원할 수 있기에 가능한 일이었다.

대한배구협회는 '좋은 성적으로 보답하겠다'라며 거듭 감사를 표했다. 그리고 약속을 지켰다. 국가대표 은퇴를 앞둔 김연경 선수의 '라스트 댄스'는 화려하고 강력했다. 팬데믹으로 1년 연기되어 열

나라를 위해서 일한다는 거짓말

린 도쿄올림픽에서 여자배구 대표팀은 4위까지 오른 것이다. 예선 통과도 장담하지 못한다던 예상을 깨고, 대표팀은 런던올림픽에 이어 9년 만에 다시 4강이라는 쾌거를 이뤘다. 업적에 대해 가장 큰 박수를 받아야 하는 건 당연히 꾸준히 땀을 흘리며 대회를 위해 담금질을 한 선수단이었다. 하지만 그들의 뒤에서 백방으로 뛰어다니며 예산을 알아보고 선수단을 지원한 협회도 그 공이 없다고 말하기는 어려웠다. 비록 아무도 알아주지 않았지만 말이다.

배구에 대해 좀 아는 사람이라면, 대한배구협회에 대해 썩 좋은 감정을 갖지는 못할 것이다. 아시안게임에서 금메달을 따고 돌아온 여자배구대표팀을 홀대한 이른바 '김치찌개 회식 사건'부터 선수단 절반은 이코노미석, 절반은 비즈니스석을 예약한 '여자배구대표팀 절반 비즈니스석 논란' 등이 차례로 떠오르기 때문이다. 배구협회가 기금 수십억 원을 포함하여 무리하게 대출받아 건물을 매입하여 결국 협회 재정을 어렵게 만든 '배구회관 매입 사건' 역시 마찬가지다. 아무리 이 같은 논란이 전임 회장단의 일이라고는 해도, 일련의 사건들을 떠올리면 협회가 선수단을 위해 최선을 다한다는 말에는 심정적으로 동의하기 어려울 것이다.

타 협회에는 이보다 심각한 사례도 많다. 선수에게 줄 상금을 횡령하고, 친인척 채용 비리를 저지르며, 임원 등에게 수당을 허위로 지급하는 등의 문제로 인해 전국민적 공분을 일으킨 협회가 한둘이 아니다. 이쯤 되면 도대체 대한민국에 제대로 된 협회가 있는지 의문이 들 수밖에 없고, 협회의 임직원들은 크고 작은 차이는 있어도 선수의 등골을 빼먹는 악인처럼 보인다.

하지만 언론에서 다루는 사건 사고 위주가 아니라 세입 세출 등 돈을 위주로 냉정하게 협회를 바라보면 상황은 어떨까. 대한체육회의 '회원종목단체 재정자립 현황'에 따르면, 2017년~2019년까지 3년간 체육회 산하 67개 종목단체(이하 '협회')의 재정자립도는 평균 55.4%이다.[2] 협회의 세입은 국가와 지자체의 보조금과 자체 수입으로 구성되며, 재정자립도는 전체 세입 중 자체 수입이 차지하는 비율을 의미한다. 그리고 자체 수입은 회장 등 임원진의 기부금, 용품 후원 계약 등 기업의 협찬금, 국가대표 경기 중계권료, 선수 등록비나 대회 참가비 등 등록 회비 등으로 구성된다.

협회에 국가와 지자체의 보조금은 특별한 일이 없는 한 안정적으로 들어오는 세입이지만, 자체 수입은 그렇지 않다. 기부금은 회장이 누구인지에 따라, 협찬금은 종목에 스타 선수가 얼마나 많은지에 따라 달라진다. 또한, 중계권료는 해당 종목이 대 국민적 인기가 있는지, 등록 회비는 동호회 등 종목의 저변이 얼마나 넓은지에 따라 종목별로 액수가 천차만별이다.

자체 수입 중 협회의 노력으로 늘릴 수 있는 항목은 대체로 협찬금에 한정된다. 기부금은 자금력이 있는 기업 회장이 협회 회장을

---

2   정명의, 「스포츠단체 재정자립도 55.4% 수준, 기금·지방비 의존 높아」, 《뉴스1》, 2020. 10. 14.

맡느냐에 달려있어 외생 변수에 가깝고, 등록 회비는 선수와 동호인 등 종목의 저변과 관련이 있어 마음대로 올려 받기 어렵다. 중계권료 역시 축구와 같이 국가대표팀 경기가 국민적 인기가 있는 종목이 아닌 한 판매조차 쉽지 않다. 결국 협회의 노력으로 늘릴 수 있는 수입은 국가대표 선수들을 이용하여 마케팅을 활발히 하고 기업체와 후원 계약을 맺는 협찬금에 한정된다.

협찬금은 일종의 스타 마케팅이기 때문에 종목의 스타 선수가 대회에 얼마나 많이 출전할 수 있는지, 후원 용품 사용 등에 얼마나 귀속되는지가 중요한 요소가 된다. 스타 선수가 대회에 태극마크를 달고 자주 출전하지 않는다거나 출전하더라도 협회 후원이 아닌 개인 후원 용품을 사용한다면 홍보 목적인 기업체 입장에서 협회에 협찬할 이유를 찾기 어렵기 때문이다. 따라서 협회는 최대한 여러 가지 규정으로 국가대표 선수의 대회 출전과 협회 후원 용품 사용 등에 관한 부분들을 묶어두려고 한다. 반면, 충분한 컨디션 관리가 중요하고, 협회가 아닌 개인 후원으로 더 많은 수입을 올릴 수 있는 종목의 스타 선수의 입장에선 협회의 규정이 탐탁지 않을 수 있다.

그렇다면 협회는 이 돈을 어디에 쓰는가? 많은 이들이 협회는 국가대표 등 엘리트 체육만을 담당한다고 오해한다. 하지만 지난 2016년 대한체육회와 국민생활체육회가 통합되면서 협회는 해당 종목의 엘리트와 생활체육 모두를 관할한다. 각급 대표팀의 운영부터 동호회 지원 등 생활체육 저변확대 등을 모두 담당한다는 뜻이다.

구체적으로 살펴보자. 먼저 엘리트 체육을 위해서는 각급 대표팀 운영 및 대회 파견, 훈련비 지급, 국외 전지훈련 등이 이뤄진다. 유소년 육성을 위한 대회 개최, 학교 창단 지원 등도 필요하다. 생활체육, 즉 아마추어를 대상으로 한 종목의 저변확대를 위한 스포츠클럽 지원과 대회 개최도 필수다. 지도자와 심판을 육성하고, 국제화 시대에 맞춰 해외 교류 사업도 필요하다. 협회가 성인 국가대표팀만 운영하는 것 같지만 실제로 해야 하는 일은 한둘이 아니다.

무엇보다 협회가 돌아가려면 사무처 운영에 필요한 경상비도 필요하다. 그렇다면 혹시 선수의 고혈을 짜서 사무처가 방만하게 운영되고 있는 건 아닐까? 현실은 그렇지 않다. '대한체육회 산하 67개 정·준회원종목단체 직원 현황'에 따르면 대한축구협회를 제외한 66개 종목단체의 평균 직원 수는 8명에 불과하다. 처우도 좋은 편은 아니다. 실무 직원의 평균 연봉은 3,000만 원 수준이고, 평균 근속 연수는 채 7년이 되지 않는다.[3]

결국 협회는 스타 선수 마케팅을 통하여 버는 재원으로 엘리트부터 생활체육까지 종목 전반을 위해 사용해야 한다. 개인 기량의 향상과 수입의 극대화를 추구하는 스타 선수와 협회의 살림살이에 더해 종목의 저변까지 생각해야 하는 협회 사이에는 근본적인 이해관계의 갈등이 있다는 뜻이다. 양궁과 같이 대기업 회장의 기부금이 많은 종목이나, 축구와 같이 중계권으로 천문학적인 액수를 벌어들

---

3   송원형, 「사람 없는 체육 단체⋯열악한 재정 악순환은 반복된다」, 《조선일보》, 2020. 10. 12.

이는 종목은 협회와 스타 선수 간의 갈등의 소지가 작지만, 소수의 스타 선수에 의존해야 하는 종목은 갈등이 클 수밖에 없다.

2024년 파리 올림픽 이후 불거진 배드민턴의 안세영 선수와 협회와의 갈등이 대표적인 예이다. 안세영 선수는 올림픽 금메달 획득 이후 인터뷰를 통해 협회의 행정에 대해 비판했다. 선수 개인 자격으로서의 활동 범위를 제한하는 규정이라든지, 경기 출전 시 경기력에 직결되는 신발 등에 대해서도 후원사의 물품을 강제하는 규정 등을 문제 삼았다. 이는 협회가 선수의 자율과 성장을 도외시하고 협회의 이익만을 추구한 행정으로 규정되며 여론으로부터 수많은 질타를 받았다.

많은 비판을 받았지만, 사실 안세영 선수와 같이 세계적으로 실력 있는 선수를 보유한 배드민턴의 미래는 그나마 밝은 편이다. 당장 협회가 좀 손해를 보더라도 규정을 개선하여 스타 선수가 부와 명예를 거머쥐면, 그를 추앙하는 세대가 유소년으로 대거 입문하고, 경쟁 수준이 높아지며, 곧이어 가족과 사회의 투자가 뒤따른다. 축적된 인프라와 육성 시스템이 선순환을 이루면 다른 사회에선 이를 뒤쫓아가기 어렵다. 한국 여자골프가 박세리 선수의 성공 이후 '세리 키즈'의 등장으로 세계를 제패한 원리다. 라스무스 안케르센 (Rasmus Ankersen)은 이를 '금광 효과'(The Gold Mine Effect)라고 부른다.[4]

4　심찬구, 「[심찬구의 스포츠 르네상스] '금광 효과'로 스포츠를 구원케 하라」,《조선일보》, 2024. 9. 2.

이 금광 효과를 통해 협회와 선수는 단기적 제로섬 게임에서 벗어나 종목 전체의 장기적 성장을 충분히 이끌 수 있다.

배드민턴협회의 구시대적인 규정과 내부 악습을 청산하는 것도 중요한 일이란 건 부정할 수 없다. 동시에 나는 정부와 정치권이 그보다 더 집중해야 할 진짜 문제는 **별 논란도 없이 조용히 가라앉고 있는** 대다수 종목이라고 생각한다. 2023년 기준 재정자립도가 20%에도 못 미쳐 사실상 국고보조금에 운영을 기대고 있는 협회는 여덟 개나 된다. 기업도 지원을 끊고 있다. 최근 15년간 여덟 개의 대기업이 열 개 종목의 후원에서 손을 뗐다.[5] 그 결과 한국 스포츠는 경쟁력을 잃고 있다. 핸드볼을 제외한 구기종목은 파리올림픽 본선에 진출도 하지 못했다.

과거와 같이 메달 획득을 통한 국위 선양이 체육 정책의 전부가 되어서는 절대로 안 되지만, 그렇다고 엘리트 체육에서 성적이 중요치 않은 건 아니다. 특히 한 나라의 체육 정책에서 우수한 스포츠 선수를 확보하고 육성하는 것은 주요한 목표가 될 수밖에 없다. 우리와 비슷한 일본의 사례만 봐도 그렇다. 일본은 1996년 애틀랜타 올림픽에서 금메달 3개라는 저조한 성적을 거뒀다. 이러한 성적은 '애틀랜타 쇼크'라고 불릴 정도로 일본 국민과 정부에 충격을 주었다. 이후 일본은 엘리트 스포츠 육성 체계의 중요성을 다시 인식했

---

5   조수영·서재원, 「선수들은 무너지고 기업들은 떠나간다」, 《한국경제》, 2024. 8. 28.

다. 2001년 일본국립스포츠과학센터(JISS)를 설립하고, 2015년 스포츠청소년국을 스포츠청으로 승격하는 등 엘리트 체육 정책을 적극적으로 펼쳤다. 그 결과 일본은 2020 도쿄올림픽에서 금메달을 27개나 따내 종합 3위에 올랐다. 애틀랜타 쇼크 이후 30년 만에 세계 3위의 스포츠 강국으로 발돋움한 것이다.[6]

다시 우리나라 이야기로 돌아오자. 현재의 상황에선 정부 지원을 무턱대고 더 늘리기도 어렵다. 종목단체의 평균 재정자립도 55.4%라는 숫자는 운영의 절반을 정부 재정에 기댄다는 뜻인데, 이런 수치는 지금도 체육 단체의 자율성 차원에선 바람직하지 않다는 비판이 많다. 국민 여론 역시 체육계에 더 많은 재정을 동원하는 것에 대해 탐탁지 않아 하는 기류가 있다. 혹자는 대한체육회 차원에서 국가대표 통합마케팅을 시도하여 자체적인 수입을 늘리는 방법을 제시한다. 흥미롭고 건설적인 제안이기는 해도 대한민국에서 가장 인기가 많고 상업성이 높은 프로야구조차 매출액의 절반은 모기업의 지원금이라는 점을 상기하면 현실성이 떨어지는 제안이다.

미래는 더 암울하다. 저출산과 사회적 인식 변화로 인해 유소년 선수 자체가 부족하다. 일부 구기종목의 경우, 기껏 대회에 출전하고도 엔트리를 채우지 못해 자격 상실패를 당하는 팀도 수두룩할

6　서재원, 「韓보다 예산 적은 日…'올림픽 3위' 비결은」, 《한국경제》, 2024. 8. 28.

정도이다.[7] 비인기 종목만 영향을 받는 것도 아니다. 스포츠지원포털에 의하면, 대표적인 인기 스포츠인 야구의 경우도 12세 이하 초등부 선수가 2014년 4,369명이었으나 10년이 지난 2024년엔 3,846명에 불과하다.[8] 출생아 수 40만 명 선이 붕괴한 2017년생이 초등학교에 입학한 올해부터 유소년 체육은 본격적인 선수 부족의 위기를 겪고 있는 만큼 문제는 더 심각해질 가능성이 크다.

앞으로 생활체육이 활성화되면 엘리트 체육과 자연스럽게 선순환할 것이라는 낙관적인 주장도 심심치 않게 만난다. 하지만 가슴에 손을 얹고 생각해 보자. 입시를 위해, 건강을 위해, 전인격 향상을 위해 그저 즐기는 스포츠와 1/100초를 줄이기 위해 어린 시절부터 인생을 바치는 스포츠를 같은 기준으로 판단할 것인지에 대해서 말이다. 생활체육 활성화는 그 자체로 중요한 정책이지만, 그것만으로 종목의 위기가 해결될 일은 아니다.

상황이 이런데도 정부와 정치권은 체육계 문제를 다루는 데 있어 회장 등 임원진의 협회 사유화 문제만 집요하게 이슈화한다. 협회 사유화란 체육계의 엄격한 위계 구조를 이용하여 소수의 임원진을 중심으로 협회를 방만하게 운영하고, 특정 라인의 감독이나 선수를 선발하는 등의 불공정한 행위를 뜻한다. 정부와 정치권이 이런 문

---

7   김영건, 「경기 치르기도 어렵다…"선수가 없는데 어떡해요" [저출생, 텅 빈 운동장②]」, 《쿠키뉴스》, 2024. 9. 4.

8   스포츠지원포털(https://g1.sports.or.kr/stat/stat01.do)

제에 집중하는 저의는 뻔하다. 선과 악이 명확하게 갈리는 자극적인 이슈에 편승하여 정의의 사도인 양 큰소리를 쳐야 세간의 이목이 쏠리고, 언론에 한 줄이라도 더 실리기 때문이다. 이는 체육을 위한 행위가 아니다. 그저 본인을 위해 체육을 이용하는 행위다.

물론 협회의 사유화가 문제가 아니라는 뜻은 아니다. 여전히 체육계의 폐쇄성을 이용하여 사리사욕을 채우는 사람들이 분명히 있다. 하지만 이러한 선악의 문제는 관리, 감독, 수사, 처벌 등으로 시정할 문제다. 정부는 이미 제도적으로 스포츠 인권침해나 비리를 조사하고 처벌하기 위해 '스포츠윤리센터'라는 전담 기구까지 만들었다. 사건이 있을 때마다 국회가 열려 청문회를 하지 않아도 된다는 의미다.

악을 모두 해소해도 남는 문제가 있다. 당장은 돈의 문제로, 앞으로는 선수 수급으로 다가올 문제이다. 결국 체육 행정이 해야 하는 올바른 일은 협회와 스타 선수, 엘리트와 생활체육을 망라하여 각 종목의 미래를 진지하게 논의하는 장을 마련하는 데 있다. 특히, 특별한 금광 효과를 기대하기 어렵거나 생활체육 저변이 넓지 않은 비인기 종목은 앞으로 현상을 해결할 방법이 없으면 필연적으로 소멸의 단계를 거칠 것이다. 이미 시도 단위의 종목단체에선 회장 등 임원진을 구하는 데 인력난을 겪는 곳이 많다. 어쩌면 현재와 같이 나라의 재정을 동원해도 수많은 종목단체를 유지하는 것조차 어려울 수 있다는 섬뜩한 의미이다. 축구나 배드민턴처럼 돈도 있고, 세계적인 스타도 있으며, 따라서 미래가 보장된 종목에 정치와 행정이 집중할 때가 아니다.

감사와 처벌은 쉽다. 국정감사장에 체육계 인사를 불러 죄인을 다루듯 호통을 치고, 법에 근거하여 협회의 비리를 조사하면 된다. 여론과 정치인, 정부가 합심하여 악의 심판자 역할을 맡는 셈이니, 국민에게 일종의 카타르시스도 제공할 수 있다. 하지만 체육계가 당장 직면한 문제인 예산의 자립, 유소년 선수 수급, 생활체육과 엘리트 체육과의 관계 설정 등에 관한 이슈는 선악의 구분으로 해결할 수 없다. 체육계의 나쁜 사람을 몇 명 처단한다고 해서 없는 돈이 생기고, 생활 스포츠 토양에 생기를 불어넣어 줄 훌륭한 선수가 생기며, 생활체육과 엘리트 체육을 망라하는 거버넌스가 생기는 건 아니지 않은가.

앞으로 체육이 추구해야 하는 가치는 무엇인가? 연 1조 6천억 원이 넘는 체육 예산은 어떤 가치를 위해 쓸 것인가? 단기 이슈에 집중해서 호통을 치는 정치권이나 여론은 이러한 문제에 대해선 절대 고민하지 않는다. 정부는 여론의 장단에 맞춰 움직이기보다, 체육계가 지속 가능한 미래를 설계하도록 지원하는 비전을 제시해야 한다. 만약 정부마저도 장기적이고 근본적인 고민을 포기하고 여론의 장단만 맞추는 데 집중한다면 대한민국의 체육 정책은 보나 마나 표류할 수밖에 없다. 제대로 된 리더십과 단기적 여론에 휩쓸리지 않는 확고한 정책 방향이야말로 우리의 스포츠가 위기를 넘어 미래로 나아갈 유일한 길이다.

나라를 위해서 일한다는 거짓말

19장

우리 사회는 책의 비문을 쓰고 있다

출근 시간이었다. 복도를 지나는데 운이 나쁘게도 국장과 마주쳤다. 인사를 하고 서둘러 쓱 지나가려는데, 그는 불현듯 무언가 생각난 듯 말을 걸었다. 주소를 하나 줄 테니 저녁 시간에 맞춰 오라는 지시였다. 국장이 저녁에 만날 사람은 해외에 책을 수출하는 에이전시의 대표, 장소는 광화문 근처의 참치 집이었다. 내가 출판산업의 해외 진출 업무를 담당하는 사무관이었기 때문에 배석하라는 뜻이었다.

그날은 술로 달리는 분위기였다. 각자 참치를 몇 점 먹기도 전부터 술병은 그득히 쌓여갔다. 나는 흐름이 끊기지 않게 테이블 한편에서 소맥을 제조하고, 국장과 대표의 대화에 적절히 끼어들기까지 해야 해서 무척 바빴다. 9시가 되자 국장은 내일 일찍부터 일정이 있다며 서둘러 자리를 파했다. 테이블 밑에서 세종으로 내려가는

KTX 표를 알아보던 나는 조용히 쾌재를 불렀다. 하지만 섣부른 기대는 어김없이 실망으로 돌아오는 법. 국장은 대표와 더 많은 이야기를 나누라며 자신의 카드를 주고 내 등을 두드렸다.

대표는 유쾌한 사람이었다. 그 덕분에 이어진 술자리가 지루하지 않았다. 오히려 전 세계를 누비며 우리 책을 소개하고 판권을 수출하는 대표의 이야기를 듣고 있자니 시간 가는 줄 모를 정도로 흥미로웠다. 마지막으로 딱 한 잔만 더 하자며 옮긴 맥줏집. 나는 대표에게 한류가 저토록 난리인데, 우리 책만은 해외에서 이토록 안 팔리는 이유가 무엇인지에 관해 물었다. 대표의 대답은 예상 밖이었다.

"솔직히 가져다 팔 게 많이 없어요. 다들 자기가 쓰고 싶은 것만 쓰잖아요."

사실 출판의 해외 수출이 활발하지 않은 원인을 물었을 때 대답할 만한 뻔한 이유가 있지 않은가. 언어의 장벽, 그로 인한 번역의 문제, 사업적 감각과 문학적 눈을 갖춘 전문가의 부재, 세계적 네트워크의 부족, 정부 지원의 미비 등등. 하지만 대표는 해외, 특히 영미권 시장의 보편적 정서에 호소하는 책을 한국 출판 시장에서 찾는 것 자체가 어려운 일이라고 했다. 출판사와 작가 모두 해외의 독자가 어떤 책을 원하는지에 대한 고민 없이 자신들이 내고 싶은 책만 내고 있으면서, '한국적인 것이 세계적'이라는 말로 수출 전략의 부재를 가린다는 뜻이었다.

김윤지의 『한류 외전』에서는 지금의 한류(韓流)가 '설계되지 않은 성공'으로 평가된다. 한류의 성공에는 정부의 지원 정책, 동아시아의 정치 경제적 변화, 소수 기업가의 탁월한 능력, 한국 대중문화 시장의 역동성, 세계적인 IT 인프라의 변화 등 여러 요인이 복합적으로 작용했다는 뜻이다.[9] 한류의 성공이 설계되지 않았다는 말은 여러 요소가 우연히 결합하였다는 의미이지, 업계 스스로 해외 진출에 노력하지 않았다는 의미가 아니다.

예를 들어, 대중음악계는 디지털 전환으로 국내에서의 음반 수익이 줄어들자 해외시장밖에 답이 없다는 생각으로 아시아에 진출했고, 실패를 거듭하면서도 미국 시장을 끊임없이 두드렸다. 계속된 노력은 유튜브 등 미디어 환경의 변화, 팬덤 문화의 확산 등과 맞물리며 케이팝은 마침내 전 세계적인 성공을 거둔다.[10] 그런 의미에서 볼 때 대표의 답변은 타당했다. 우리나라 출판 업계가 책을 기획하는 단계부터 판매하는 마지막까지 해외 독자를 타깃으로 치밀한 노력을 했던 적이 있던가?

사실, 현재 출판 업계는 수출이 문제가 아니다. 내수시장에서 책의 수요가 빠르게 붕괴하고 있기 때문이다. 문화체육관광부가 발표한 「2023 국민 독서실태조사」에 따르면, 2023년 성인의 연간 독서율은 43%이다. 성인 10명 중 6명은 일 년 동안 책을 한 권도 읽지 않았다는 의미이다. 10년 전인 2013년 성인 연간 독서율 72.2%에

9   김윤지, 『한류 외전』, 어크로스, 2023, p.46
10   위의 책, p.145~160

서 거의 반토막이 난 수준이다.

성인 독서량과 도서 구입량은 더욱 처참하다. 성인의 연간 종합 독서량은 2013년 10.2권에서 2023년 3.9권으로, 성인의 연간 도서 구입량은 2017년 4.8권에서 2023년 2.4권으로 절반 아래로 감소했다.[11] 외국과 비교해도 우리나라의 독서율만 유독 급전직하하고 있다. 미국 성인의 연간 독서율은 2014년 76%, 2021년 75%로 큰 차이 없이 유지되고 있다.[12] 일본 성인의 월간 독서율도 2015년 49%, 2023년 47%로 거의 비슷하다.[13·14]

책에 대한 수요의 감소는 출판 업계의 위기로 나타나고 있다. 한국출판문화산업진흥원이 발표한 「2023 출판산업 실태조사」에 따르면, 2015년 1개 출판 사업체당 평균 매출액은 약 11.1억 원이지만, 2022년에는 약 6.3억 원에 불과했다.[15] 2021년 모집단을 정비하여 전후 비교가 정확하지 않을 가능성을 감안하더라도, 감소 폭을 보면 실제로 사업체당 평균 매출액은 크게 줄어든 것으로 보인다.

또한 대한출판문화협회에 따르면 협회에 납본된 도서를 기준으

11   문화체육관광부, 「2023년 국민독서실태조사」, 2024, p.3~9

12   Michelle Faverio·Andrew Perrin, 「Three-in-ten Americans now read e-books」, 《Pew Research Center》, 2022. 1. 6.

13   「〈第69回読書世論調査〉読書教育の場は「家庭」調べ物「ネットで」6割(その1)」, 《毎日新聞》, 2015. 10. 26.

14   「2023年8~9月 郵送全国世論調査「読書月間」」, 《読売新聞》, 2023. 10. 27.

15   한국출판문화산업진흥원, 「2023 출판산업 실태조사」, 2024, p,71

로 최근 10년간 신간의 발행 종수는 2014년 47,589종에서 2023년 62,865종으로 늘어났지만, 신간의 발행 부수는 2014년 9,417만 부에서 2023년 7,021만 부로 줄어들었다. 그에 따라 신간의 평균 발행 부수는 2014년 1,979부에서 2023년에는 1,117부로 크게 감소했다.[16] 논의를 종합하면 사람들은 책을 덜 보고, 그에 따라 출판 사업체의 매출은 줄어들며, 책이 나와도 팔리지 않으니 신간의 발행 부수는 크게 줄어들고 있다. 여러 가지 통계를 종합해 보면 우리나라의 출판산업은 분명히 위기에 처해있다.

출판산업의 '공급'은 출판사와 작가 등을 통한 책의 '생산'과 서점의 '유통' 부문으로 구성된다. 또한 출판산업의 '수요'는 공공도서관의 장서 구입이나 우수 도서 보급 등을 가리키는 '공공' 수요와 국민의 도서 구입 전반을 아우르는 '민간' 수요로 나뉜다. 보통 책의 위기를 말할 때, 그 핵심적인 원인은 공급이 아니라 수요의 측면에서 찾기 쉽다. 다양한 매체의 등장, 스마트폰 중독으로 인한 문해력 저하 등으로 인해 사람들이 책을 읽지 않는다는 것이다. 이런 진단에 따르면, 책의 위기는 '독서'의 문제로 귀결된다.

정부의 대책 역시 이러한 원인 분석과 궤를 같이하여, 독서 증진에 초점을 맞추고 있다. 예산을 중심으로 살펴보자. 문화체육관광부가 발표한 「제4차 독서문화진흥 기본계획」에 따르면, 중앙정부와 지방정부의 독서 예산은 2018년 3,293억 원에서 2023년 5,607억

---

16   대한출판문화협회, 「2023년 기준 한국 출판 생산 통계」, 2024, p.4~13

원까지 증가하였다.[17] 이는 주로 독서공동체의 확산, 우수 도서 지원 등 독서 문화의 활성화를 위한 다양한 사업에 지원된다.

또한 「2023년 공공도서관 통계조사 결과보고서」에 따르면 2022년 공공도서관의 총결산액은 약 1.3조 원에 이른다. 나름대로 성과도 있다. 우리나라의 공공도서관 1관당 인구수는 지속적으로 낮아져 2022년 41,617명으로 3만 명대 진입을 눈앞에 두고 있다. 참고로 주요 국가별 공공도서관 1관당 인구수는 미국 35,687명, 일본 38,322명으로 이제 우리나라와 별 차이가 나지 않는다.[18]

물론 그렇다고 해서 공공도서관에 대한 지원이 완벽하다는 뜻은 아니다. 예를 들어 한국도서관협회가 정한 「공공도서관기준」에 따르면 자료비는 전체 예산의 20% 이상이 되어야 함에도, 「2023년 공공도서관 통계조사 결과보고서」에 나타난 공공도서관의 자료 구입비는 2022년을 기준으로 약 8.4% 수준에 머물러 있다. 도서관 한 곳당 책정된 자료 구입비는 약 9천만 원 수준으로 일 년에 약 7천 권 정도의 도서를 구입할 수 있는 수준인데,[19] 대한출판문화협회가 발표한 「2023 한국출판연감」에 따르면 우리나라에선 일 년에 신간만 총 62,865종이 발간된다. 공공도서관이 1종당 1권의 책만 구입

---

17   문화체육관광부, 「제4차 독서문화진흥 기본계획」, 2024, p.1

18   문화체육관광부, 「2023년('22년 기준) 공공도서관 통계조사 결과보고서」, 2023, p.5, p.12, p.376

19   위의 책, p.36~37

한다고 전제하더라도 그 예산으로는 신간 중의 약 11%만 구입할 수 있다는 뜻이다.

이러한 한계에도 불구하고, 공공도서관에 정부가 사용하는 약 1.3조 원이라는 금액은 엄청난 숫자다. 참고로 문체부가 영화, 애니메이션, 게임, 음악, 만화 등 다양한 콘텐츠 산업 전체에 지원하는 예산이 2024년 기준 약 1조 원을 갓 넘기는 수준이다. 더군다나 다른 콘텐츠 산업은 수요 부문을 직접적으로 지원하지 않는다는 것도 주목해야 할 지점이다. 공공영화관이 보편화되어 있다거나, 정부가 우수음반을 선정해서 시중에 배포하는 일은 없지 않은가.

또한, 정부는 독서 예산만 연간 약 5천억 원을 쓴다. 공공도서관까지 합치면 출판산업의 수요를 진작하기 위해 정부가 지원하는 예산은 아무리 적게 잡아도 연 1조 원을 넉넉히 넘어간다. 그런데도 왜 책의 위기는 심화하기만 할까? 혹시 위기의 원인을 사회와 정부가 잘못 분석하고 있는 건 아닐까? 다시 말해, 위기의 핵심 원인이 출판산업의 수요 측면이 아니라 공급 측면에서 발생하고 있는 건 아닐까? 수출 시장에서 우리나라의 출판사와 작가들이 해외 독자들이 원하는 책을 좀처럼 내지 못하고 있는 것처럼, 내수시장에서도 이들은 **독자가 원하고 관심 있는 책**을 제때에 충분히 내고 있지 못한 것은 아닐까?

장강명 작가는 『책, 이게 뭐라고』에서 '문학과 문학을 읽고 쓰는 사람들이 현실에서 멀어지는 것'이 두렵고 걱정스럽다면서, "2010

년대 중반까지 비정규직 노동 문제를 다룬 작품이라고 하면 소설이 아니라 『미생』, 『송곳』 같은 웹툰이 떠오른다. 그 시기 한국 소설은 사소설화했다는 평가를 받는다."라고 꼬집었다. 또한 황석영 작가 역시 "한국문학의 위기는 한국문학 스스로가 현실에서 멀어지면서 자초한 게 아닌가."라는 발언을 했다고 덧붙였다.[20] 한국문학이 대중이 처한 현실을 다루는 대신 작가의 사생활만 충실하게 재현하는 데 그쳐 독자는 웹툰 등으로 빠져나갔다는 말이다.

문화체육관광부가 발표한 「2023 국민 독서실태조사」에 따르면, 독서의 장애 요인을 묻는 질문에 성인은 '일 때문에 시간이 없어서'(24.4%)란 항목을 가장 많이 선택했다. '책 이외 매체(스마트폰/텔레비전/영화/게임 등)를 이용해서'(23.4%)는 근소한 차이로 그다음을 차지했다. 어쨌든 콘텐츠를 소비하는 사람들은 책이 다른 매체보다 더 관심 있고 흥미로운 내용을 다룬다면 언제든 독서의 세계로 돌아올 수 있다는 말이다. 그 외의 '다른 여가/취미 활동을 해서'(8.9%), '재미가 없어서'(7.0%), '필요성이 없어서'(4.1%) 등도 비슷한 맥락으로 해석이 가능하다.[21] 성인의 독서 장애 요인 중 상당 부분은 독자에게 요긴한 책을 만들어내지 못한 출판산업의 생산자, 즉 공급자들에게 그 책임이 있다는 분석도 가능하다는 뜻이다.

'공급'의 중요한 부분을 차지하는 '유통' 역시 문제가 많다. 사재

---

20   장강명, 『책, 이게 뭐라고』, arte, 2020, p.253

21   문화체육관광부, 「2023년 국민독서실태조사」, 2024, p.71

기로 인해 베스트셀러 순위를 왜곡하는 행위는 여러 번 사실로 밝혀졌고 그에 따른 처벌도 받았다. 하지만 '사재기도 마케팅'이라는 왜곡된 인식은 여전히 현재진행형이다. 출판 시장이 작아지다 보니 적은 돈만 써도 마케팅 효과는 커졌기에 그 유혹은 전보다 더 강렬할 것이다. 이를 막기 힘든 제도적 한계도 있다. 출판 사재기는 「출판문화산업진흥법」상 2년 이하의 징역 또는 2천만 원 이하의 벌금에 해당하는 범죄 행위이지만, 법원에서 확정판결이 날 때까지는 베스트셀러 순위에서 내리는 걸 강제할 수 없는 것이 현실이기 때문이다. 그사이 왜곡된 베스트셀러 순위를 보는 독자의 마음은 점점 식는다. 사재기하는 책이 양서일 리 없을뿐더러, 그와 비슷한 부류의 책들이 서점가의 베스트셀러 순위를 독차지하는 시장 상황이 천편일률적으로 지속되기 때문이다.

책의 위기가 출판산업의 공급 측면에서 발생했다는 가설에 일리가 있다면, 출판문화산업 육성을 위한 정부 예산의 규모가 너무 작은 것도 분명하다. 출판사와 서점을 지원하는 문체부 예산은 2024년 기준 약 560억 원이다. 앞서 말한 독서 예산 약 5천억 원의 10분의 1 수준이다. 또한 출판이 한 나라의 문화에서 차지하는 위상과 비교해도 맞지 않다. 일례로 문체부에서 일 년에 '축구' 한 종목을 지원하는 예산만 약 500억 원이다. 아무리 한국인에게 축구가 중요하다고 해도, 한 나라의 문화의 근간이 되는 출판산업과 그 위상을 비교하긴 어렵지 않은가.

출판문화산업 육성을 위한 지원을 늘려야 한다는 주장에 대한 반론도 있다. 일본 등의 출판산업 지원은 주로 인프라 확충 등 간접 지원이기 때문에 수혜자인 출판사에 보조금을 주는 식의 직접 지원은 지양해야 한다는 주장이다. 일견 합리적인 의견이지만, 이는 우리나라 문화, 예술, 콘텐츠 산업 전반을 놓고 봤을 때 공급 분야에 대한 지원은 모두 직접 지원 위주로 돌아간다는 사실을 외면했다. 정부는 대중문화나 예술 분야에서 창작·제작 지원 사업 등에 직접적으로 재정을 투여한다. 그런데 왜 유독 출판산업에만 엄격한 잣대를 들이대야 하는지 이해하기 어렵다. 더구나 다른 콘텐츠 산업이 세계로 뻗어나가며 전성기를 구가하는 동안 출판은 내수시장에서도 심각한 위기에 직면해 있지 않은가.

현재 상황에서 안타까운 점은 또 있다. 바로 정부와 출판계가 위기 극복을 위해 힘을 모으는 게 아니라 지속적으로 반목한다는 점이다. 문화예술계 블랙리스트에서 촉발된 갈등은 정권이 바뀌고도 '출판유통통합전산망' 참여를 둘러싸고 계속되는 중이다. 지금은 서울국제도서전과 관련한 수사 의뢰 및 홀로서기 등으로 양측의 골이 더 깊어지고 있다. 상황이 이렇다 보니 출판문화산업 육성을 위한 예산은 2018년 이후로 약 500억 원대에서 제자리걸음이다. 같은 기간 문체부 예산은 2018년 약 5조 3천억 원에서 2024년 약 7조 원으로 30%가량 증가하였음에도 불구하고 말이다.

특히 양측의 갈등으로 출판유통통합전산망이 완전한 기능을 하지 못한다는 점은 매우 안타깝다. 이는 정부가 사재기 방지 등 투명한 유통구조를 만들기 위해 약 60억 원을 들여 2021년 오픈한 시스템이다. 출판물의 생산, 유통, 판매 과정을 실시간으로 정보화하여 분산되어 있던 출판유통 정보를 통합 관리하는 것을 목표로 한다.

하지만 2024년 현재, 전산망에 참여한 출판사는 3천여 개에 불과하다.[22] 등록 출판사 8만여 개와 비교하면 턱없고, 「2023 출판산업 실태조사」의 조사 대상이 되는 출판 사업체 모집단 7천여 개와 비교해도 채 절반이 되지 않는다. 가장 큰 원인은 대한출판문화협회(이하 '출협')가 정부를 불신하며 시스템에 참여하고 있지 않아서이다. 출협은 민간이 자발적으로 시스템을 운영하는 것이 바람직하다며 '저자 출판사 도서 판매정보 공유시스템'을 자체적으로 만들었다. 하지만 이 시스템에 참여한 출판사는 2024년 기준 1,400여 개에 그친다.[23] 정부와 출협의 시스템 모두 반쪽짜리 시스템에 불과한 게 엄연한 현실인 것이다. 반면 '영화관 입장권 통합전산망', '공연예술 통합전산망'의 경우 도입 당시 논란은 있었지만, 정부와 민간의 완전한 참여로 유통 구조 및 정보를 투명하고 정확하게 파악하여 실시간으로 공개하고 있다. 이러한 일련의 상황을 보면, 책의 위기가 출판산업의 공급 측면에서 발생했다는 가설이 얼토당토않다고 느껴지지 않는다.

0.72명이라는 출생률이 우리 사회의 물리적 소멸을 나타내는 지

---

22 출판유통통합전산망(https://bnk.kpipa.or.kr/home/v3/addition/adiPblshrInfoList)

23 도서판매정보공유시스템(https://www.kpa21.or.kr/bsi-list/)

표라면, 독서율 43%는 정신과 문화의 소멸을 경고하는 숫자다. 정부는 저출산을 해결하기 위해 총력을 다하듯, 출판과 책의 위기도 그렇게 다뤄야 한다. 지금의 위기는 단순히 독서의 문제가 아니다. 독자가 읽고 싶은 책, 동시대를 담아내는 양서를 내지 못하는 출판 산업 전체의 문제다. 그렇다면 이를 연 500억 원 수준의 예산으로 해결할 수 있을 리 만무하다. 직접 지원과 간접 지원 중 무엇이 옳은지 따지는 것도 한가로운 소리다. 이 와중에 정부와 출판계가 반목하는 모습에선 한심함을 넘어 분노를 느낄 수밖에 없다.

하버드 대학교의 레아 프라이스(Leah Price) 교수에 따르면, **책이 죽어가고 있다**는 주장에는 유명한 역사가 있다. 책이 죽어가고 있다는 불만은 1830년대부터 시작되었다. 그때는 신문 때문에 책이 죽어간다고 했다. 1990년대 초에는 비디오와 컴퓨터가 책의 종말을 가져온다고 했다. 프라이스의 요점은 이것이다. '모든 세대가 책의 비문을 다시 쓴다. 누가 책을 죽이는지만 바뀔 뿐이다.' 하지만 책과 출판은 종말의 예측을 뛰어넘어 여전히 건재하다.[24]

그럼에도 우리 사회는 책의 비문을 다시 쓰고 있다. 종말의 예측은 이번에도 빗나갈까? 프라이스 교수의 귀납적 낙관이 우리 사회에서도 맞길 바라지만, 그냥 지나가는 위기는 없다. 최근 한강 작가의 노벨문학상 수상은 한국 문학이 세계적으로 인정받은 쾌거였다.

---

24 앵거스 필립스·마이클 바스카, 정지현 옮김, 『옥스퍼드 출판의 미래』, 교유서가, 2024, p.690

나라를 위해서 일한다는 거짓말

그로 인한 독서 열풍은 서점가를 강타했고 그녀의 책은 한 달 이상 베스트셀러를 독차지했다. 하지만 이 열풍은 우리 출판 시장의 허약함도 여실히 드러냈다. 단 한 명의 작가에 의존해 독서 열기가 이어지는 모습은 우리 출판 시장이 처한 위기의 단면을 그대로 나타낸 것이다. 정부가 위기의 원인을 제대로 파악하려는 노력을 하지 않고, 지금껏 하던 수준의 관습적 지원에 머무르며, 출판계와 소모적이고 지난한 싸움을 한없이 이어간다면 한강 작가의 노벨문학상 수상에도 불구하고 우리 사회에서 출판의 미래는 낙관할 수 없을 것이다.

20장

창작자가 우선이라는 거짓말

지난 2013년, 대통령이 '창조경제'의 대표 성공 사례로 언급한 어린이 그림책 『구름빵』이 40만 부가 넘게 팔렸지만, 출판사가 작가에게 지급한 인세는 고작 1,850만 원밖에 되지 않는다는 사실이 밝혀지며 사회적인 논란이 되었다. 문제의 원인은 '저작물 개발 용역'이라는 이름으로 작가가 출판사에게 정액을 받고 해당 그림책에 대한 저작권(2차적저작물작성권 포함)을 넘기는 최초의 계약에 있었다. 작가는 모든 저작권을 최초 계약 시 출판사에 넘겼기 때문에 아무리 책이 잘 팔리고 해외 수출, 애니메이션, 뮤지컬 제작 등이 활발하게 일어나도 창작자가 더 이상 받을 몫은 없었다.

2014년, 문화체육관광부는 『구름빵』 사건과 같은 문화예술계의 불공정한 계약을 방지하기 위한 목적으로 출판 등 각 분야의 표준계약서를 제정했다. 현실적, 법률적 열위에 놓인 창작자의 입장을 고려할 때 '표준'으로 쓸 수 있는 계약서를 정부가 제정하여 보급할 필요성 자체는 충분했다. 하지만 표준계약서는 사용에 대한 강제성이 없기에 한계가 있다는 지적도 있었다. 정부는 사업자들에게 사용을 '권장'할 수 있을 뿐, 사용을 '강제'할 수는 없기 때문이다. 따라서 표준계약서만으로 『구름빵』과 같은 사건을 충분히 방지할 수 있는지에 대해서는 항상 논쟁이 따라붙었다.

한편 법원으로 넘어간 『구름빵』 사건은 작가인 원고 측의 패소로 끝이 났다. 법원은 신인 작가에 대한 사업의 위험 부담을 분담하는 측면을 고려했을 때 저작권을 넘기는 계약이 작가에게 전적으로 불리한 조항은 아니며, 따라서 해당 계약은 무효가 아니라고 판단하였다. 일정한 금액을 받고 저작권을 모두 넘기는 '매절 계약'은 현실에선 불공정의 산물이었지만, 계약의 자유를 중시하는 「민법」 등의 법 조항을 근거로 사건을 판단하는 법원에선 불공정한 계약이 아니었던 것이다.

일각에서는 「저작권법」을 개정하여 불공정한 계약은 이후 무효화하거나 수정할 수 있는 근거를 마련해 달라고 요청했다. 하지만 정부는 '계약의 사적 자치 원칙'을 내세우며 법 개정에 미온적이었다. 정부의 대책은 여전히 표준계약서를 보다 실효성 있게 보급하겠다는 수준에 머물렀다. 다만 그와 같은 표준계약서 제정과 보급의 성과가 없는 것은 아니었다. 예를 들어 한국콘텐츠진흥원이 발간한 「2023 대중문화예술산업 실태조사」에 따르면, 대중문화예술인에 대한 표준전속계약서를 '사용하고 있다'(일부 조항 수정 포함)라는 응답이 90.8%로 대부분을 차지했다.[25] 표준계약서로 문화예술계의 불공정한 계약을 방지하겠다는 정부의 전략은 외견상 그럭저럭 작동하는 것처럼 보였다.

2023년, 한국인이 사랑한 만화『검정고무신』의 이우영 작가가 스스로 세상을 떠났다. 이번에도 계약이 문제였다. 작가는 '사업권설정계약'을 통해 사업자에게 검정고무신 관련 작품활동과 사업에 대한 모든 권리를 양도했다. 뒤늦게 문제를 인지한 작가는 계약 내용의 변경을 사업자에게 요청했지만 받아들여지지 않았다. 이후 저작권 관련 분쟁에 휘말린 그는 할 수 있는 일이 아무것도 없다는 사실을 깨닫고는 처지를 비관했다.

『검정고무신』사건이 아니더라도 문화예술계의 불공정 계약이 지속되고 있다는 것은 여러 조사를 통해 이미 충분히 알려진 사실이었다. 2022년 한국콘텐츠진흥원의「웹툰산업 불공정 계약 실태조사」에선 웹툰 작가 중 58.9%가 '불공정 계약이나 행위를 경험했다'라고 답했다.[26] 2020년 한국문화예술위원회의「문학분야 불공정 관행 개선을 위한 실태조사」에 따르면, 창작자 중 40.1%는 출판사로부터 전송권과 2차적저작물작성권 등 저작권과 관련한 내용을

25   한국콘텐츠진흥원,「2023 대중문화예술산업 실태조사」, 2024, p.122
26   한국콘텐츠진흥원,「웹툰산업 불공정 계약 실태조사」, 2022, p.80

전혀 혹은 충분히 듣지 못했다고 답했다.[27] 권고에 불과한 표준계약서의 보급만으로는 문화예술계의 불공정성을 바로 잡기 어렵다는 뜻이었다.

『검정고무신』 사건으로 여론은 다시 들끓었다.『구름빵』 사건 이후 정부는 창작자 보호를 위해 무엇을 했느냐는 비판도 심심치 않게 나왔다. 정부, 특히 문체부 입장에선 꼭 불리한 상황만은 아니었다. 여론을 무기로 창작자 보호를 위한 획기적인 대안을 도입할 수 있는 '정책의 창(Policy Window)'이 열렸다는 뜻이었으니 말이다. 표준계약서 도입 이후 별다른 진행이 없던 창작자 보호를 위한 정책이 10년 만에 한발 더 나아갈 기회였다.

문체부는 정책의 창이 열린 기회를 잡았을까? 그러지 못했다. 아니, 잡지 못했다는 표현보다는 **잡지 않았다**는 표현이 더 어울릴지도 모르겠다. 안타깝게도『검정고무신』 사건 이후 창작자 보호를 위해 문체부가 내놓은 대책은 '획기적'이라기보다는 '눈속임'에 가까웠다.

정부에서 가장 먼저 내놓은 대책은 표준계약서를 재검토하고 창작자를 대상으로 한 교육을 강화하며,[28] '저작권법률지원센터' 등을 만들어 법률서비스를 지원하겠다는 것이었다.[29] 하지만 표준계약서

---

27   한국문화예술위원회,「문학분야 불공정 관행 개선을 위한 실태조사」, 2020, p.63

28   문화체육관광부 보도자료,「'제2의 검정고무신 사태' 일어나지 않도록 창작자 권리를 보호 강화한다」, 2023. 3. 15.

29   문화체육관광부 보도자료,「문체부, '검정고무신 법률센터' 전면 가동

만으로는 문제를 해결하기 어렵다는 점, 창작자를 대상으로 한 교육과 법률 지원은 이미 많은 기관에서 시행하고 있는 정책일 뿐만 아니라 불공정을 시정하는 근본적인 대책이 아니었다는 점에서 기존 정책을 갈무리하는 수준의 미봉책에 불과했다.

이어서 정부는 「예술인권리보장법」에 따라 사건을 조사한 후, 사업자의 불공정행위가 있다고 판단하여 시정명령을 내렸다.[30] 그러나 시정명령을 미이행했을 경우 과태료는 최대 500만 원에 불과했다. 금액의 실효성도 문제지만 과태료와 같은 행정벌은 사후약방문이라는 측면에서 애초에 불공정한 계약을 방지할 수 있는 충분한 대안은 아니었다.

『검정고무신』 사건의 여파가 계속되자 정부와 국회(문화체육관광위원회)는 창작자 보호를 위한 입법 대안으로 그동안 계류되어 있던 「문화산업공정유통법안」을 상임위원회에서 통과시켰다. 이 법은 문화상품의 유통과정에서 빈번히 발생하는 불공정행위의 10가지 대표 유형을 명시하고, 정당한 이유 없이 이를 행하는 것을 금지한다는 내용이었다. 10가지 대표 유형에는 지식재산권의 양도 강제나 무상 양수 행위도 있었으며, 금지 행위를 위반하고 시정명령을 불이행할 경우에는 2년 이하의 징역이나 1억 5천만 원 이하의 벌금이

한다 MZ·신예 창작자들이 계약 독소조항의 그물에 걸리지 않았는지 추적, 시정·구제에 나선다」. 2023. 4. 17.

30 　문화체육관광부 보도자료, 「문체부, '검정고무신 사건' 특별조사 마무리 미배분 수익 배분, 불공정계약 변경 등 명령」, 2023. 7. 17.

부과된다고 정해두었다.[31] 「문화산업공정유통법안」은 행정벌이 아니라 형벌이 부과될 수 있다는 점에서 공정 환경 조성을 위한 강력한 전문 규제로 보이기도 했던 게 사실이다.

　그러나 이 법으로 창작자의 권리를 잘 보호할 수 있느냐는 점에 있어서는 몇 가지 의문을 제기할 수 있다. 기본적으로 이 법은 유통업자와 제작업자 간의 유통단계에서 일어나는 문제를 주로 다루고 있다. 쉽게 말해 플랫폼이 제작업자를 상대로 저지르는 '갑질'을 방지하기 위한 목적이 가장 큰 법안이다. 반면, 『검정고무신』 사건은 기획, 제작업자와 창작자 사이의 문제였다.[32] 물론 이 법에서도 지식재산권의 양도 강제나 무상 양수 행위의 경우에는 제작업자와 창작자 사이의 문제 역시 규율한다. 하지만 문제는 『구름빵』, 『검정고무신』 사건에서는 적어도 외견상 제작업자가 지식재산권 양도를 '강제'하거나 무상으로 양수하지 않았다는 데 있다. 다양한 전후 사정을 봐서 정부가 '강제'라고 판단하더라도, 그것을 법원에서 어떻게 증명할 것인지에 대한 의문은 계속 남는다. 실제로 『검정고무신』 사건에서 1심 법원은 해당 계약을 무효라고 보지 않았다.

　게다가 원래 산업 진흥을 주된 역할로 하는 문체부가 전문적인 규제를 제대로 수행할 수 있을지 의문이다. 예를 들어 공정거래위원회

31　문화체육관광부 보도자료, 「콘텐츠 산업 내 10대 불공정행위 금지한다」, 2023. 3. 29.

32　홍대식, 「[기고] 문화산업공정유통법안은 '검정고무신사태' 방지법이 아니다」, 《법률신문》, 2023. 10. 18.

는 시장에서 공정한 경쟁 질서를 확립하기 위해 공정 거래 관련 법을 전문적으로 집행하고, 규제와 행정 심리에 특화되어 있다. 하지만 문체부는 예산 지원과 같은 진흥 업무에 초점이 맞춰져 있어 규제와 같은 전문적인 역할 수행에 익숙하지 않다. 또한 법이 시행된다고 해도 사후 처벌만으로는 문제를 완전히 해결하기 어렵다. 창작자가 겪는 심적, 물리적 고통은 사전에 방지되지 않기 때문이다.

규제 내용이 세밀하지 못하다는 지적도 새겨둘 만하다. 이 법안은 판매 촉진에 드는 비용을 문화상품제작자에게 전가하는 행위를 금지하지만, 이로 인해 웹툰이나 웹소설에서 흔히 제공되는 '미리보기'나 '무료보기' 서비스가 제한될 우려도 있는 것이다. 이러한 변화는 매출이 보장되지 않는 신인 작가들의 활동을 위축시키고, 시장의 진입 장벽을 높일 가능성이 큰 게 사실이다.[33] 뿐만 아니라 공정위의 「공정거래법」, 방통위의 「전기통신사업법」, 「방송법」 등 기존에 다른 부처가 관장하고 있는 법률과 소관 범위와 업무가 중복된다는 점도 이 법이 지닌 문제로 지적되고 있다.[34]

결론적으로, 「문화산업공정유통법안」은 '검정고무신 사태 방지법'이 아니다. 그럼에도 왜 정부는 이 법안을 『검정고무신』 사건과 연계했을까? 그건 이 법안이 국정과제에 속해있기 때문이다. 국정

---

33   김경윤, 「웹툰 이어 웹소설 작가들도 '문산법' 재검토 촉구…"산업 붕괴"」,《연합뉴스》, 2024. 1. 16.

34   이승민, 「문화산업공정유통법안의 현황과 쟁점」, 한국출판문화산업진흥원《출판 N》 Vol.52, 2024. 3. 4., p23~28

과제는 정권이 출범하면서 5년 동안 반드시 달성해야 하는 과제로, 부처의 처지에서는 반드시 달성해야 하는 과제다. 이 국정과제는 달성하지 못할 경우 정부 업무평가 등에서 여러 불이익이 있어 장관부터 실무자까지 아주 예민하게 생각한다. 따라서 산업계의 반대 등으로 진행이 지지부진하던 이 법안의 통과를 『검정고무신』사건과 연계한 건 부처와 관료가 일련의 상황을 이용하여 영리하게 일을 잘한 것이라고 볼 수 있다. 하지만 창작자 보호를 위한 정책이 10년 만에 한발 더 나아갈 기회가 이렇게 흘러간 것은 두고두고 안타깝다. 창작자 보호를 위한 정책의 창이 열릴 기회는 쉽게 찾아오지 않으며, 그 기회가 다시 온다 해도 『구름빵』, 『검정고무신』처럼 비극적인 사건이 계기가 될 가능성이 크기 때문이다.

그렇다면 정책의 창이 열렸을 때 창작자 보호를 위해 시도했어야 하는 대안은 무엇이었을까? 그건 바로 창작자에게 최후의 보루이자, 최선의 안전망인 「저작권법」의 개정이었다. 현재 우리나라 저작권법에서 저작재산권의 양도는 유효하며, 별다른 제한이 없다. 사적 자치의 원칙을 최대한 보장하는 것이다.

하지만 모든 국가의 저작권법이 그러한 것은 아니다. 독일 「저작권법」에 의하면, 저작권의 양도는 허용되지 않는다. 프랑스 「지식재산권법」에 의하면 장래의 저작물에 대한 저작권의 포괄적 양도는 무효이다. 저작권 양도 계약 시 양도되는 권리도 이용 목적과 범위 및 이용 장소와 기간으로 제한되며, 그 요건이 결여되면 무효라고

본다.[35]

우리나라도 이제 '모든 권리에 대한 기간 제한 없는 포괄적인 양도 계약'은 무효라든지, '양도 계약의 기간을 5년으로 한정'하는 등 양도 계약의 범위와 기간을 원칙적으로 제한하는 방향의 저작권법 개정이 필요하다. (이와 유사한 내용의 저작권법 개정안은 국회에서 발의되었으나,[36] 정부의 의지가 없어 번번이 폐기되었다.) 설사 법을 잘 몰라서, 혹은 현실적인 힘의 관계 때문에 창작자가 잘못된 계약을 했다고 하더라도 저작권을 되찾아 올 수 있는 길을 열어줘야 한다는 뜻이다. 자신의 저작권을 되찾아 올 수 있다는 측면에서, 이는 창작자에겐 형벌이나 행정벌로 정부가 상대방을 처벌하는 것보다 훨씬 실효적인 권리구제 수단이다. 비록 당장은 누군가를 처벌한다는 속 시원함도 없고, 산업계의 반대도 많으며, 법 개정을 위한 지난한 과정을 거쳐야 하지만 그래도 정공법이 필요하다. 나는 이 사안을 근본적으로 해결할 수 있는 적절한 때를 놓치고 정책의 창이 닫혀버린 게 못내 아쉽고 원통하다.

문체부는 항상 '창작자 보호'가 최우선 과제라고 말한다. 당연한 이야기다. 문화의 근간은 바로 창작자에게 있기 때문이다. 문화산업의 발전 역시 중요한 가치이지만 방송, 미디어, 콘텐츠, 플랫폼 업계

---

35   석광현, 「구름빵 사건과 저작권의 국제적 보호」, 《법률신문》, 2021. 4. 26.
36   2018년 노웅래 의원 대표발의(의안번호: 2016777), 2015년 배재정 의원 대표발의(의안번호: 1914969)

는 문체부가 아니더라도 방통위, 산자부, 중기부 등 정부 내에 아군이 될 만한 조직이 많다. **하지만 창작자는 문체부가 아니면 전적으로 편들어 줄 곳이 없다.** 따라서 정부 내 이견을 감수하더라도 문체부는 창작자의 편을 드는 것이 타당하고도 마땅한 태도다. 조직이 지닌 본연의 존재 의의를 생각하면 그럴 수밖에 없다.

그러나 그간 문체부가 한 일을 보면 과연 창작자 편을 제대로 들고 있었는지 의문이 생긴다. 예를 들어 주요 선진국의 경우 공공장소에서 음악을 재생하면 원칙적으로 음악 저작권자에게 저작권료(공연권)가 발생하고, 예외적으로만 그 공연권이 제한된다. 그런데 우리나라 「저작권법」의 경우엔 그와 반대다. 원칙적으로 공연권이 제한되고, 카페 등에서만 예외적으로 발생하도록 규정되어 있다.

이처럼 '공연권에 대한 원칙 제한 및 예외적 보장의 형식'은 그간 창작자의 권리를 지나치게 제한한다는 비판에 시달렸다. EU(유럽연합)에서 우리나라에 단골로 제기하는 문제이기도 하다. 사실 해당 조항은 일본의 구(舊) 저작권법의 영향을 받아 만들어졌다는 평가도 많은데, 일본은 공연권을 제한하는 해당 조항을 1999년 폐지하였는데도 우리나라는 여전히 유지하고 있다.[37] 더욱이 공연권 제한의 근거가 되는 「저작권법」 제29조 제2항은 헌법재판소에 위헌 제청되

---

37   신창환, 「저작권법상 저작재산권자 등의 공연권 제한 사건: 헌법재판소 2019. 11. 28. 2016헌마1115, 2019헌가18(병합) 결정 평석」, 대한변호사협회 《인권과 정의》 통권 490호, 2020. 5., p.205, p.208

었지만, 끝내 합헌 판결이 내려지기도 했다. 따라서 문제 해결을 위해서는 법이 개정되어야 하고 이를 위해서는 정부가 나서야 하지만, 저작권료를 부담해야 하는 소상공인 등의 반발이 두렵다는 이유로 아무도 선뜻 나서지 않는다. 그러한 예시는 이것 말고도 수없이 많다. 우리나라는 세계 6위권의 음악 강국이지만, GDP 대비 음악 저작권료 비중은 0.017%로 세계 33위에 불과하다. 정부가 승인하는 저작권료가 지난 10년간 큰 변화 없이 유지되어 현실을 반영하지 못하고 있기 때문이다.[38] '창작자 보호'가 최우선이라는 문체부의 일성은 그래서 거짓말이다.

구름빵 사건이 일어난 지 10년이 넘는 세월이 지났지만, 창작자 보호 차원에서 「저작권법」은 아무것도 변하지 않았다. **창작자 보호라는 본연의 기능을 제외하면 문체부의 존재 의의에 무엇이 남을까.** 솔직히 산업의 지원이나 보조금 집행은 다른 부처나 지자체에서 맡아도 그만인데 말이다. 하지만 공조직은 본연의 기능을 수행하지 않아도 웬만해서는 없어지거나 대체되지 않는다. 충격적인 사건이 일어나고 비난 여론이 드세어질 때도 있지만, **그때의 바람만 잘 피하면 아무것도 하지 않아도 된다는 걸** 공직사회와 관료는 반복된 학습으로 너무 잘 알고 있다. 그래서 문제를 해결하는 장기적이고 체계적인 접근 대신, 상황을 모면하기 위한 졸속 대책이 판을 친다.

38   한국음악저작권협회 보도자료, 「대한민국 음악 저작권료 징수 분야 세계 9위…개선 과제 여전」, 2024. 11. 5.

내가 3부에서 적었던 여러 사례가 보여주듯이 정책 실패의 주된 요인은 관료제의 뿌리 깊은 무책임과 단기적 성과주의에 기인한다. 여론이 들끓을 때는 그럴듯한 해결책이 급히 발표되지만, 정작 근본적인 법적·제도적 변화는 이루어지지 않고 흐지부지된다. 진정한 정책 개선은 여론에 휘둘리지 않는 일관적 철학과 장기적인 전략에서 나올 것이다. 우리 공직사회엔 그러한 철학과 전략이 부재하다는 사실을 나는 거듭 강조했다.

　관료제의 무책임함과 정치적 외풍에 쉽게 흔들리는 행정의 현실은 정부를 점점 더 위태롭게 만든다. 그러나 단순히 잘못된 점을 지적하는 데서 그치거나, 단기적 처방에 의존한다면 이러한 상황을 근본적으로 해결할 수 없다는 것도 분명하다. 중요한 것은 공직사회의 구조적 한계를 정확히 파악하고, 그에 맞는 실질적이고 지속 가능한 대안을 마련하는 일이다. 4부에서는 이러한 고민을 구체적으로 다뤄보려 한다. 궁극적으로 내가 4부에서 전개할 논의의 목표는 우리나라의 관료들이 본래의 역할에 충실할 수 있는 환경을 조성하는 데 있다.

4부

새로운
항로를 찾아

21장

무엇을 바꾸고 무엇을 남길 것인가

공직사회의 무능과 무기력에 대해 비판하면, 내가 극도로 최소한의 정부를 지향하는 자유방임주의적 야경 국가관을 가진 것 아니냐고 되묻는 사람들도 있다. 그렇지 않다. 정부는 사회의 규칙을 정하고 어떤 식으로든 희소한 자원을 배분하는 역할을 하기에 그 중요성을 누구도 부정할 순 없다. 오히려 나는 우리나라가 패권국으로 발돋움하기 위한 4차 산업혁명은 정치가 아닌 정책으로 일으키는 것이라는 주장[1]에 공감하는 편이다. 정부의 유능함은 기업의 성공이나 정치의 선진화만큼이나 국민의 삶의 질을 결정하는 결정적인 변수 중 하나라는 뜻이다.

하지만 우리 정부의 경쟁력은 객관적인 지표로 봤을 때도 높은

1 　김태유·김연배, 『한국의 시간』, 쌤앤파커스, 2021, p.255

편이 아니다. 스위스 국제경영개발대학원(IMD)은 매년 경제성과, 정부 효율성, 기업 효율성, 인프라 등 4대 분야를 종합하여 국가경쟁력을 평가한다. 2024년 한국은 조사 대상 67개국 중 20위를 기록했고, 거기에서 정부 효율성만을 따로 떼놓고 보면 39위를 기록했다. 경제성과 16위, 기업 효율성 23위, 인프라 11위라는 순위권을 감안한다면 우리나라 정부는 민간의 경제 활동을 제대로 뒷받침하지 못하고 있다고 평가할 수 있다. 더구나 정부 효율성은 2018년 29위를 기록했지만 이후 등락을 거듭하다 2024년에는 39위까지 하락했는데, 같은 기간 전체 순위는 27위에서 20위로 상승했다.[2] 순위로 보면 민간에 비교한 정부의 경쟁력은 날이 갈수록 떨어지고 있는 게 분명하다. 정부가 민간의 발전을 견인하기는커녕 오히려 방해만 하는 꼴이다.

표류하는 공직사회를 재건하기 위해선 하루빨리 대안을 찾아야 한다. 다만 공직사회를 제대로 알지 못하면서 하나부터 열까지 모두 뒤엎어야 한다는 주장은 그 자체가 오히려 위험하다. 공직사회의 생리를 모르는 어설픈 개혁은 그나마 제자리에서 묵묵히 일하며 헌신하던 관료의 사명감과 의지마저 해치는 역효과만 가져올 뿐이다.

예를 들어 보자. 우리 사회에서 공직사회의 연공서열 위주 인사정책을 타파해야 한다는 주장은 상식에 가깝다. 실제로 인사혁신처

---

2   기획재정부 보도자료, 「'24년 국제경영개발대학원(IMD) 국가경쟁력 평가 결과, 한국은 67개국 중 20위로 역대 최고 기록」, 2024. 6. 18.

나라를 위해서 일한다는 거짓말

가 내놓는 인사체계의 개선 방안에서도 연공서열식의 평가나 승진 완화는 단골 소재이다.[3] 연차대로 승진시키는 관행을 과감히 버리고 경쟁을 강화하여 능력 있는 공무원을 우대하자는 것이다. 일견 보편타당한 주장으로 보인다. '연공서열'이라는 단어를 듣는 순간, 사람들의 머릿속엔 그저 시간이나 때우면서 호봉만 채워 승진하고 월급을 받는, 태만한 공무원의 모습이 그려지기 때문이다.

일련의 주장에 따라 연공서열을 타파하고 능력대로 승진하는 공직사회의 모습을 상상해 보자. 4년 차 사무관이 10년 차 사무관보다 '출중한' 능력과 성과를 보여 먼저 서기관으로 승진하는 일이 비일비재하게 일어난다고 가정하자는 것이다. 일단 공공부문의 특성상 공무원 개인의 능력과 성과를 공정하게 평가하는 기준을 정하는 것부터 엄청난 난제라는 의문부터 들지만, 그 문제는 여기선 그냥 넘어가자.

진짜 문제는, 연공서열을 타파한 결과 공직사회의 전체적인 성과와 일에 대한 열의가 오히려 낮아진다는 점이다. 능력을 인정받은 소수의 공무원은 성과도 내고 일도 더 열심히 하겠지만, 경쟁에서 밀리는 혹은 경쟁 회피적 성향의 대다수 공무원은 의욕 저하로 그때부터 정말로 일을 하지 않을 것이다. 어차피 승진할 거란 보장도 없고, 연차가 쌓인다고 해서 주요 보직에 가지도 못하리라는 걸 잘

3   인사혁신처 보도자료, 「공무원 인재상 재정립, 채용·교육·평가·보상 등 인사체계 전반 혁신한다」, 2022. 8. 17.

알기 때문이다. 사람 위주로 일이 돌아가는 공직사회는 소수의 혁신가보단 다수의 성실한 공무원을 필요로 하는 게 사실이다. 이런 현실적 토양에서 무작정 연공서열을 타파하면 대다수 공무원이 드러눕는 결과를 낳게 되는 것이다.

공직사회는 **대부분의 공무원을 낙오 없이 끌고 가려는 온정주의와 개인보단 조직을 우선시하는 집단주의**가 지배하는 사회다. 부정적인 면도 존재하지만, 어쨌든 이와 같은 정서는 공직사회의 하방을 지지한다. 공무원 서로 간의 눈치 때문에라도 완전히 일을 놓고 뻗댈 수는 없는 구조이고, 승진 때가 다가오면 조직의 기대와 다음에 승진을 기다리는 후배 때문에라도 자연스럽게 몸을 갈아 열심히 일하게 된다. 굳이 누군가 강제하지 않아도 공무원의 세계를 어느 정도 돌아가게 만드는 암묵적인 법칙인 셈이다.

그런데 무턱대고 연공서열을 없애면 공직사회의 하방을 지지하는 온정주의와 집단주의가 사라질 우려가 있다. 앞서 말했듯 그 결과는 대다수 공무원의 의욕 저하와 조직의 하방 붕괴로 이어질 가능성이 크다. 물론 드러눕는 공무원을 과감하게 자르고 다른 사람으로 대체하면 되지 않느냐고 반문할 수도 있다. 하지만 이는 현실에서 불가능에 가까운 일이다. 헌법과 법률은 공무원이 공공의 이익을 위하여 신분에 대한 불안 없이 안심하고 맡은 업무를 수행하도록 신분을 보장하기 때문이다. 단순히 성과가 모자란다고 해서 대다수의 공무원을 자르는 것은 대한민국의 헌법과 법률이 용납하지 않는다. 특히 집권 세력이 능력과 성과를 빌미로 자신의 지지자를 일반직 공무원에 임용하는 엽관제(獵官制)가 득세할 수 있기에, 우리 사회의 공정성 측면에서 보더라도 공무원의 신분 보장은 함부로 깨트려서는 안 된다.

게다가 아무리 기준이 공정하다고 해도 평가는 조직의 상급자, 즉 사람이 한다. 능력과 성과대로 평가한다는 말은, 다시 말해 사내 정치가 지금보다 증가한다는 뜻도 된다. 사람 사는 조직 중에 연줄로 무리를 짓고 경계 안팎을 구분하고자 하는 사내 정치가 없는 곳은 없다. 하지만 공직사회는 이미 기회만 되면 이런저런 **연줄**로 인사 문제를 해결하려는 사내 정치가 너무나 빈번한 곳이다. 여기서 불필요한 사내 정치가 더욱 증가하면, 조직의 성과는 필연적으로 감소한다. 진짜 일을 위해 써야 할 에너지를 쓸데없이 내부에서 소모하기 때문이다. 능력과 성과를 배양하기 위해 도입하는 연공서열제도 폐지가 역설적으로 공직사회의 성과를 해치게 되는 결과를 낳을 개연성이 큰 건 부정할 수 없는 사실이다.

공직사회의 개혁을 위해 도입한 제도가 애초에 의도한 효과를 달성하지 못하거나 오히려 역효과를 불러일으킨 사례는 현장에 수없이 많다. 공직사회의 성과주의를 달성하기 위해 도입한 '성과상여금 제도'는 평가의 공정성과 객관성 문제로 단순히 연차에 따라 지급하는 경우가 많고, 심지어 일부 기관에서는 지급 후 다시 걷어 균등하게 분배하는 사례도 있었다. 1부의 「점심의 정치학」에서 자세하게 언급했듯이, 인사의 공정성과 객관성을 확보하기 위해 상급자, 동료, 하급자가 개인을 평가하도록 한 다면 평가제도는 조직 내에서 존재감이 약한 사람일수록 승진을 위해서 점심과 저녁을 더 많이 사야 하는 부작용을 낳았다. 또 인력 운용상 부처 간 경계를 뛰어넘게 하기 위해 고위공무원을 범정부적으로 관리하는 취지의 '고위공무원단 제도'를 도입했지만, 도입 10년 동안 부처 간 평균 이동 횟수는 0.26회에 머물렀고, 전체 고위공무원의 78.43%는 부처 간 이동이 없었다.[4] 제도를 도입할 때는 고위공무원이 각 부처를 넘나들며 부처 간 이기주의를 희석할 것이라고 믿었지만, 현실에서는 승진 적체에 시달리는 각 부처가 타 부처 고위공무원을 받아들이기를 꺼리는 결과를 낳았을 뿐이다.

그동안 공직사회를 개혁해야 한다며 도입한 제도는 그 좋은 의도에도 불구하고 왜 현실에선 별다른 효과를 발휘하지 못하거나 때론 상황을 더 악화시켰을까? 무엇보다도 다양한 층위에서 일어나는 관료들의 저항, 그리고 제도의 경로의존성(path dependency)을 간과했기 때문이다. 일부 언론이나 학자들이 내놓는 백화점식 대안 나열도 그런 의미에선 위험하다. '빈대 잡으려고 초가삼간 태운다'라는 속담처럼, 공직사회에 미칠 영향을 세밀하게 고민하지 않고 눈에 보이는 병폐를 도려내겠다는 무모한 시도는 그나마 공직사회를 지탱하던 관료들의 선의마저 무너뜨릴 위험이 있다.

한 번에 모든 증상이 해결되는 만병통치약은 세상에 없다. 그렇

---

4 인사혁신처 보도자료, 「고위공무원단 출범 10년, 대한민국 공직혁신의 리더로」, 2016. 6. 28., p.7

나라를 위해서 일한다는 거짓말

다고 수많은 약을 한 번에 복용한다고 해서 증상이 호전되는 것도 아니다. 현실에서 한 걸음이라도 더 나가려면, 문제의 원인을 명료하게 파악하여 적확한 대안을 고민해야 하고, 동시에 그것이 현실에서 가능한 방법인지를 끊임없이 고려해야 한다. 이를 위해선 계급제나 연공서열과 같은 공직사회의 근본을 일거에 바꾸겠다는 욕심을 버려야 한다. 급진적 변혁은 자주 예상치 못한 부작용으로 또다른 문제를 낳을 수 있음을 인정해야 한다. 동시에 어느 정도는 관료의 선의와 책임감을 믿고 자율성을 보장하는 방향의 대안이 필요하다. 결국 공직사회의 개혁은 현실에서 무엇을 바꾸고 무엇을 남길지를 끝없이 고민하는 과정이다. 이제 대안의 총론을 넘어 각론으로 나아갈 차례다. 나는 먼저 공무원의 전문성 저하의 주요한 원인으로 꼽히는 순환보직 제도부터 살펴보고자 한다.

베트남 정부의 저작권국 공무원들을 초청한 자리였다. 양국의 저작권 정책 교류 협력 증진을 위해 매년 개최하는 회의였다. 행사 중 우리나라 저작권 제도의 운용과 정부의 정책에 대해 질의하고 답변하는 시간이 있었다. 베트남 저작권국의 과장급 공무원은 내게 우리나라 음악 저작권의 신탁 관리제도에 관해 물었다. 저작권 제도에선 기본에 해당하는 쉬운 질문이었다. 성심성의껏 대답하긴 했어도 '베트남 공무원은 우리나라 저작권 제도의 기초도 모르고 정부 간 회의에 참석하는 건가?' 하는 의구심이 들었던 게 사실이다.

　나중에 다른 직원을 통해 우연히 알게 된 사실이지만, 내게 질문했던 베트남 정부의 과장급 공무원은 20년간 저작권국에서만 일한 베테랑이었다. 우리나라와의 정부 간 회의나 포럼에만 참석한 것도 수십 차례라서 우리나라 저작권 제도에 대해서는 모르는 게 없을 정도였다. 그럼에도 혹시 난해한 질문을 하면 상대방이 곤란할까, 매년 아주 기본적인 사실만 질문한다는 사실도 전해 들었다. 고작 저작권국에서 2년 남짓 근무한 내가 20년 베테랑의 전문성을 섣불리 의심한 셈이라서 혼자 얼굴이 붉어질 수밖에 없었다.

우리나라 공직사회에서 공무원이 20년 이상 한 분야에 근무하며 전문성을 기를 수 있을까? 현실에선 불가능하다. 일반직 공무원은 20년은커녕, 평균적으로 2년마다 인사과의 명령에 따라 보직을 변경해야 한다. 공직사회의 인사는 **Z자형 순환보직 제도**로 불린다. 보직 경로의 유사성이나 연계성 없이, 그저 부처 내부에서 승진이나 연차, 조직의 인력 상황에 따라 빈자리를 돌려 채우는 식의 인사라는 뜻이다. 실제로 나는 저작권국에서 서기관으로 승진을 한 이후 인사과에 잔류를 희망했다. 저작권 업무가 꽤 적성에 맞았고, 추후 전문가가 될 수 있는 길이라고 생각했기 때문이다. 하지만 인사과에서 돌아온 대답은 엉뚱하게도 대통령실로 파견을 가라는 명령이었다. 이유는 단순했다. 파견 보낼 서기관이 마땅치 않으니 나보고 가라는 것이었다.

공직사회에서 한 분야에 오래 머무르면 전문가가 된다. 그 분야에서 화두가 되는 문제를 직접 다루며 대한민국 최고의 전문가와 직접 소통할 수 있기 때문이다. 공무원이 일하면서 갖게 되는 전문성은 무시할 만한 수준이 아니다. 그럼에도 공무원이 전문성을 제대로 쌓거나 혹은 발휘할 수 없는 건 한 분야에 머무르는 시간이 너무 짧고, 보직 간의 연계성이 없는 Z자형 순환보직제 때문이다. 실제로 한국행정연구원의 「2023년 공직생활실태조사」에서 공무원 전문성 향상의 저해 요인을 물었을 때, '순환보직으로 인한 잦은 인사이동'이 전체의 40.5%로 가장 많은 답변을 차지했다.[5]

그러나 Z자형 순환보직 제도를 하루아침에 다른 제도로 전면 재편하기는 현실적으로 어렵다. 조직 입장에선 특정 직위의 결원을 채우기 위한 가장 편리한 제도이고, 공무원 개인의 입장에선 연차에 따라 보직을 순환하며 승진이 가능한 자리로 이동하는 것이 예측 가능성도 크면서 자기 경력을 쌓는 데도 우월한 전략이기 때문이다.

그렇다면 대안은 없을까? 아니다. 약간의 변화로도 공직사회의 전문성을 향상할 수 있다. 그것은 바로 일반직 공무원도 원하는 경우 한 분야에서 장기간 계속 근무하는 것을 허용하는 것이다. 그렇게 하면 공무원은 자연스럽게 두 가지 부류로 양분된다. 하나는 Z자형 순환보직 제도를 따르는 부류, 나머지 하나는 한 분야에 머무르며 전문적인 관료가 되는 부류이다. 전자의 장점은 직위의 이동이 자유로운 만큼 승진의 가능성이 크다는 것이고, 후자의 장점은 특정 분야 내에서 해당 관료가 지닌 전문성이 증진된다는 것이다. 여기서 핵심은 공무원 모두를 반드시 일정 비율에 맞춰 두 가지 부류로 나눠야 한다는 식의 조급함을 버리는 것이다. 일단은 공무원 개인의 선택에 맡겨야 제도의 도입 취지를 살릴 수 있다.

5   한국행정연구원, 「2023년 공직생활실태조사」, 2024, p.200

승진이 전부라고 생각하는 공직사회에서 과연 후자를 택할 공무원이 있는지 의문일 수 있다. 하지만 한 분야의 전문가가 될 수 있다면 젊은 공무원들의 경우엔 후자의 길을 택하는 경우도 많을 것이다. 누구나 인생 이모작을 준비해야 하는 이 시대에서 단순히 직급을 높이는 것보다는 특정 분야의 전문가가 되는 것을 선호하는 공무원은 오히려 갈수록 늘어날 것이라고 본다. 특히 평생직장 개념보다 정부-의회-민간-학계를 넘나들며 다방면의 경력을 쌓는 것을 선호하는 시대가 다가올수록 한 분야의 전문가가 되는 일은 사회와 개인 모두에게 무척 중요하다는 것도 새삼스럽지 않은 사실이다.

현행 제도 중에서도 특정 직위는 4년 이상 근무하도록 필수 보직 기간을 대폭 늘려 전문성을 배양하고자 하는 **전문직위제**가 있다. 하지만 이는 개인의 선호를 전혀 반영하지 않고, 특정 직위에서 반드시 근무해야 하는 필수 보직 기간을 무작정 늘렸다는 점에서 공무원 개인에게는 규제에 가까운 제도다. 그리하여 공무원들은 파견, 휴직 등 각종 예외를 활용하여 전문 직위의 필수 보직 기간을 무력화하고 있는 게 현실이다. 내가 다시 한번 강조하고 싶은 것은 인사 정책을 설계할 때 규제가 아니라 **개인의 선택을 확장하는 방향**으로 접근해야 한다는 점이다. 인사는 공무원 개인 입장에선 가장 중요한 문제이기 때문에, 아무리 원칙적 입장에서 제도의 필요성과 타당성을 강제해 봐야 공직사회는 각종 예외를 넘나들며 제도를 무력화할 게 뻔하다.

또한 여기서는 편의상 '장기간 근무할 수 있는 한 분야'라고 표현했지만, 현실에서는 그 '한 분야'의 범위를 어떻게 설정할지부터가 굉장히 중요한 문제인 것도 사실이다. 넓게 보면 부처를 뛰어넘어 비슷한 직위 전체를 한 분야로 묶을 수도 있기 때문이다. 예를 들어 특허청의 특허, 상표와 문체부의 저작권을 지식재산 직무군으로 한데 묶어 그 범위 안에서 근무하게 하는 방식도 가능하며, 이는 공무원의 전문성을 배양하는 데 가장 바람직하고 이상적인 방식일 것이다.

그렇지만 실제로는 부처 간 승진 인원 등의 차이 문제로 인해 이처럼 부처를 뛰어넘어 직무군이 형성될 가능성은 제로에 가깝다. 따라서 현실적으로는 한 분야를 부처 내에서 묶을 수밖에 없을 것이다. 첨예한 문제를 다소간 우회하지 않고는 조금의 변화도 일어나기 어렵기에 어느 정도는 현실과 타협해야 한다는 뜻이다. 다만 한 부처 내에서는 단순한 '실·국 단위의' 조직을 뛰어넘어 직위 간 유사성을 기반으로 직무군을 설정하는 것도 가능하다. 문체부를 예로 들면, 저작권 신탁관리단체, 예술인 권리보장, 스포츠윤리센터, 감사실 등 주로 규제와 조사를 담당하는 직위를 한데 묶는 식으로 하나의 직무군을 설정할 수 있다.

이러한 제도적 변화를 통해서 관료가 전문성을 갖게 되면, 그 효과는 단순히 정책의 품질 제고에 그치지 않는다. **전문성은 상급자의 부당한 지시에 저항하는 가장 큰 무기가 되기 때문이다.** 현실에 대한 폭넓은 이해와 탄탄한 논리로 무장한 하급자를 대상으로는 제아무리 상급자라도 할지라도 잘못된 일을 무작정 밀어붙이기 어렵다. 부당한 명령이 우리나라 행정에서 쉽게 이루어지는 이유는 현장

나라를 위해서 일한다는 거짓말

과 이론을 겸비한 진정한 행정가가 드물기 때문이기도 하다. 요컨대 관료의 전문성을 높이기 위해서는 Z자형 순환보직 제도의 관행을 개선하고, 인사 정책의 불필요한 경직성을 완화해야 한다. 관료의 자율성과 전문성을 강조하는 논의는 다음 장에서 다룰 예산 편성 방식의 대안 모색과도 자연스럽게 연결된다.

23장

당장이라도 가능한

예산의 편성은 정부 정책의 실현과 공공 자원의 효율적인 배분에 있어 핵심적인 역할을 한다. 예산은 법과 제도와 함께 정책을 현실에서 구현하는 정부의 주요 수단으로, 아무리 좋은 정책이라도 예산이 없으면 실행하기 어렵다. 그런 의미에서 볼 때 우리나라 정부 부처 중에 가장 힘이 센 곳은 단연 기획재정부(이하 '기재부') 예산실이다. 약 600조 원이 넘는 정부의 예산안을 편성하는 역할을 하므로 중앙정부와 지방정부는 말할 것도 없고, 평소엔 정부를 상대로 절대 갑(甲)의 위치에 있는 국회의원조차 예산 철이 되면 지역구 예산 통과를 위해 예산실에 아쉬운 소리를 할 정도다.

우리나라 예산의 편성 과정에서 정부의 역할은 절대적이다. 개념적으로만 보면 국회의 심의와 의결을 거쳐야 최종적으로 예산의 편성이 확정되지만, 실제로 국회의 역할은 그 권한에 비해 대단히 미미하다. 대부분 정부가 편성한 예산안이 그대로 확정되는 경우가 많기 때문이다. 실제로 2013~2016년 예산안을 기준으로 정부 예산안 대비 국회의 예산안 총수정률은 금액 기준 연평균 2.34%에 불과할 정도이다.[6]

우리나라 정부 내의 예산 편성 과정은 지난 2004년부터 시작된 '총액배분자율편성' 제도를 따르고 있다. 총액배분자율편성 제도에서 행정부 내 자원의 배분 순서는 하향식(Top-down)으로 이루어져야 한다. 구체적인 과정을 살펴보자. 먼저 국가재정전략회의에서 총지출 규모를 검토하고, 각 부처의 지출 한도를 설정한 이후 각 부처는 그 한도 내에서 담당 사업별로 예산을 요구한다. 그리고 최종적으로는 각 부처와 기재부 예산실의 협의·조정을 거쳐 각 사업별 예산 규모가 확정된다. 이 제도는 각 부처의 자율성을 강화하여 예산 편성 내용의 효율성을 제고하고, 각 부처의 과다한 예산 요구와 기재부의 대폭 삭감이라는 비효율적인 편성 관행을 개선하기 위한 취지로 도입되었다.

하지만 실무에서의 예산 편성은 아직도 총액배분자율편성 제도의 내용과 취지와는 정반대인 상향식(Bottom-up)으로 이루어진다. 기재부 예산실은 총액배분자율편성 제도 도입 이후에도 여전히 각 부처의 지출 한도 내의 개별 사업을 미시적으로 예산사정(micro

---

6   김춘순, 「국회 의결예산의 수정 양상과 변동 추이: 제19대 국회를 중심으로」, 국회예산정책처 《예산정책연구》, 제8권 제1호, 2019. 5., p.45

budgeting) 한다. 즉, 각 부처가 예산의 한도 내에서 사업을 자율 편성해도 기재부 예산실이 협의·조정이라는 이름으로 원점에서 재검토하기 때문에 하향식 예산 편성 과정에서 지켜져야 할 각 부처의 자율성은 사실상 없다고 봐야 한다. 한 조사에 따르면 각 부처 응답자의 60%는 총액배분자율편성 제도 도입 이후 '예산사정 과정에서 업무중복과 재정 당국의 간섭이 증가하였다'라고 답변하였고, 또 43%는 '부처의 예산 담당 부서가 사업 우선순위를 조정한 후에도 사정 과정에서 빈번히 변경된다'라고 답변하였다.[7] 이 같은 결과는 총액배분자율편성 제도 도입 이후에도 정부 내의 예산 편성 과정에서 기재부 예산실의 힘이 여전히 절대적임을 보여준다.

실제로 예산을 편성하는 과정에서 기재부 예산실 공무원 1명이 담당하는 범위는 지나치게 넓다. 예를 들어 예산실 사무관 1명이 편성을 담당하는 체육 분야 예산은 2024년 기준 1조 6천억 원이 넘고, 세부 사업은 수백 가지에 이른다. 아무리 기재부 공무원이 뛰어난 능력을 갖추고 있다고 해도 이 정도의 범위를 다루면서 모든 사업의 세세한 내용을 이해한 채 예산을 편성하기는 현실적으로 어렵다. 따라서 기재부 공무원은 전년도와 예산이 달라지는 사업에 그 관심을 집중한다. 그중에서도 각 부처가 스스로 감액한 사업에는

---

7 최종하·양다승, 「총액배분자율편성제도 도입 이후 부처자율성 제고에 대한 실증적 분석」, 국회예산정책처 《예산정책연구》 제4권 제2호, 2015. 11., p.176~210

크게 관심이 없다. 기재부의 역할은 기본적으로 정부 예산의 팽창을 통제하는 것이기 때문이다. 그러므로 기재부는 각 부처가 전년도보다 증액한 사업, 혹은 신규로 만든 사업의 필요성을 검증하는 것에 초점을 맞추고 예산 편성 작업에 임한다.

이러한 기재부의 행태에 맞춰 각 부처에서도 나름의 최적화된 전략을 세운다. 전년도에 이미 반영된 사업은 대부분 무사통과이므로, 기존의 사업은 별일이 없는 한 감액하거나 없애지 않는다. 또한 예산의 증액이 필요한 상황에서는 신규 사업을 기획하기보다 기존의 사업을 확대하는 방법을 선호한다. 기재부 담당자에게 사업 물량의 증가 원인을 설명하는 것이 신규 사업의 당위성을 설명하는 것보다 훨씬 쉽기 때문이다. 그러므로 실무자 차원에서 봤을 때 신규 사업은 이익단체나 정치권 등 외부의 강한 요구가 없는 한 최대한 만들지 않는 것이 낫다. 이와 같은 현재의 구조 아래에선 효과성이 떨어지는 사업이라고 할지라도 폐지되는 일은 매우 드물고, 반대로 반드시 필요한 새로운 정책이라고 할지라도 여간해선 예산 편성에 반영되지 않는다는 악순환이 생긴다. 정부 내의 편성 과정에서조차 예산 배분의 합리성이 지켜지지 않게 되는 것이다.

총액배분자율편성 제도 아래에서 예산의 편성이 하향식으로 이루어지지 않는 이유는 무엇일까? 기재부가 각 부처의 합리성을 신뢰하지 않기 때문이다. 각 부처에게 자율을 주면 이익단체 등에 휘둘려 방만하게 예산을 편성할 것으로 생각하기에 기재부는 **칼잡이** 역할을 놓지 못한다. 하지만 그것은 심각한 착각이다. 정해진 한도 안에서 각 부처에 자율을 주는 것이 오히려 예산의 방만함을 줄이는 일이다. 각 부처에 재량이 주어지면, 예산의 한도 안에서 효과성 없는 기존 사업은 과감히 없애고 그 예산으로 더 좋은 사업을 기획해도 업무가 많이 늘어나지 않는다는 인식이 퍼지면서 기존의 악순환이 깨질 수 있다. 이는 자연스럽게 각종 정부 사업의 효과성을 증진할 것이다. 애초에 각 부처의 과도한 예산 팽창도 그다지 걱정할 필요가 없는 문제다. 총액배분자율편성 제도 아래에서도 어차피 각 부처의 예산 총액의 한도는 기재부를 중심으로 한 국가재정전략회의에서 통제하지 않는가.

예산 편성의 합리성을 증진하기 위해서는 원래의 총액배분자율편성 제도의 도입 취지를 최대한 살려야 한다. 기재부의 통제와 감시보다는 각 부처의 재량과 자율을 보장하는 태도가 더 필요하다. 솔직히 말해보자. 현재의 구조 아래에선 예산의 증액분에 대한 기재부의 형식적 통제 말고는 아무것도 제대로 이뤄지지 못하고 있다. 예산의 편성 과정에서 각 사업에 대한 내용적 통제와 감시 역할은 아예 손을 놓고 있다 봐도 무방하다. 통제와 감시 역할은 그 내용에 대한 세세한 이해를 기초로 하는데, 기재부 공무원 한 명이 자신이 맡은 광활한 범위의 사업과 예산의 세밀한 내용에 대해 각 부처 수십 명의 담당 공무원보다 잘 알 수는 없는 노릇이기 때문이다. 기재부는 현실의 한계를 인정해야 한다. 동시에 자신들만큼 각 부처의 공무원들도 나라의 미래와 국가 재정을 생각한다는 점을 믿어야 한다.

나라를 위해서 일한다는 거짓말

총액배분자율편성 제도를 취지대로 현실화하기 위해서는 법의 개정도, 제도의 복잡한 변경도 필요 없다.「국가재정법」에 있는 내용과 취지 그대로 예산 편성 과정을 진행하겠다는 기재부의 전향적인 태도 변화만 있으면 된다. 나는 신규 사업을 내년도 예산에 반영하기 위해 5월부터 9월까지 주말마다 기재부 담당자의 전화와 자료 요구에 시달린 경험을 한 적이 있다. 주말 늦은 밤에도 전혀 거리낌 없이 개인 핸드폰으로 연락하는 통에, 아이를 재우다가 깜짝 놀라 전화를 받은 적이 한두 번이 아니다. 솔직히 두 번 다시는 하고 싶지 않은 경험이었다. 아무리 공익을 위한 일이라고 해도, 개인이 자신의 삶을 희생해야 하는 정도가 커지면 공무원이 그 일을 기피하는 것은 복잡한 행정학 이론을 빌리지 않아도 충분히 설명할 수 있다. 아마 조금이라도 공익을 위한 의지를 갖추고 신규 사업을 기획해 본 공무원이라면 이게 무슨 말인지 모두 이해할 것이다.

현재의 예산 편성 관행은 불필요한 사업의 구조조정에도 미흡하고, 새로운 정책의 반영에도 소극적이다. 이러한 현실은 기재부의 강한 통제와 각 부처의 자율성 부족이 초래한 악순환을 잘 보여준다. 예산의 효율적 배분을 위해선 예산 편성 과정에서 각 부처가 실질적인 자율성을 갖되, 그에 상응하는 책임 있는 관리 방안이 마련되어야 한다. 다만 이 책에서 줄곧 지적했던 것처럼 공직사회의 구조적 비효율성이 획기적으로 완화되어 관료들이 불필요한 업무에 시달리지 않아야만 각 부처의 자율성이 확보될 수 있으리라는 것도 자명한 사실이다.

이미 우리나라의 예산 편성 제도는 올바른 방향을 제시하고 있다. 이제 필요한 것은 단순하다. 정부가 그 방향을 신뢰하고 과감히 따르기만 하면 된다. 자, 이어지는 다음 논의에서는 제도적 대안을 넘어 더 깊은 차원의 문제로 시선을 돌려보자. 그것은 바로 날이 갈수록 심각해지는 관료의 책임과 권한 간의 불일치라는 근본적인 문제이다.

24장

주피터냐, 헤라클레스냐

국회의 상임위원회가 열리면 장·차관이 출석하여 국회의원의 질의에 답변하고, 실·국장급 고위공무원이 그 뒤에 배석한다. 언론에는 국회의원이 장관을 정치적으로 공격하는 자극적인 모습만 주로 등장하지만, 의외로 상임위원회 회의 전체를 지켜보면 정책에 대한 질의도 많다.

하지만 정책에 대한 질의에서조차 생산적인 토론은 많지 않다. 자신이 생각하는 정책 방향에 대해 유보적이거나 반대하는 태도를 보이는 장관을 국회의원이 존중하지 않기 때문이다. 상급 기관이 하급 기관을 대하듯이 질의 시간 내내 다그치기만 하는 국회의원의 행태를 보면 장관도 참 못할 직업이라는 생각이 절로 든다.

그래도 카메라 앞에서 정해진 시간만 타박을 들으면 되는 장관의 상황은 공무원의 처지보다는 훨씬 낫다. 공무원은 의원실의 보좌진에게 아무도 보지 않는 데서, 시간의 제한 없이 엄청난 압박을 받는다. 이 책에서도 계속 언급했듯 국회는 행정부를 인정사정없이 압박하는 데 능하고 실무자는 그걸 최전선에서 몸으로 흡수해야 하는 처지다.

사실 정부는 국회의원의 의견을 웬만하면 수용한다. 지역구 사업에 예산 좀 지원해 달라는 정도의 요구 정도는 특별히 반대하지 않는다는 뜻이다. 정부가 국회의원의 요구를 유보하거나 반대할 땐 대개 법령에 어긋나거나 특정한 이익단체를 대놓고 편드는 등 정책의 합리성 관점에서 도저히 받아들일 수 없는 사유가 있는 경우다. 하지만 그러한 경우에도 공무원은 수시로 보좌진의 호통과 협박에 시달린다. 국회 등 정치권이 바라보는 정부와 공무원은 '국민의 대리인'께서 시키는 대로 기계적인 집행을 해야 하는 존재에 불과하다.

하지만 언론이나 여론이 기대하는 정부와 관료는 다르다. 우리나라 국민의 보편적인 정서는 모든 사회 문제를 궁극적으로 행정부가 책임져야 한다는 인식이 강하다. 예를 들어 특정한 사회 문제를 지적하는 기사는 반드시 '정부의 대책이 필요하다'로 끝난다. 뾰족한 대책이 없는 경우에도 일단은 슬쩍 정부에게 공을 넘기는 것인데, 우리 사회에 그걸 이상하다고 생각하는 사람은 극히 드물다.

비교행정학에서는 '국가와 개인 간의 관계가 어떠해야 하는가'란 기준을 세워두고, 각 나라의 국민 대다수 혹은 국가 지도자가 추구하는 사회상을 두 가지로 제시한다. 헤라클레스 형과 주피터 형의 이념형(ideal type)이 그것이다. 헤라클레스 형은 국가와 사회의 핵심

252   나라를 위해서 일한다는 거짓말

이 공동체보다는 개인에 있다고 보고, 주피터 형은 개인보다는 국가공동체의 중요성을 더 강조한다.

헤라클레스 형은 국민 개개인 의사의 총합이 곧 그 사회가 추구해야 하는 것이라고 본다. 공직자가 해야 하는 일이란 그저 이들의 전체 의사를 파악하고 환경에 대응하는 것이다. 이때 행정의 주요 방법은 공청회, 투표, 참여 등이다. 반면 주피터 형은 공직자가 주권자인 국민이 합의한 기본적인 사항의 표현인 헌법과 법률을 구체화하여 집행하는 역할을 담당한다고 본다. 주피터 형에서 바라보는 공무원은 수동적으로 국민이 원하는 것이 무엇인가를 파악하여 집행하는 도구가 아니다. 대신 적극적으로 공익을 추구하는 주체의 역할을 한다. 이때 공무원의 역할은 미래를 예측하는 엘리트이며, 행정의 주요 방법은 지시, 확인, 계획 등이다.[8] 헤라클레스 형의 대표적인 예시로는 미국과 스위스가 있으며, 주피터 형에는 프랑스, 일본 등이 있다고 볼 수 있다.[9]

대한민국은 주피터 형에서 헤라클레스 형으로 빠르게 변화하고 있다. 우리 사회에서 의제를 설정하고 정책을 결정하는 권한은 과거 발전국가 시기 정부의 관료에게 집중되어 있었지만, 민주화가 본격적으로 이뤄진 뒤 최근에는 그 권한의 상당 부분이 정치권으로

---

8   임도빈, 「정부조직의 재설계 : 최고조정체계를 중심으로」, 서울대학교 행정대학원《행정논총》, Vol. 42 No. 3, 2004. 9., p.4~5

9   임도빈, 『개발협력시대의 비교행정학』, 박영사, 2016, p.700~701

넘어갔다. '정치권'을 단순히 입법기관으로서의 국회가 아니라 대통령실과 여당 등 집권 세력까지 포괄하는 개념으로 본다면, 사실상 대부분의 정책 결정 권한이 정부 관료들에게서 '정치의 영역'으로 넘어갔다고 봐도 과언이 아니다.

민주 정치는 실제로 국민에 의한 정부가 아니라 투표자, 이익집단, 정치인, 그리고 관료 사이의 치열한 권력 경쟁을 통해 구현되므로,[10] 관료에서 정치인 등으로 권력과 권한이 넘어간 상황 자체가 잘못되었다고 보긴 어렵다. 하지만 관료가 겪는 **권한과 의무의 불일치**는 확실히 문제가 있다. 앞에서 말했듯이 관료의 정책 결정 권한은 약해졌지만, 여전히 우리 사회는 정부와 관료에게 사회 문제에 대한 대부분의 책임을 묻는 데 익숙하기 때문이다. 여전히 사람들은 관료가 미래를 예측하고 선제적으로 대응하며 그 책임까지 온전히 지길 바란다. 이는 정책 결정 권한의 대부분을 휘두르는 정치권조차 마찬가지다.

공직사회의 문제 중 많은 부분이 여기서 비롯된다. 관료가 가진 권한은 약한데 결과에 대한 책임만 져야 하는 신세이니 자연히 업무에 무기력해진다. 정무직으로 승진하기 위해 필사적으로 정치권에 줄을 대야 하는 최상층부 고위공무원을 제외한 대다수 일반직 공무원은 책임 소재가 있을 만한 일을 회피하는 것이 우월한 전략

---

10   Randt T. Simmons, 김행범·이성규·김영신 옮김, 「정치를 넘어: 정부실패의 근원」, 율곡출판사, 2023, p.110

이 된다. 그리고 이는 정부의 무능으로 귀결된다. 일은 결국 사람이 하는 것이기 때문이다. 젊은 공무원들은 이러한 상황에 무력감을 넘어 좌절감을 느낀다. 직업 관료로서 공익의 실현을 위해 평생을 봉사할 포부를 갖고 입직했지만, 현실에선 별로 결정할 수 있는 사안은 없으면서 여기저기서 치이기만 하기 때문이다.

공직사회의 무능과 무기력을 해소하기 위해선 관료의 권한과 의무의 불일치 문제를 해결해야 한다. 이는 우리 사회에서 공무원의 역할은 무엇인지에 대한 근본적인 합의가 필요하다는 뜻이다. 헤라클레스 형으로 간다면 권한이 줄어든 만큼 관료의 의무도 가벼워져야 한다. 사회적 문제를 해결하고 정책을 결정하는 권한이 거버넌스, 즉 정치권과 시민단체, 이익단체 등에 있는 것이므로 그 결과에 대한 책임 역시 정부나 관료가 아닌 거버넌스 차원에서 다뤄야 한다. 이 경우 관료는 결정된 방향에 대한 집행 업무를 주로 담당하게 된다. 반대로 주피터 형으로 간다면, 관료의 권한을 지금보다 늘려야 한다. 즉, 행정은 정치와 달리 정파적 이익이나 특수 이익을 대변하는 것이 아니라 일반 공공의 이익을 수렴하고 확장해 가는 존재임을 적극적으로 인정해야 한다는 뜻이다. 이 경우 관료는 정책의 방향과 계획, 연속성을 책임진 주체가 될 것이다.

우리 사회가 어느 방향으로 나아가느냐에 따라 공직사회에 필요한 제도 등이 달라진다. 예컨대 헤라클레스 형에서 관료는 특정 정책의 집행을 주로 담당하므로 현재처럼 일반행정을 담당할 인사를 공무원 시험으로 선발하기보다는 각 분야의 전문가를 민간에서 임용하는 방식을 택하는 게 맞을 것이다. 반면 주피터 형에서 관료는 정책을 결정하는 사회의 리더이므로 정책 관료로서 보편적인 경험을 중시하는 일반행정가여야 한다. 이에 대한 정답은 선험적으로 존재하지 않는다. 사회마다, 그리고 사람마다 중시하는 가치가 다르기 때문이다. 예를 들어 정책 결정에 있어 민주성을 더 강화해야 한다고 생각한다면 헤라클레스 형을, 반대로 정책의 합리성을 더 중시한다면 주피터 형을 지지할 것이다. 다만 나는 이와 같은 근본적인 검토를 건너뛴 채 우리 사회가 무작정 헤라클레스 형으로 더 많이 이동하는 것에 대해선 우려를 금치 않을 수 없다. 아무리 지금보다 정책 결정의 민주성이 더 강화되어야 한다고 하더라도, 일단은 그 일을 주도하고 책임져야 하는 정치권이 그 능력부터 갖춰야 하지 않겠는가. 불행하게도 한국 사회의 정치권을 필두로 한 거버넌스는 정책을 결정하고 사회적 갈등을 해소할 역량을 거의 갖추지 못했다.

먼저 정치에 대한 국민의 신뢰부터 상당히 낮다. 한국행정연구원의 조사에 따르면 2023년 국회에 대한 신뢰도는 24.7%로 조사 대상 16개 기관 중 최하위였다.[11] 여당과 야당의 거리가 멀어지는 정치의 양극화도 큰 문제다. 정치 양극화는 당파적 편향으로 정책성과에 대한 평가를 어렵게 하고, 입법 교착을 유발하여 거버넌스를

---

11   한국행정연구원, 「사회통합실태조사」, 2024, p.187

무능화하며, 정책의 일관성과 지속성을 약화시킨다.[12] 정권이 바뀔 때마다 국가가 나아가야 하는 큰 방향이 수시로 바뀌고, 때로는 그게 정치 보복으로 이어지는 일련의 상황에서 정치가 지금보다 우리 사회의 방향을 설정하는 데 더 많은 역할을 해야 한다는 주장에 대해선 선뜻 동의하기 어렵다. 게다가 정치권에서 공동체의 미래보단 당장 인기 있는 정책만 추구하는 대중 인기주의(populism)가 격화되는 것도 걱정이다. 결정적으로 우리 정치권, 그중에서도 국회는 그 고유 권한인 입법 활동을 할 때조차 여전히 관료에게 의존할 정도로 실무적인 능력이 부족하다.

미우나 고우나, 현재 한국 사회에서 정책을 만들어 문제를 해결할 역량을 갖춘 집단은 정부의 관료라고 볼 수 있다. 그렇다면 관료의 책임과 권한의 불일치 문제를 해결하는 데 있어 책임을 덜기보단 권한을 더 주는 방식으로 나아가는 것이 순리 아닐까. 더 이상 '권한이 없어 일을 못 하겠다'는 관료의 핑계를 방치하지 않아야 그들이 진정 나라를 위해 일하게 할 수 있다. 관료가 겪는 무기력과 무능을 해소하고 능력을 최대한 발휘할 수 있는 환경을 만드는 것이 '정치권의 능력'을 배양하는 것보단 더 실질적이고 현실적인 대안이라는 뜻이다.

다만 이러한 변화는 단순히 관료의 권한을 확대하는 데서 그쳐서

---

12   박준·류현숙 외, 「정치양극화 시대 한국 민주주의의 발전 방안」, 한국 행정연구원 《경제·인문사회연구회 협동연구총서》, 2023. 4., p.10~11

는 안 된다. 관료제 안에서 헛돌기만 하는 일의 왜곡된 흐름을 제거
하여 공직사회 전체의 효율성을 높이는 구조적인 변화와 반드시 맞
물려야 한다. 관료의 역할을 재정의하고, 공직사회를 새롭게 구축
하기 위해서는 무엇이 문제인지 정확하게 정의하는 일이 우선이다.
이어지는 장에서는 '불쉿 잡'과 '가짜 노동'의 개념을 통해 이 복잡
한 문제를 더욱 자세히 들여다보고자 한다.

나라를 위해서 일한다는 거짓말

25장

무엇이 문제인지 정확하게 정의해야 한다

'불쉿 잡'(Bullshit Jobs)이라는 개념이 있다. 2013년 미국의 인류학자 데이비드 그레이버(David Rolfe Graeber)가 한 잡지에 기고한 글에서 탄생한 개념으로, 사회적 가치를 거의 창출하지 못해 사실상 무의미하고 쓸모없어 그 일을 맡은 사람을 괴롭게만 하는 일자리를 뜻한다.

그는 사모펀드 CEO나 법률 컨설턴트 등 사무직 경영자와 관리자를 대표적인 예로 들었다. 한국어를 포함해 열두 개 언어로 번역되어 전 세계로 퍼져 나간 그의 글에 해당 분야 종사자들은 기분 나빠하기는커녕 열렬히 호응했다. 그리고 사람들은 자신이 얼마나 쓸데없고 무가치한 일을 얼마나 오랜 시간 하는지에 대해 고백했다. 2018년, 사람들의 고백을 바탕으로 그는 동명의 책을 내놓는다. 책에 따르면 불쉿 잡의 정확한 정의는 다음과 같다.

"불쉿 직업이란 유급 고용직으로 그 업무가 너무나 철저하게 무의미하고 불필요하고 해로워서, 그 직업의 종사자조차도 그것이 존재해야 할 정당한 이유를 찾지 못하는 직업 형태다. 그가 고용되려면 그 직업의 존재가 전제 조건인데도 말이다. 종사자는 그런 직업이 아닌 척해야 한다는 의무를 느낀다."[13]

정부의 관료는 어떨까? 책에 의하면 소방수나 도로 청소부와 같이 사회가 굴러가는 데 필수적 서비스를 제공하는 일선 공무원을 제외한 정부 관료는 당연히 불쉿 잡에 가깝다. 특히 페이퍼 작업과 검토를 주로 하는 중간 관리직 이상의 정부 관료는 말할 것도 없다. 그는 공공 부문의 쓸모없는 관료가 얼마나 많은지에 대해서는 너무도 자명하고 당연한 사실이라는 듯 논증조차 시도하지 않는다. 오히려 효율적으로 굴러갈 것 같은 민간 부문에서 얼마나 많은 불쉿 잡이 있는지에 대해 논의를 집중한다.

우리나라 정부의 관료는 정말 불쉿 잡일까? 개인적 경험의 한계상 백만 명가량 되는 공무원 조직 전체를 일률적으로 판단하기는 어렵지만, 중앙부처와 지방자치단체를 포함한 대다수 공무원은 각자의 직무를 통해 다양한 방식으로 사회를 지탱하고 있다는 점에서 결코 불쉿 잡을 가졌다고 할 수 없다. 이들은 대개 사회적 필요가 있는 업무를 맡고 있고, 업무 수행에 필요한 법적 권한과 수단도 갖추고 있으며, 자신도 그러한 사실을 잘 알고 있다. 다시 말해 '세상을 조금이라도 의미 있게 하는가?'라는 질문에 대해, 공무원이 하는 일

13   데이비드 그레이버, 김병화 옮김, 『불쉿 잡』, 민음사, 2021, p.44

은 무의미하거나 불필요하거나 해로운 업무가 아니라고 답할 수 있다는 뜻이다.

물론, 보직에 따라 불쉿 잡에 가까운 자리도 있다. 차관보나 장관 정책보좌관과 같이 특정한 업무가 없이 추상적으로 장관을 보좌하는 자리의 경우, 근거리에서 관찰하는 공무원들조차 그들이 어떤 일을 하는지 전혀 알 수 없는 대표적인 불쉿 잡이다. 하지만 장관을 정무적으로 보좌하는 보직은 정권 차원에서 정치적인 인연에 따라 국회 보좌관 출신 등의 정치권 인사에 나눠주는 자리에 가깝다. 우리가 여기서 말하는 전형적인 관료라고 보기는 어려운 것이다.

우리나라 정부의 관료가 불쉿 잡이 아니라는 주장에 대해 몇 가지 구체적인 사례를 통해 살펴볼 필요가 있다. 예컨대 문체부에서 내가 담당했던 음악 저작권료를 정하는 업무는 사회적 필요를 가진 일이었다. 음악 저작권료는 민간 사이에 합의하기 어려운 복잡한 문제였기에, 정부의 개입으로 저작권자와 사업자 모두 예측 가능성을 확보할 수 있었다. 물론 음악 산업이 성장한 만큼 정부가 향후 가격 승인 권한을 내려놓아야 한다는 비판은 타당할 수 있다. 그러나 과거 저작권 환경에서는 정부의 개입이 그 질서를 잡는 데 기여한 측면이 분명히 존재했다.

마찬가지로, 연 천억 원이 넘는 예산을 프로스포츠에 지원하는 업무도 단순한 예산 승인에 그치지 않는다. 연맹과 구단의 요구를 조율하고, 정부 지원금을 효과적으로 사용하는 방안을 고민해야 한다. 예를 들어 2024년도 KBO 리그에 도입하여 화제가 된 자동 볼 판정 시스템(ABS), 프로스포츠 운영에 없어서는 안 되는 비디오 판독 시스템 등은 문체부의 지원과 조정 역할이 없었다면 실현되기 어려운 프로젝트였다. 프로스포츠에 대한 정부의 지원이 과도하다는 비판은 가능하겠지만, 그럼에도 프로스포츠의 발전을 위해 필요한 사업을 추진하는 관료의 역할이 아예 무가치하다고 보기는 어려운 게 사실이다.

우리나라 정부의 관료는 불쉿 잡이 아니다. 거듭 말하건대 법적인 권한과 수단을 갖고, 사회적인 필요가 있는 업무를 담당하며, 관료 스스로 그러한 점을 잘 알고 있다는 점에서 그러하다. 그러나 외부에서 바라보는 공직사회에 대한 시각은 불쉿 잡에 가깝다. 공직사회를 묘사하는 가장 대표적인 단어가 복지부동, 무사안일 아니던가. 하지만 문제를 정확하게 정의해야 올바른 해결 방안이 나온다. 만약 관료가 정말 불쉿 잡이라면 그저 공무원의 숫자를 줄이는 방식으로 대응하면 될 일일 것이다. 필요도 없는 직위를 유지하느라 국민의 세금을 낭비하는 꼴일 테니 말이다. 하지만 그런 식의 대응 방안은 정치적 구호는 될 수 있어도 정확한 문제 정의와 해결책은 될 수 없다. 지금도 중앙부처에서 한 명의 관료가 담당하는 업무 범위는 너무나도 넓고, 따라서 할 일은 너무나도 많다. 다시 말해 중앙부처 공무원의 숫자를 줄인다고 해서 정부의 무능과 무기력을 전혀 해소할 순 없다는 뜻이다.

정시 출근, 정시 퇴근의 대명사로 불리는 공무원이지만, 특히 중앙부처 공무원의 업무는 무척 바쁘다. 해야 할 일은 항상 밀려있고, 사회와 변화는 따라가기 벅찰 정도이다. 그러나 이 책에서 여러 번 상술했듯이, 관료에겐 무의미한 업무가 너무 많아 지금 세상의 변화를 쫓기는커녕 이 사회를 위해 진짜 해야 할 일까지도 쳐내는 경우가 많다. 공직사회 내부의 평가도 악화되고 있다. 한국행정연구원이 수행한 '2023년 공직생활실태조사'에 따르면 공무원이 업무 수행 과정에서 느끼는 흥미, 열정, 성취감 등을 측정하는 직무만족 인식은 2018년 3.6점에서 2023년 3.38점으로 지속적인 하락을 기록하는 중이다.[14] 모두가 알다시피 공무원의 절반은 이직을 희망하는 상황이고,[15] 공시 경쟁률도 한창때의 절반 이하로 떨어지며 역대 최저치를 갈아치우고 있다.

공직사회에는 유의미한 업무와 무의미한 일이 어지러이 뒤섞여 있어, 관료가 진정 필요한 일에 집중하기 어렵다. 나는 그것이 공직이 내부에서부터 위기에 처한 근본적인 원인이라고 생각한다. 문제를 이렇게 정의한다면, 정부의 무능과 무기력을 해소하기 위해 대안을 마련하는 일은 **쓸데없고 무의미한 업무의 제거**에 초점을 맞춰야 한다. 하지만 문제의 정의가 끝났다고 해서 해결책이 바로 도출되는 것은 아니다. 본질적인 변화를 위해서는 관료의 무의미한 업무가 무엇인지, 그리고 무의미한 업무가 관료와 공직사회 전체에

14   한국행정연구원, 「2023년 공직생활실태조사」, 2024, p.49
15   위의 보고서, p.133

어떤 영향을 미치는지를 깊이 이해하는 과정이 필요하다. 이 책의
마지막 장에서는 바로 이러한 질문들에 대한 답을 찾아갈 것이다.

공직은 '불쉿 잡'에 해당하지 않는다. 그러나 앞에서 쭉 다루었듯이, 관료의 업무는 때때로 '불쉿 잡'이라고 보일 만큼 비생산적인 헛짓 거리로 가득 차 있다. 공직사회의 무기력을 해소하려면 어떤 업무를 걷어내야 할까? 이 질문에 대한 답을 위해 먼저 '가짜 노동'이라는 개념부터 살펴볼 필요가 있다.

가짜 노동은 덴마크의 인류학자 데니스 뇌르마르크(Dennis Nørmark)와 철학자 아네르스 포그 옌센(Anders Fogh Jensen)이 2018년 펼쳐 낸 동명의 책에서 만든 개념이다. 책에 의하면, 수많은 사람이 노동이라고 생각하거나 적어도 노동과 닮아 보이지만 전혀 중요하지 않은 업무를 하며 임금을 받는다. 가짜 노동은 바쁜 척하는 헛짓거리 노동, 노동과 유사한(하지만 노동은 아닌) 활동, 무의미한 업무를 포괄하는 개념이다. 이미 알고 있는 것들에 대해 듣는 회의, 프로젝터가 꺼지자마자 잊어버릴 프레젠테이션, 일이 잘못되는 걸 막지 못하는 감시나 관리가 모두 가짜 노동의 예시이다.[16]

공직사회에서 가짜 노동은 만연하다는 표현이 부족할 정도로 뿌리 깊게 퍼져 있다. 국회가 열리기 전날 정부 부처의 전 직원이 새벽까지 질의를 기다려 만드는 장관의 답변 자료, 작성할 땐 밤을 새우지만 정작 발표하고 나면 누구도 달성을 위해 노력하지 않는 매년의 업무 계획, 아무도 제대로 읽지 않지만 심하면 몇만 페이지에 달하는 부처별 예산 사업 설명자료, 어차피 한 페이지로 정리하여 보고할 수십 페이지의 경제장관회의 자료, 한 줄로 요약할 수 있는 내용을 풀 버전, 요약 버전, 장관 버전, 차관 버전, 국장 버전으로 한없이 나누어 작성하는 법안 자료, 하루에도 같은 내용을 양식만 조금씩 바꿔 취합하는 수십 가지의 업무 메일, 그저 윗사람의 자기효능감을 위해 만드는 현장 간담회와 그에 필요한 인력 섭외, 자료 작성, 의전 등등. 공직사회에서의 가짜 노동은 열거하자면 정말 한도 끝도 없다. 어쩌면 이 책 안의 모든 에피소드는 그저 내가 경험한 다양한 상황의 가짜 노동을 묘사해 둔 것인지도 모른다.

가짜 노동은 그 자체로 비효율적인 행위지만, 만연한 가짜 노동이 남기는 가장 심각한 문제는 공직사회가 진짜 해야 하는 일을 등한시하게 된다는 것이다. 가짜 노동만으로도 근무 시간을 모두 소

---

16 데니스 뇌르마르크·아네르스 포그 옌센, 이수영 옮김, 『가짜 노동: 스스로 만드는 번아웃의 세계』, 자음과모음, 2022, p.96

진하기 때문에, 악화가 양화를 구축하듯 관료는 자신의 자리에서 해야 하는 진짜 일의 본질을 놓친다.

음악 저작권의 예로 다시 돌아가 보자. CISAC(국제저작권관리단체연맹)의 「GLOBAL COLLECTIONS REPORT 2023」에 따르면 2023년 기준 우리나라는 음악 저작권료를 전 세계에서 10번째로 많이 징수한 나라다.[17] K-POP의 위상만큼 음악 시장의 규모도 크다. IFPI(국제음반산업협회)의 「GLOBAL MUSIC REPORT 2024」에 따르면 2023년 우리나라 음악 산업의 규모는 전 세계 7위에 해당한다.[18] 우리나라보다 확실히 음악 시장이 크다고 단언할 수 있는 국가는 미국, 일본, 중국 등 애초에 인구의 체급이 다른 나라들과 유럽 대륙의 강호인 독일, 프랑스 정도이다.

이렇게 성숙한 음악 시장에서 정부가 음악 저작권료를 정하는 국가는 없다. 대부분의 국가에서는 저작권 역시 다른 재산권처럼 시장의 계약에 따라 그 가격이 설정된다. 앞서 설명했듯이 저작권에 대한 인식이 희박했던 시절, 음악 저작권 거래의 질서를 잡기 위한 정부의 개입은 나름대로 정당했다. 하지만 시장이 이토록 성숙한 지금도 그 정당성은 유효한가?

더 큰 문제는, 더 이상 정부의 말발이 먹히지 않는다는 것이다. 정

17　CISAC, 「GLOBAL COLLECTIONS REPORT 2023」, 2023, p.17

18　IFPI, 「GLOBAL MUSIC REPORT 2024」, 2024, p.10

부가 정한 저작권료에 반발하여 창작자와 사업자 양측 모두 정부를 상대로 행정소송을 제기하기 일쑤다. 특히 창작자 단체에서는 정부가 정하는 저작권료가 글로벌 스탠더드와 비교하면 턱없이 낮은, 사업자 편향적인 수준이라고 규탄한다. 반발이 커지다 보니 새로운 서비스에 대해 음악 저작권료를 정하는 시기도 상당히 늦다. 일례로, 숏폼(Short-form)에 삽입되는 음악의 저작권료는 얼마인지 아직도 정확한 기준이 없다.

그런데도 정부는 언제 어떤 방식으로 음악 저작권료를 정하는 권한을 놓아야 하는지 미리 준비하거나 계획하지 않는다. 이 권한을 지켜야 할 특별한 이유가 정부 내에서 논의되고 있어서가 아니다. 수많은 가짜 노동에 치여 장기적인 시각이 필요한 진짜 노동이 결여된 결과, 그저 현상이 과거처럼 유지되고 있다는 게 훨씬 현실적인 설득력을 가진다.

공직사회에서 진짜 해야 하는 일은 일단 손을 대기 시작하면 무수한 고민이 따라온다는 특징이 있다. 정부가 저작권료를 정하는 권한을 시장에 돌려주면 한국음악저작권협회와 같은 독과점 단체의 지나친 가격 설정 능력은 어떻게 제어할 것인가? 현재는 비영리 법인만 저작권을 신탁받아 관리할 수 있는데, 경쟁의 활성화를 위해 영리 법인의 참여도 허용할 것인가? 또 저작권료에 대한 분쟁 해결은 지금처럼 민사 법원에 맡길 것인지, 아니라면 특허심판원과 같은 저작권 심판소를 만들 것인지, 문체부와 같은 행정기관이 재정(裁定)할 것인지에 대한 판단도 필요하다. 정책의 변화로 인해 고민이 필

나라를 위해서 일한다는 거짓말

요한 논점은 끝을 모르고 이어진다. 하지만 어떤 관료도 이와 같은 진짜 일은 하지 않는다. 어차피 1~2년 있으면 자리를 옮길 테니 말이다. 고위공무원은 그저 대통령실과 장관의 단편적인 지시나 신경 쓸 것이고, 실무자는 양식만 조금 바뀐 채 같은 내용을 수십 번 요구하는 업무 메일 답장에 치여 하루하루를 견딜 것이다.

프로스포츠 역시 마찬가지다. 정부에서 연 천억 원 이상의 지원금을 쏟아부어도 프로스포츠의 자립은 먼 이야기이다. 예를 들어 프로스포츠 중 수익이 가장 준수한 프로야구도, 구단이 모기업에 의존하지 않고 수입을 자체적으로 충당하는 재정자립도는 50% 수준이다.[19] 그 외 종목의 재정자립도는 말하기 민망한 수준까지 떨어진다. 모기업과 지방자치단체가 사회 공헌이나 마케팅 차원에서 적자를 메꾸며 구단을 운영하는 것이 우리나라 프로스포츠의 현실이라는 의미이다.

지금의 구조 안에선 이 문제의 해결이 사실상 불가능하다. 입장 수익은 경기장의 물리적 한계로 전 경기에서 매진을 기록해도 유의미한 수익의 증가를 가져오지 못한다. 중계권료 역시 마찬가지다. 국내 미디어의 성장은 정체되어 있고, 그들의 지급 능력은 한계에 처해있다. 해외 중계권료가 변수지만 로컬 시장인 한국의 프로스포츠 리그가 세계적으로 엄청난 경쟁력을 갖긴 어렵다. 기타 광고 수익 역시 포화상태에 직면한 건 마찬가지다.

19　양선우, 「적자 나고, 매각설 빈번해도…프로야구단 수익성 매번 그 자리」, 《인베스트조선》, 2021. 1. 26.

전문가들이 말하는 해결책 중 하나는 스포츠베팅 시장의 규제 완화다. 우리나라 스포츠베팅 시장은 정부가 '스포츠토토'라는 이름으로 독점 운영한다. 그마저도 GDP 대비 목표 비율을 설정하여 '사행산업 매출 총량제'에 따라 매년 총량을 엄격하게 규제한다. 사행산업의 지나친 성행을 막기 위해서다. 하지만 현재 불법 스포츠베팅 시장의 규모는 2022년 약 21조 원으로, 합법 스포츠토토 매출액 약 5.8조 원의 약 4배에 이른다.[20] 정부가 불법으로 규정하고 틀어막아도 막을 수 없다는 뜻이다. 특히 예측시장이라는 이름으로 블록체인상에서 익명성으로 처리되어 운영되는 각종 불법 시장을 추적하기란 매우 어렵다. 이러한 상황이기 때문에 전문가들은 사행산업 매출 총량제를 완화하여 체육 예산을 늘려야 한다고 주장한다. 한발 더 나아가, 미국, 영국, 독일 등과 같이 민간이 스포츠베팅을 운영할 수 있도록 합법화하여 스포츠산업의 발전을 도모해야 한다는 목소리도 있다. 차라리 음성화된 스포츠베팅을 양성화하면 도박 중독 관리 차원에서도 효과적이고, 프로스포츠의 자립 여건 확충 등 스포츠산업에도 크게 도움이 된다는 논리다.

물론 무턱대고 스포츠베팅 시장의 규제를 완화하거나 민간에 개방할 일은 아니다. 특히, 민간에 대한 개방은 청소년을 보호하고 도박 중독자들의 유입을 막으며, 해외 유명 업체의 국내 침투를 막기 위한 세밀한 제도 설계가 필요하다. 하지만 정부 내에선 아무도 이러한 고민

20　사행산업통합감독위원회, 「제5차 불법도박 실태조사」, 2023, p.136

을 하지 않는다. 「스포츠산업 진흥법」에 따라 문체부가 수립하는 '스포츠산업 중장기 진흥 기본계획'에서조차 '국민 정서'라는 4글자 때문에 스포츠베팅과 관련한 규제 완화는 정면으로 다루지도 못한다. 스포츠산업에서 진짜로 진지하게 고민해야 할 의제가 중장기 계획에서조차도 제대로 이름을 올리지 못하는 것이다. 그저 정부 지원 사업을 늘린다거나 공공기관을 새로 만들겠다는 '공무원식' 페이퍼로 점철된 중장기 계획은, 사실 그 자체로 공직사회의 가짜 노동을 상징한다.

공직사회에서 혼이 빠질 정도로 수많은 일에 치이다 보면 가짜 노동과 진짜 노동을 제대로 구분하지 못하는 지경에 이른다. 내가 이 책에서 줄곧 다룬 것처럼 관료의 본질을 '보고서 1장 예쁘게 쓰기'나, '언론에 장관 사진 배포하기'라고 착각하는 사람도 많다. 이에 대한 비판과 자성의 목소리가 사라지고 가짜 노동이 온전히 관료의 시간을 지배할 때, 비로소 공직은 끔찍한 불쉿 잡이 된다.

이미 공직사회를 바라보는 사람들의 시선은 차갑다. 국민 중 정부를 신뢰한다는 비율은 21.3%에 불과하다.[21] 민간 대비 공무원의 보수 수준은 2004년 95.9%로 정점을 찍은 이후 하락하여 2023년 83.1%로 역대 최저치를 찍었지만,[22] 공무원의 처우를 개선해야 한

21   김솔이, 「행정에 관한 공무원 인식조사」, 한국행정연구원, 2022, p.77

22   e-나라지표 (https://www.index.go.kr/unity/potal/main/EachDtlPageDetail.do?idx_cd=1021#)

다는 목소리에 대한 반응은 대체로 싸늘하다. 사실 지난 몇 년간 공무원의 임금 상승률은 물가 상승률에도 미치지 못했고 물가를 고려한 실질 임금은 오히려 줄어들었다. 팬데믹 기간 완화적 통화정책의 영향 등으로 민간의 임금이 상승하고 자산 가격도 크게 상승했기에 같은 기간 실질 임금의 하락은 더 뼈아팠다.

특히 입직한 지 얼마 되지 않은 새내기 공무원의 경우, 부동산 등 자산 가격은 오르는데 실질 임금은 깎이면서 미래를 위한 종잣돈조차 저축하기 어려운 최악의 상황에 몰렸다. 9급 1호봉 공무원의 기본급이 최저 임금에도 미치지 못한다는 사실은 이제 뉴스거리도 아니다. 일련의 상황으로 공직사회 내부의 사기는 처참하게 떨어졌지만, 정치권이나 언론에서 '공무원 월급을 좀 올려주자'라는 주장에 동조하는 의견은 찾아보기 어렵다. 공직사회를 바라보는 국민의 눈초리가 그만큼 곱지 않기 때문이다.

대통령의 임기는 5년이다. 장관의 임기는 평균적으로 1~2년이다. 고위공무원 역시 한 보직에서 머무는 기간은 고작 1년여다. 그 짧은 기간 안에 공직사회의 수장들은 자신의 업적을 빛내기 위한 성과를 보여주기 위해 조바심을 내며 일을 벌인다. 공직사회의 윗사람은 계속 바뀌지만, 행태는 같다. 게다가 일은 한 번 생기면 좀처럼 잘 없어지지 않는 특성이 있어 공직사회에는 가짜 노동 위에 또 다른 가짜 노동이 켜켜이 쌓여만 간다. 그 대가는 참혹하다. 정부의 정책은 단기적 이슈 대응에만 매몰되고, 선제적이고 장기적인 그림을 그리는 주체는 사라진다.

나라를 위해서 일한다는 거짓말

공직사회를 혁신하고 유능한 정부를 만들고 싶다면, 관료의 가짜 노동을 줄이는 데 온 힘을 다해야 한다. 지금까지의 모든 관행과 업무를 반석 위에 올려, 정말 나라를 위해 필요한 일인지 아닌지를 꼼꼼히 따져봐야 한다. 예컨대 정책의 결정이나 내용과 무관한 관례적이고 쓸데없는 회의는 없는지, 누군가의 조바심 때문에 틀만 바꿔 같은 내용을 무한으로 중복해서 자료를 작성하는 관행은 없는지 등에 대해 철저히 따져봐야 한다. 그리고 필요성이 인정되지 않는 업무는 모조리 없애야 한다. **공직사회는 가짜 노동이 진짜 노동을 압도하는 곳이기에, 이래도 되나 싶을 정도로 철저하게 일의 필요성을 따져봐야 한다.** 더 이상 '조직 개선 컨설팅'과 같은 면피식 외부 용역이나, 저연차 공무원 몇 명을 세워 놓고 언론에 보도할 사진을 찍어 공직문화를 개선하겠다는 '조직문화 새로고침(F5)'[23]과 같은 공무원식 말장난으로 대응해선 희망도, 미래도 없다.

그중에서도 중앙부처의 관료는 행정고시에 붙고 입직하여 고위공무원으로 퇴직하기까지 한 분야에서 30년 이상을 근무한다. 정년까지 신분이 보장되어 직업적 안정성은 최상이고, 고위공무원이라는 명예도 있으며, 유학이나 주재원 등 남들이 부러워할 외국 생활의 기회도 많다. 심지어 하위직 공무원과는 달리 보수가 적다고 보기도 어렵다. 왜 우리 사회는 관료에게 이토록 많은 혜택을 주고 있

---

23 행정안전부 보도자료, 「공직사회 조직문화의 새로운 페이지, 저연차 공무원들과 함께 연다!」, 2024. 10. 13.

는가? 관료의 쓸모는 무엇인가? 정권이 바뀌고 정치적인 상황이 시시각각 변해도, 한 분야의 관료는 30년을 바라보고 정부 정책의 중심을 잡아야 하므로 우리 사회는 관료에게 **그토록 과분한 혜택**을 주고 있는 건 아닐까?

공직사회는 일을 못 한다. 관료가 게을러서도, 철밥통이어서도 아니다. **그저 쓸데없는 일이 너무 많아서다.** 다시 한번 강조하지만, 공직사회의 무능과 무기력은 공무원이 일을 안 해서가 아니라 쓸데없는 일이 너무 많아서 생긴다. 겉보기에 정교해 보이는 공직사회는 실상 가짜 노동과 쓸데없는 규칙으로 가득 차 있어 본질적인 업무를 왜곡하고 무기력을 양산한다. 우리는 그동안 무능의 본질을 외면한 채, 관료가 실질적인 일을 할 수 없게 만드는 구조적인 비효율과 책임 회피의 메커니즘을 그대로 방치했다.

이제는 결단이 필요하다. 불필요한 일을 걷어내고, 관료가 본래의 역할과 책임을 다할 수 있는 환경을 만들어야 한다. 진정한 개혁은 '나라를 위해서 일한다는 거짓말'을 꿰뚫어 볼 때 비로소 가능하다. 관료의 쓸모를 증명하기 위해서는 지금이라도 공직사회의 자기방어적인 거짓말을 들춰내야 한다. 나는 공직사회에서 나라를 위해 일하는 데 실패했지만, 나의 실패를 딛고 누군가는 성공담을 펼칠 수 있어야 한다.

우리는 모두
서해대교를 건너고 있다

군 복무를 서산에서 했다. 행정고시를 붙고 사무관으로 근무하다 장교로 입대하여 남들보다 늦은 나이였다. 서울엔 아내와 돌쟁이 딸이 있었다. 장교는 근무 시간이 아니면 부대 밖 출입이 자유로웠기 때문에, 근무를 마치는 금요일 밤에 서울로 올라와 가족과 시간을 보내다 일요일 밤에 서산의 부대로 복귀하는 생활을 한동안 지속했다. 아직 걸음마도 못 뗀 아기와 육아와 일을 병행하는 아내를 서울에 두고, 주말의 끝에 혼자 서산으로 내려가는 마음은 언제나 아렸다.

그날도 아쉬움을 안고 서산으로 돌아가던 겨울밤이었다. 서울에서 출발할 땐 날씨가 맑았는데, 서해안고속도로를 타자마자 예보에도 없던 눈이 내리기 시작했다. 변화무쌍한 서해안 인근의 날씨는 이미 익숙했기 때문에 갑작스러운 눈이 놀랍지는 않았다. 하지만 평택 부근에서 서해대교를 타자마자 앞이 보이지 않을 정도로 쏟아지는 눈에는 서해안 날씨에 익숙한 나도 당황할 수밖에 없었다. 흡사 영화 〈인사이드 르윈〉에서 주인공이 오디션에서 원하는 결과를 얻지 못하고 시카고에서 뉴욕으로 돌아오는 길에, 악천후로 인해서 아무것도 보이지 않아 차로 고양이를 치고야 마는 그 밤의 날씨 같았다.

전방의 시야가 전혀 확보되지 않을 정도로 눈이 오는 상황에서 운전자가 할 수 있는 일은 많지 않았다. 그저 비상등을 켠 채로 엉금엉금 기어가며 내 앞에 차가 급하게 멈추지 않기를 바라는 수밖에. 서해대교 중간에 있는 행담도휴게소에서 잠시 눈을 피하려고 했지만, 휴게소에 진입하는 램프조차 찾을 수 없을 정도로 눈이 심했다. 앞으로 가기엔 두렵고, 멈추자니 사고를 유발할 것 같은 진퇴양난의 순간이었다. 앞이 보이지 않을 땐 관성의 법칙에 운명을 맡기고 액셀을 천천히 밟아 앞으로 나가는 것이 유일한 선택지였다.

다행히 운이 좋았다. 급하게 멈추어 서거나 지나치게 속도를 내는 차가 없어 앞이 거의 보이지 않는 상황에서도 사고 없이 서산의 부대에 무사히 도착했다. 관사에 도착하자마자 머리가 어지러울 정도로 피곤이 몰려왔다. 전방의 시야를 조금이라도 유지하려고 운전석 시트를 바짝 당겨 앉아 긴장한 자세를 몇 시간이나 유지한 탓이었다. 하지만 잠을 청하려 자리에 누워도 각성 상태가 지속되어 쉽게 잠이 들지 못했다.

공직사회가 처한 상황은 그날 밤의 운전 같았다. 정책의 운전대를 잡고 있지만, 정책을 둘러싼 환경은 대체 어떻게 돌아가는지 앞이 보이지 않았고, 오로지 할 수 있는 건 관성적으로 해오던 방식대로의 수행에 불과했다. 시야가 확보되어 있지 않아 정책의 방향과 방식에 대한 확신이 없다 보니 늘 예기치 못한 사고가 어딘가에서 터질까 전전긍긍이었다. 하지만 해오던 방식을 포기하면 더 큰 사고로 이어질까 두려워 과감히 멈추지도 못했다. 그렇게 긴장한 상태로 버티다가 공직사회의 구성원 대부분은 별 탈 없이 정년이라는 톨게이트를 통과했지만, 사실 그건 오로지 운의 문제였다. 문체부의 블랙리스트 사건처럼 운이 좋지 않은 타이밍에 정책의 운전대를 잡았던 공무원들은 저마다 크고 작은 내상을 입고 내쳐졌다.

공무원은 대체로 억울함을 토로한다. 운전사가 아무리 긴장한 상태로 잘해보려고 노력해 봐야 앞이 보이지 않을 정도로 눈이 내리는 상황에선 더 잘 해내기 어렵다는 것이다. 관료의 항변에 일부 동의하는 부분도 있다. 무능하고 때로는 위법과 탈법을 교묘히 넘나드는 집권 세력, 단기적인 시야에 매몰되어 포퓰리즘에 가까운 의견을 쏟아내는 여론, 그리고 그걸 자극적으로 증폭하는 언론…. 이와 같은 한국 사회의 현실이 정책을 수립하고 집행하는 입장에서 만만치 않은 환경임은 사실이다.

물리적으로 자존감이 무너질 때도 있다. 고유가 시대에 공공 부문이 모범을 보여야 한다는 이유로 여름엔 셔츠가 다 젖고 겨울엔 손이 시려 타자를 치기 어려울 만큼 냉난방도 제대로 되지 않는 청사에 앉아 있다 보면, 아무리 국민의 공복이라고 해도 한 명의 근로

자로서 제대로 된 대접을 받지 못하는 것 같아 화가 나고 일의 의욕
도 잃는다.

하지만 반대로, 관료들은 어려운 상황에서도 진짜 일을 잘해보
려고 노력하였는가? 혹은 어려운 상황을 능숙하게 헤쳐 나갈 실력
을 갖춘 인재를 키우고 있는가? 나는, 모두 아니라고 생각한다. 그
저 윗사람의 심기를 보좌하는 데 익숙하고 남이 써 준 자료에 의존
하며 진짜 일은 등한시하는 공무원은 어려운 정책적 환경과 관계없
이 공직사회의 무능한 시스템이 길러내는 결과물이다. 옛 동료들에
게 대단히 미안한 말이지만, 나는 정치인의 실력과 선의를 믿지 않
는 만큼 관료의 그것 역시 믿지 않는다.

사회생활을 시작하고 10년 이상 공직자로서 나라의 녹을 먹었다.
하지만 그 긴 시간 동안 관료로서, 내가 이것만은 사회에 기여했다
고 당당하게 내세울 만한 일은 하나도 하지 못했다. 주변에서는 이
제 공무원도 아닌데 굳이 책까지 써가며 공직사회를 비판할 필요가
있겠느냐고 만류하기도 했다. 인생의 선배를 자처하는 사람들에겐
'먹던 우물에 침 뱉지 말라'는 조언도 들었다. 퇴직 관료로서 친정에
잘 보여야 부스러기라도 얻어먹을 텐데, 공개적으로 공직사회를 비
판하는 것이 과연 경제적으로 합리적인 행동일 것인가에 대해서 고
민이 든 것도 솔직한 마음이다.

하지만 공직사회의 다양한 헛짓거리를 제대로 알리는 것이 10년
이상 세금으로 월급을 받은 공직자로서 나의 마지막 소임이라고 생
각했다. 최근 공직사회가 겪고 있는 붕괴 현상은 단순히 처우의 문

나라를 위해서 일한다는 거짓말

제가 아니다. 공무원의 월급을 올린다고 해서 공직사회의 체계적 무능은 해결되지 않는다. 마지막으로 강조하지만, 진정한 문제는 '나라를 위해서 일한다'라는 그럴듯한 말로 무능과 무기력을 숨기는 공직사회의 관성에 있다. 이 관성이 지속되는 한 공직사회와 관료는 점점 더 굵어지는 눈발 속에서 방향을 잃고 끝내 서해대교를 건너지 못할 것이다.

공무원을 그만두고 꼬박 일 년 동안 이 책을 썼다. 그간 엄마에게는 내가 퇴직했다는 사실을 말하지 않았다. 비밀을 들키지 않기 위해서는 부모님 댁에 갈 때마다 초등학생 딸의 입단속을 해야 했다. "할머니에겐 아빠가 공무원 그만둔 것 비밀이야." 딸은 거짓말은 나쁜 거라며 학교에서 배운 대로 나를 가르치려 들었지만, 기특하게도 끝내 비밀을 지켜주었다. 고시를 붙고 승진까지 한 아들이 안정적인 직장을 그만두고 책을 쓴다고 하면 연로하신 부모님이 괜한 걱정을 하실까 봐 퇴직 사실을 숨겼지만, 사실은 어디서부터 이야기를 시작해야 이 복잡한 마음과 상황을 모두 전달할 수 있을지에 대한 고민이 더 컸다. 어릴 적 엄마가 그토록 강조했던 차원이 다른 삶. 내가 결국 그 삶에 어떻게 실패했는지 온전히 전달하기 위해서는 결국 한 권의 책이 필요했다. 나는 이제 엄마에게, 화곡동 빵집에서 시작하는 긴 이야기를 차근차근 시작하려 한다.

끝으로, 이 책이 단순히 나의 실패담에 머물지 않고 앞으로 공직사회가 어떻게 변화해야 하는지에 대한 다양한 담론을 형성하는 데 조금이라도 기여하길 바란다.

나라를 위해서 일한다는 거짓말

한국 공직사회는 왜 그토록 무능해졌는가

발행일	2024년 12월 26일 초판 1쇄
	2025년 2월 10일 초판 5쇄

지은이	노한동
편집	박성열, 신형교
디자인	박은정
인쇄	민언프린텍
제본	라정문화사

발행인	박성열
발행처	도서출판 사이드웨이
출판등록	2017년 4월 4일 제406-2017-000041호
주소	서울시 영등포구 선유로 114, 양평자이비즈타워 705호
전화	031)935-4027 팩스 031)935-4028
이메일	sideway.books@gmail.com

ISBN	979-11-91998-37-5 (03350)